Hans Jochen Boecker   1. Mose 25,12–37,1 Isaak und Jakob

Zürcher Bibelkommentare

herausgegeben von Hans Heinrich Schmid, Siegfried Schulz
und Hans Weder

Hans Jochen Boecker

1. Mose 25,12–37,1
Isaak und Jakob

TVZ Theologischer Verlag Zürich

Die Deutsche Bibliothek – CIP-Einheitsaufnahme

Zürcher Bibelkommentare hrsg. von Hans Heinrich Schmid
... - Zürich : Theol. Verl.
  Teilw. hrsg. von Georg Fohrer ...
AT.
NE: Schmid, Hans Heinrich [Hrsg.]; Fohrer, Georg [Hrsg.]
1,3. Boecker, Hans Jochen: 1. Mose 25,12 – 37,1, Isaak und
    Jakob. - 1992

Boecker, Hans Jochen:
1. Mose 25,12 – 37,1, Isaak und Jakob / Hans Jochen Boecker. -
Zürich: Theol. Verl., 1992
    (Zürcher Bibelkommentare : AT ; 1,3)
    ISBN 3-290-10862-7
NE: Boecker, Hans Jochen: Erster Mose 25,12 – 37,1, Isaak und Jakob

Inhaltsverzeichnis

Vorwort

Es sind inzwischen sechzehn Jahre vergangen, seit der Teilband «1. Mose 12–25: Abraham» aus der Feder von Walther Zimmerli erschienen ist. Der hier vorgelegte Band setzt die Kommentierung des 1. Mosebuches fort und soll hoffentlich in nicht allzuferner Zukunft durch den Band «1. Mose 37–50: Joseph» weitergeführt werden.
Ich weiß mich mit dieser Arbeit dem Kommentar von W. Zimmerli dankbar verpflichtet, habe aber auch aus zahlreichen anderen Arbeiten zu den sog. Vätergeschichten in Zustimmung und Widerspruch dankbar gelernt. Dem Charakter der Kommentarreihe entsprechend konnte das nur selten ausdrücklich kenntlich gemacht werden. Es gilt z. B. für die Kommentare von Gunkel, Jacob, v. Rad und Westermann, aber auch für zahlreiche Monographien und Aufsätze. Das dem Kommentar beigegebene Literaturverzeichnis nennt die wichtigste Literatur, auf die gelegentlich lediglich durch Nennung des Autors bzw. der Autorin hingewiesen wird.
Ich habe nach Abschluß der Arbeit vielfältig zu danken. Ich danke den Herausgebern der Zürcher Bibelkommentare dafür, daß sie mir nach den «Klageliedern» auch diesen Stoff zur Bearbeitung anvertraut haben, ich danke gleichzeitig den Mitarbeiterinnen und Mitarbeitern des Verlags für die bewährte, sorgfältige Betreuung des Buches. Mein Dank gilt Frau Christel Ebert, die große Teile des Manuskripts nicht nur sorgfältig geschrieben, sondern auch manche Hinweise zur sprachlichen Gestaltung des Textes gegeben hat. Ich danke Frau Eva Güther und Herrn Florian Schmitz-Kahmen für freundliche Hilfe bei den Korrektur- und Registerarbeiten. Nicht zuletzt aber gilt mein Dank meinem Assistenten, Herrn Eckart Schwab. Er hat das Stichwortregister erstellt, aber vor allem haben seine engagierte und oft beharrliche Kritik ebenso wie seine ermunternde Zustimmung mir sehr geholfen und sind dem Buch zu gute gekommen.

Wuppertal-Barmen, im Oktober 1992   Hans Jochen Boecker

Einleitung

Die alttestamentliche Forschung am Pentateuch (5 Bücher Mose) ist in den letzten Jahren in erhebliche Bewegung geraten, so daß man nicht zu Unrecht von einer «Krise der Pentateuchforschung» gesprochen hat. Die wissenschaftliche Situation ist äußerst verworren und im einzelnen kaum noch zu übersehen.

Zimmerlis Auslegung von 1. Mose 1–25 geschah auf der Grundlage der klassischen Urkundenhypothese, wie sie seit J. Wellhausen fast unangefochten die wissenschaftliche Beschäftigung mit dem Pentateuch bestimmt hat. Danach geht der Text des 1. Mosebuches auf drei Quellen zurück, für die in der Forschung schließlich die Namen Jahwist (J), Elohist (E) und Priesterschrift (P) gefunden und die weitgehend akzeptiert wurden. Quellen im Sinn der Urkundenhypothese sind schriftlich abgefaßte Texte, die den Pentateuchstoff oder einen Teil desselben mehr oder weniger ausführlich darstellen. Für diese drei Quellen hatte sich eine weitgehend anerkannte zeitliche Ansetzung durchgesetzt, indem man für die Entstehung von J die frühe Königszeit, möglicherweise noch die Zeit Salomos, für E die Zeit um 800 v. Chr. und für die Grundschrift von P schließlich die Exilszeit annahm.

Dieses in sich geschlossene Konzept, in dem der Arbeitsertrag von Generationen von Auslegern sich niedergeschlagen hat, ist dann von verschiedenen Ansätzen her weitergeführt oder in Frage gestellt worden. Das kann an dieser Stelle nicht im einzelnen nachgezeichnet werden. Besonders wichtig war dabei die Erkenntnis, daß man sich die Autoren der Pentateuchquellen nicht als autonome Dichterpersönlichkeiten modernen Gepräges vorstellen darf, sondern als Sammler und Bearbeiter ihnen schon vorliegenden Materials, das durch mündliche Überlieferung, gelegentlich aber auch in schriftlicher Form den biblischen Autoren vermittelt worden ist. Mit dem Stadium der mündlichen Überlieferung von Pentateuchstoffen befaßt sich die Überlieferungsgeschichte. Die mündliche Überlieferung wurde als Vorstufe der schließlich erreichten literarischen Fixierung verstanden. Überlieferungsgeschichte und Literarkritik schließen sich nach dieser Sicht nicht aus, sondern sind miteinander anwendbar.

Eine weitere, im Grunde auch neuere Fragestellung wird von der Redaktionsgeschichte aufgeworfen. Dabei handelt es sich um das Problem, wie die Pentateuchquellen, die als eigenständige Größen existiert haben, schließlich zusammengefügt worden sind. Es besteht heute darüber Einvernehmen, daß das auf keinen Fall ein mechanischer Prozeß gewesen ist. Vielmehr ist gerade der Pentateuchredaktion hohe theologische Bedeutung zuzuerkennen. Das bedeutet, daß der sog. Endtext, d. h. der Text, wie er uns heute im 1. Mosebuch vorliegt, auch als solcher gewichtig ist und für die Auslegung eine große Rolle spielt.

Was man aber als «Krise der Pentateuchforschung» bezeichnet, ist um das Jahr 1976, also dem Erscheinungsjahr des Abrahamkommentars von Zimmerli, vor allem durch zwei wichtige Veröffentlichungen manifest geworden, einmal durch das Buch von H. H. Schmid, Der sogenannte Jahwist. Beobachtungen und Fragen zur Pentateuchforschung, zum anderen durch R. Rendtorffs Arbeit, Das überlieferungsgeschichtliche Problem des Pentateuch. Beide Untersuchungen haben schulbildend gewirkt, aus der gegenwärtigen Diskussion um die Entstehung des Pentateuch sind sie nicht wegzudenken. Diese Diskussion kann und soll hier nicht eingehend dargestellt werden. Es soll lediglich in groben Zügen die exegetische Position des vorliegenden Kommentars beleuchtet werden, die sich im einzelnen aus der folgenden Auslegung ergibt, bzw. die im Hintergrund der vorgelegten Auslegung steht.

Für H. H. Schmid ist die Beobachtung wichtig, daß sich in den herkömmlicherweise als jahwistisch beurteilten Texten eine starke Beziehung zu deuteronomistischem Gedankengut im Blick auf Aussage und Form feststellen läßt. Das veranlaßt ihn schließlich dazu, den Jahwisten, an dem Schmid in modifizierter Weise noch festhält, in die deuteronomisch-deuteronomistische Zeit zu versetzen. Die deuteronomistischen Theologen, deren Bedeutung für das Alte Testament im ganzen kaum überschätzt werden kann, haben in der Zeit der zu Ende gehenden Staatlichkeit Israels, vor allem aber nach der Eroberung und Zerstörung Jerusalems, in vielfältiger Weise gewirkt und haben im alttestamentlichen Schrifttum eine breite Spur hinterlassen. Das gilt auch für den Bereich der sog. Vätergeschichten. Die hier vorgelegte Auslegung geht aber nicht zuletzt auch angesichts der inzwischen weitergegangenen Forschung am Pentateuch von der These aus, daß das jahwistische Geschichtswerk in seinem Grundbestand wohl doch erheblich älter ist und bereits aus der frühen Königszeit stammt. Allerdings ist der jahwistische Text keine unveränderbare und unantastbare Größe gewesen. An ihm ist weitergearbeitet worden. Das zeigt sich vor allem an den oftmals später in den Text eingefügten Verheißungsreden. Aber auch in anderer Hinsicht ist hier immer wieder ein Wachstum zu konstatieren. So wird die Vorstellung von einem einheitlichen Jahwisten im Blick auf eine Person und im Blick auf eine bestimmte Zeit sicherlich zu relativieren sein. Aber die Relativierung sollte nicht so weit gehen, daß J als Quellenschrift des Pentateuch mit erkennbarem Profil aufgegeben werden müßte, wie das Rendtorff getan hat.

Dasselbe gilt von der Priesterschrift. Auch in diesem Fall hat sich für die hier dargebotene Auslegung die traditionelle Sicht als tragfähige Arbeitshypothese erwiesen. P – im vorliegenden Textbereich nur schmal vertreten – bietet eine so andersartige, manchmal auch im Widerspruch zu J stehende, durch spezifische Schwerpunktsetzung geprägte in sich zusammenhängende Darstellung der Ereignisse, daß sich die Annahme einer zweiten Pentateuchquelle aufdrängt, während die Vorstellung von P als «Bearbeitungsschicht» weniger wahrscheinlich ist.

Anders verhält es sich mit der dritten Pentateuchquelle, dem sog. Elohisten. Weil diese Quelle nur in vergleichsweise kleinen Abschnitten vorliegt, ist es in der Forschung üblich geworden, von elohistischen «Fragmenten» zu sprechen. Im Bereich der Erzählungen von Isaak, Jakob und Esau hat man elohistisches Gut vornehmlich an zwei Stellen festgestellt, nämlich innerhalb der Texte 28,10–22 und 35,1–7. Wenn für diese beiden Abschnitte die Annahme elohistischer Textanteile fragwürdig wird, gerät der Elohist für den gesamten Textbereich in Bedrängnis. Die vorgelegte Auslegung ist zu dem Ergebnis gekommen, daß im Bereich der hier behandelten Texte keine elohistischen Abschnitte zu finden sind. Es ist damit nichts darüber gesagt und bleibt durchaus offen, ob sich an anderen Stellen, etwa in 1. Mose 20–22 oder in 2. Mose 1–14, doch Bestandteile einer dritten Quellenschrift, eben des sog. Elohisten, feststellen lassen. Insofern betrifft das hier erzielte Ergebnis im Blick auf den Elohisten nur einen Teilbereich dieser in der alttestamentlichen Forschung so stark umstrittenen Sachfrage.

Zeichen in der Übersetzung

«...»	Zitat innerhalb des Textes
(...)	Zum besseren Verständnis in der Übersetzung hinzugefügt oder weggelassen
<...>	Im überlieferten hebräischen Text verderbt und deshalb verbessert
[...]	Späterer Zusatz zum ursprünglichen Text
(?)	Die Bedeutung ist nicht gesichert

Hinweise zur Zitation von Bibelstellen

Angaben von Belegstellen, die ohne Buchabkürzung gemacht werden, beziehen sich auf das 1. Buch Mose. Versangaben ohne Kapitelbezeichnung beziehen sich auf das Kapitel, innerhalb dessen Auslegung sie vorkommen.

1. Mose
25,12–37,1: Isaak und Jakob (Einordnung)

Die Erzählung von Abrahams Tod und Begräbnis (25,7–11) bildet den Abschluß der Abrahamsgeschichten. Mit 25,12 beginnt innerhalb der Vätergeschichten ein neuer Abschnitt. Er reicht bis 37,1. Darauf folgt, mit 37,2 beginnend, der letzte große Komplex des 1. Mosebuches, die Josephsgeschichte. Der mit 25,12 beginnende Abschnitt handelt von den Söhnen und Enkeln Abrahams, von Isaak und Ismael, von Jakob und Esau, aber auch von Rebekka, Lea und Rahel, allerdings mit unterschiedlicher Ausführlichkeit. Aufs Ganze gesehen stehen die Erzählungen, die von Jakob berichten, im Vordergrund, so daß man diesen gesamten Abschnitt nicht selten als Jakobsgeschichte bezeichnet hat. Aber damit kommen die anderen Personen zu kurz. Wenn in der Überschrift über diesem Buchteil nur die Namen der sog. Erzväter Isaak und Jakob genannt sind, so deshalb, weil sie nach Abraham als die Verheißungsträger gelten, über die die Linie der göttlichen Segensverheißung ihren Weg nimmt, bis sie im 2. Buch Mose den Bereich der Familie verläßt und einmündet in die Volksgeschichte. Die Überschrift orientiert sich also an der Vorstellung, die dem uns vorliegenden Text in seiner Endgestalt zugrunde liegt.

25,12–18 Die Nachkommen Ismaels

12 Das ist die Geschlechterfolge Ismaels, des Sohnes Abrahams, den die Ägypterin Hagar, die Magd Saras, Abraham geboren hatte. 13 Das sind die Namen der Söhne Ismaels nach ihren Namen und Geschlechtern. Der Erstgeborene Ismaels war Nebajoth, dann (kamen) Kedar, Adbeel, Mibsam, 14 Mischma, Duma, Massa, 15 Hadad, Thema, Jetur, Naphisch und Kedma. 16 Das sind die Söhne Ismaels, und das sind ihre Namen in ihren Siedlungen und Zeltlagern, zwölf Fürsten ihrer Stämme. 17 Und das war die Lebenszeit Ismaels: 137 Jahre. Dann verschied er, starb und wurde versammelt zu seinen Stammesgenossen. 18 Und sie wohnten von Hawila bis Schur, östlich von Ägypten, bis nach Assur hin. All seinen Brüdern setzte er sich vors Gesicht.

Der Text gibt sich durch einige deutliche Hinweise als Bestandteil des priesterschriftlichen Erzählwerks (P) zu erkennen. Das tut vor allem die Überschrift, aber auch die Angabe über die Lebenszeit Ismaels in V. 17. Die Überschrift (die Übersetzung des hebräischen Wortes *toledot* [«Geschlechterfolge»] ist schwierig und wird recht unterschiedlich gehandhabt) nimmt die entsprechende Formulierung aus 11,27 auf, mit der die Abrahamsgeschichte eingeleitet wird. Eine entsprechende Überschrift findet sich dann bereits wieder in 25,19 und später in 36,1.9 und 37,2. Daß die genannten Texte zusammengehören, ist unverkennbar, ebenso, daß mit ihrer Hilfe eine Gliederung des Erzählstoffes vorgenommen wird. Umstritten ist bei den Auslegern allerdings eine genauere Vorstellung davon, wie die so eingeleiteten Textabschnitte ihrer Herkunft nach zu beurteilen sind. Häufig nimmt man an, daß es einmal ein selbständiges

«Toledot-Buch» gegeben hat, das der priesterliche Erzähler möglicherweise in Auszügen neben anderen Materialien in sein Werk aufgenommen hat. Das ist durchaus denkbar und möglich. Wichtiger aber ist die Einsicht, daß die mit der Toledotformel eingeleiteten Texte nunmehr eine Gliederungsfunktion für die Endgestaltung des 1. Mosebuches erfüllen (vgl. auch 5,1; 10,1.32; 11,10). Das soll hier nicht für das ganze Buch aufgezeigt werden. Hingewiesen sei lediglich auf die Bedeutung der Toledotstücke für den hier in Rede stehenden Buchabschnitt 25,12–37,1. Es ist festzustellen, daß dieser Abschnitt gerahmt ist durch je einen mit der Toledotformel beginnenden Text. Im ersten (25,12–18) geht es um Ismael und seine Nachkommen, im zweiten (36,1–37,1) geht es um Esau und seine Nachkommen. In beiden Fällen handelt es sich um Nebenlinien. Die Hauptlinie, die Linie des Segens und der Verheißung, ist gebunden an die Namen Isaak und Jakob, sie beginnt mit 25,19. Aber sie ist umgeben von den genannten Nebenlinien. Das heißt: Es gibt nicht nur Isaak, sondern eben auch Ismael, nicht nur Jakob, sondern auch Esau. Im Grunde wiederholt sich hier das auf andere Weise, was schon im Nebeneinander von Kap. 11 und 12, im Nebeneinander von Völkertafel und Abrahamserwählung zum Ausdruck gebracht war. Der Segen ereignet sich im Rahmen der Geschichte, der Segensträger ist umgeben von anderen, die sich so oder so zu ihm verhalten, zu denen er sich so oder so verhält.

In **V. 12** wird Bezug genommen auf 16,1a.3.15.16, wo in priesterschriftlicher Formulierung (vgl. Zimmerli) von der Geburt Ismaels berichtet wird. Auffallenderweise folgt in **V. 13** eine neue Überschrift, eine Erscheinung, die sich in 36,10 nach 36,9 und in 4. Mose 3,2 nach 4. Mose 3,1 wiederholen wird. Es spricht viel dafür, daß es sich in **V. 13–16** um eine früher einmal für sich stehende Liste mit den Namen der Söhne Ismaels gehandelt hat, die über das «Toledot-Buch» in die priesterschriftliche Erzählung aufgenommen worden ist. Es werden aber nicht nur die Namen der Söhne Ismaels mitgeteilt, sie werden zugleich als Stammesfürsten bezeichnet. Die zwölf Namen haben also eine doppelte Bedeutung. Einmal bezeichnen sie die Söhne Ismaels, d. h. einzelne Personen, und die gewählte Reihenfolge soll wohl jeweils das Alter festlegen. Zum anderen aber bedeuten die Namen die ismaelitischen Stämme, als deren Stammesfürsten, bzw. Stammväter, die Söhne Ismaels gelten, ganz so, wie es dann später bei den zwölf Söhnen Jakobs sein wird. Damit wird also eine Parallele hergestellt zwischen den Nachkommen Ismaels auf der einen Seite und den Nachkommen Isaaks und Jakobs auf der anderen Seite. Das ist nicht Zufall, sondern nimmt das auf, was nach 17,20 Abraham im Blick auf Ismael verheißen worden war. Auch Ismael ist Empfänger des göttlichen Segens in Gestalt einer großen Nachkommenschaft, womit P noch einmal dem wichtigen Gedanken Ausdruck verleiht, daß Gottes segnendes Handeln über Israel hinausgreift und auch in der Völkerwelt wirksam ist. Daß die Parallelität nicht zur Identität wird, könnte in diesem Zusammenhang dadurch zum Ausdruck gebracht sein, daß von den Söhnen Ismaels als von «Fürsten» die Rede ist, während Abraham in der Hauptlinie als Nachkommen auch «Könige» (17,6) verheißen werden, vgl. Zimmerli zu 17,20.
Die in V. 13–15 genannten Namen sind als Personennamen, als Stämmenamen

und als Bezeichnungen für Landschaften und Orte z. T. auch aus anderen Texten des Alten Testaments bekannt. Abgesehen von 1. Chr. 1,29–30, wo die gesamte Liste noch einmal aufgeführt ist, wird der erstgenannte Nebajoth in 28,9 und 36,3 als Sohn Ismaels erwähnt; in Jes. 60,7 erscheint der Name zusammen mit Kedar als Landschaftsname. Kedar wird im Alten Testament darüber hinaus noch an mehreren Stellen als offenbar besonders starker und gefährlicher Nomadenstamm der arabischen Wüste genannt, Ps. 120,5; Jes. 21,16f.; Jer. 49,28f. Mibsam und Mischma erscheinen in 1. Chr. 4,25 als Nachkommen Simeons, Jetur und Naphisch in 2. Chr. 5,19 als Nomadenstämme des Ostjordanlandes. Duma und Thema sind sonst bekannt als Örtlichkeiten im Nordwesten der arabischen Wüste, Jes. 21,11.14. Andere Namen begegnen im Alten Testament nur in der Liste der Ismaelsöhne. Die Ismaeliterliste ist im Blick auf die Herkunft und die ursprüngliche Bedeutung der Namen also ein kompliziertes Gebilde. **V. 16** wird sie mit einer Bemerkung abgeschlossen, in der noch einiges über die Lebensumstände der Ismaeliter mitgeteilt wird. Sie wohnen in «Siedlungen und Zeltlagern». Die «Siedlung» ist eine Wohnanlage, die eine gewisse Ortsansässigkeit ermöglicht, das «Zeltlager» ist die für die Nomaden typische Wohnform. Beide Ausdrücke lassen die Ismaeliter als Nomaden erkennen. Von Städten ist keine Rede.

V. 17 bringt die Schlußnotiz über Ismael. Seine Lebenszeit war deutlich kürzer als die Abrahams und Isaaks, vgl. 25,7 und 35,28. Ob deshalb die Bemerkung, daß er alt und lebenssatt gestorben sei, fehlt? Es fehlt weiterhin eine Angabe darüber, daß Ismael von seinen Söhnen begraben worden ist, wie das bei Abraham und Isaak der Fall ist, vgl. 25,9 und 35,29. Im übrigen stimmt das, was vom Tod und Begräbnis Abrahams, Isaaks und Ismaels gesagt wird, miteinander überein. So steht dieser Abschlußvers über Ismael den entsprechenden Angaben über Abraham und Isaak einerseits nahe, er markiert aber andererseits doch auch den Abstand, der zwischen den eigentlichen Verheißungsträgern, Abraham und Isaak, und Ismael besteht. In diesem Zusammenhang ist auch zu bedenken, daß für Esau eine entsprechende Notiz fehlt.

V. 18 setzt sachlich V. 16 fort und beschreibt mit einer großräumigen Angabe den Wohnbereich der ismaelitischen Stämme. Eine genaue Lokalisation der genannten Orte ist nicht möglich. Hawila – man kann das Wort als «Sandland» deuten, der Ort ist wohl nicht mit dem in 2,11 genannten Hawila identisch – dürfte am persischen Golf zu suchen sein, während Schur an der Ostgrenze Ägyptens lag. Durch die beiden Grenzorte wird somit der Nordbereich der arabischen Wüste als das Territorium der Ismaeliter bezeichnet. Im zweiten Teil des Verses handelt es sich um einen zur Ismaeliterliste später hinzugefügten Zusatz, was sich nicht zuletzt aus der singularischen Formulierung ergibt. Es wird festgestellt, daß die in 16,12 ausgesprochene Verheißung ihre Erfüllung gefunden hat. Die Ismaeliter sind zu einem starken und mächtigen Beduinenvolk geworden, das die arabische Wüste beherrscht und von da aus seinen Nachbarn immer wieder zu schaffen macht. Auch wenn in dieser letzten Aussage eine gewisse Gegnerschaft zu den israelitischen Stämmen anklingt, so hat der Ismaeliterabschnitt insgesamt doch einen durchaus positiven Klang. Er zeigt, daß auch der ältere Sohn Abrahams auf seine Weise am Segen des Erzvaters teilhat.

25,19–28   Die Geburt Esaus und Jakobs

19 Das ist die Familiengeschichte Isaaks, des Sohnes Abrahams. Abraham hatte Isaak gezeugt. 20 Isaak aber war vierzig Jahre alt, als er sich Rebekka, die Tocher des Aramäers Bethuel aus Paddan-Aram, die Schwester des Aramäers Laban, zur Frau nahm. 21 Isaak aber bat Jahwe für seine Frau, denn sie war unfruchtbar. Und Jahwe ließ sich von ihm erbitten. Da wurde Rebekka, seine Frau, schwanger. 22 Als sich aber die Kinder in ihrem Leib stießen, sagte sie: «Wenn es so ist, warum <lebe> ich noch?» Und sie ging hin, um Jahwe zu befragen. 23 Und Jahwe sagte zu ihr:

«Zwei Völker sind in deinem Leib,
und zwei Stämme werden von deinem Schoß sich scheiden.
Ein Stamm wird dem anderen überlegen sein,
und der ältere wird dem jüngeren dienen.»

24 Als nun die Zeit ihrer Niederkunft gekommen war, da waren Zwillinge in ihrem Leib. 25 Und der erste kam heraus. Er war rötlich, ganz und gar wie ein haariger Mantel, den nannte man Esau. 26 Danach kam sein Bruder heraus, der hielt mit seiner Hand die Ferse Esaus, und man nannte ihn Jakob[1]. Isaak war 60 Jahre alt, als sie geboren wurden. 27 Die Knaben wuchsen heran. Esau wurde ein Mann, der sich auf die Jagd verstand, ein Mann des freien Feldes. Jakob dagegen war ein gesitteter Mann, der in Zelten wohnte. 28 Isaak liebte Esau, weil er gern Wildbret aß, Rebekka aber hatte Jakob lieb.

Mit V. 19 beginnt im Aufriß des Buches nach der Nebenlinie der Ismaeliterliste die Erzählung über die Nachkommen Abrahams, über die die Hauptlinie der Verheißung läuft. Dabei wird sich zeigen, daß sich das Erzählinteresse stark auf Jakob konzentriert, während Isaak insgesamt erzählerisch zurücktritt. Die Überschrift – das hebräische Wort *toledot* ist mit «Familiengeschichte» übersetzt, weil hier keine Genealogie folgt, vgl. zu V. 12 – läßt zusammen mit der Jahresangabe und dem verwendeten Vokabular die **V. 19–20** als Teil der Priesterschrift erkennen, wozu dann noch **V. 26b** gehört. Der übrige Text stammt aus der jahwistischen Quelle (J). In den ursprünglich priesterschriftlichen Versen wird in aller Kürze das für Isaak Wesentliche mitgeteilt: Er ist der Sohn Abrahams, V. 19, seine Frau Rebekka stammt nicht aus Kanaan, sondern kommt von den Verwandten Abrahams (V. 20, der Name Paddan-Aram kommt nur in P-Texten vor), er war bei der Geburt der Söhne 60 Jahre alt, V. 26b. Bei aller Kürze, die diesem Text eigen ist, ist doch auffallend, daß von der Geburt der Zwillinge selbst nichts gesagt wird. Es ist aber kaum denkbar, daß dieses entscheidende Ereignis in der «Familiengeschichte Isaaks» nicht erwähnt worden ist, zumal V. 26b auf die Söhne direkt Bezug nimmt. So mag hier ein priesterschriftlicher Satz über die Zeugung oder die Geburt der Zwillinge zugunsten der ausführlicheren jahwistischen Darstellung ausgefallen sein. Dieser Satz könnte gelautet haben: «Isaak zeugte Esau und Jakob»

---

[1] Die Volksetymologie hörte einen Anklang an das hebräische Wort *'akeb* «Ferse» – Jakob, der «Fersenhalter». Die wirkliche Bedeutung des Namens Jakob ist «Gott möge schützen».

(Scharbert). Aber das bleibt natürlich spekulativ. Zu beachten sind noch die beiden im Text enthaltenen Altersangaben. Sie markieren auf ihre Weise das Problem der zunächst unfruchtbaren Frau und sind insofern als Parallele zu der jahwistischen Erzählung zu erkennen. Den Auslegern ist gelegentlich aufgefallen, daß für Isaak die runden Zahlen charakteristisch sind, vgl. auch seine Lebenszeit, die in 35,28 mit 180 Jahren angegeben wird. Aber daraus sind keine besonderen Schlußfolgerungen zu ziehen.

Der jahwistische Teil des Abschnitts, **V. 21–26a.27–28**, erfüllt im wesentlichen die Funktion, in den hier beginnenden neuen Sachzusammenhang einzuführen und einige für das Verständnis des Folgenden notwendige Angaben zu machen. Es handelt sich nämlich, anders als bei den meisten der vorausgegangenen Abrahamserzählungen, um einen weitgespannten Erzählzusammenhang, der von den Zwillingsbrüdern Esau und Jakob, ihrem Konflikt und der schließlichen Lösung des Konflikts handelt. In diesen Erzählzusammenhang sind zwar Einzeltraditionen aufgenommen worden, die ursprünglich einmal selbständig waren, sie sind aber so stark miteinander verbunden, daß beim Lesen des jetzt vorliegenden Textes vor allem der Eindruck eines durchlaufenden Geschehniszusammenhangs entsteht. Aus diesem Zusammenhang fällt Kap. 26 heraus, wozu im einzelnen das dort Ausgeführte zu vergleichen ist.

In der Konzentration auf einen Vers wird in **V. 21** das Problem der Unfruchtbarkeit der Frau des Verheißungsträgers und die Lösung des Problems mitgeteilt. Daß man sich bei einer Notlage im Gebet an Gott wendet, ist die unausgesprochene Voraussetzung dessen, was in V. 21 sehr knapp und ganz unanschaulich berichtet wird. Über die näheren Umstände der einmalig oder mehrfach geäußerten Bitte wird nichts gesagt. Man hat gelegentlich gemeint, daß das hier verwendete Wort für «beten» bzw. «bitten» auf besonders häufiges und dringendes Bitten hinweise, aber damit wird in den Text mehr hineingelegt, als er hergibt. Es sei allerdings beachtet, daß Isaak seine Bitte als Fürbitte für seine Frau vorbringt. Rebekka ist durch ihre Unfruchtbarkeit in noch stärkerem Maße belastet als Isaak, vgl. 30,1–2; 1. Sam. 1. Das berücksichtigt der Erzähler und gibt dadurch der Stammutter die ihr zukommende Bedeutung.

An V. 21 schließt **V. 24** erzählerisch unmittelbar an. Die Schwangerschaft hat ihre Zeit, sie muß durchgestanden werden. Aber dann kommt es bei der Geburt zu einer Überraschung: «Da waren Zwillinge in ihrem Leib». Diese Aussage verwundert, weil vorher schon davon die Rede gewesen ist, daß Rebekka Zwillinge gebären würde. V. 24b steht also zu den vorhergehenden beiden Versen in einer deutlichen Spannung. Wenn man dann noch beachtet, daß dieser Satz wörtlich auch in 38,27b steht und daß in Kap. 38 vorher von der Zwillingsgeburt mit keinem Wort die Rede war, er also die Überraschung der Zwillingsgeburt ausdrückt, dann hat die Annahme viel für sich, daß die V. 22–23 einen sekundären Einschub in den Bericht von der Geburt der Söhne Isaaks darstellen.

Im Zentrum dieses Einschubs steht das poetisch geformte und rhythmisch gestaltete Gotteswort des **V. 23**, das sich auch im Blick auf seinen Inhalt als ein Fremdkörper zu erkennen gibt. Es ist nicht von den beiden Söhnen der Rebekka die Rede, sondern von zwei Völkern, deren Ahnväter die beiden Söhne einmal sein werden. Dabei werden keine Namen genannt, und doch weiß jeder

Leser, wer gemeint ist: Israel und Edom, jene beiden Völker, die sich einerseits als eng miteinander verwandt verstanden und die andererseits doch eine äußerst konfliktreiche Geschichte miteinander erlebt haben. Wenn an dieser Stelle angekündigt wird, daß Israel gegenüber Edom das stärkere Volk sein wird, so entspricht das im wesentlichen der geschichtlichen Realität. Wenn es aber am Schluß heißt, daß der Ältere dem Jüngeren dienen wird, so ist das nur in einem verhältnismäßig kurzen Zeitabschnitt der Fall gewesen, nämlich in der Zeit des davidisch-salomonischen Reiches, vgl. besonders 2. Sam. 8,13–14.

Das führt zu der Frage, wann der Einschub in den Text erfolgt und mit welcher Abzweckung das geschehen ist. Zwei Antworten sind möglich: Zum einen wäre denkbar, daß der Spruch aus der Zeit stammt, deren Gegebenheiten er beschreibt und damit legitimiert. Das wäre die Zeit Davids und Salomos und noch einmal vorübergehend die Zeit des judäischen Königs Joram, worauf 1. Kön. 22,48 und 2. Kön. 8,20–22 hinweisen. Wir hätten dann ein sog. *vaticinium ex eventu* vor uns, d. h. eine Weissagung, die in der Zeit ihrer Erfüllung formuliert ist, aber erzählerisch in die Vergangenheit verlegt wird. Die andere Möglichkeit wäre, daß das Wort aus der Königszeit stammt, während der es keine direkte Abhängigkeit der Edomiter von Israel bzw. von Juda gegeben hat. Dann würde hier der Anspruch auf eine derartige Situation erhoben. Wahrscheinlicher ist die erstgenannte Möglichkeit. Durch den Einschub wird der Leser des Endtextes von Anfang an darauf eingestellt, alles, was im folgenden über Jakob und Esau erzählt wird, auch unter dem Aspekt der von ihnen abstammenden Völker zu verstehen.

Erzählerisch eingeleitet wird das Gotteswort durch **V. 22**. Auch dieser Vers bestätigt die Annahme, daß V. 22–23 ein Einschub ist, denn hier wird von der Tatsache, daß Rebekka nicht nur *ein* Kind in ihrem Leib spürt, auf eine Weise gesprochen, die eine vorherige Erwähnung dieses Umstands voraussetzt. Die Bewegungen im Leib der Mutter werden mit einem recht aggressiven Wort beschrieben. Es wird dadurch angedeutet, daß es zwischen den Kindern, deren Geburt sich anbahnt, von Anfang an Konflikte und Spannungen gibt und geben wird.

Rebekka ist durch den Vorgang aufs äußerste beunruhigt, ja sie zweifelt geradezu am Sinn ihres Lebens. Jetzt, wo ihre große Trübsal zu Ende geht, kommt neues Unheil auf sie zu. «Warum lebe ich noch?», so ruft sie aus. An dieser Stelle ist der hebräische Text und dementsprechend die Übersetzung allerdings nicht problemlos. Ein Blick in die gängigen Übersetzungen zeigt bereits, daß man den Ausruf der Rebekka auch anders verstanden hat. Die hier vorgelegte Übersetzung, die dem Text der Zürcher Bibel im wesentlichen entspricht, ist die radikalste. Sie bringt die Bedrängnis der schwangeren Frau am stärksten zum Ausdruck und motiviert deshalb auch am besten das folgende Geschehen.

Dabei ist zu beachten, daß ganz selbstverständlich erzählt wird, daß eine Frau eine wichtige kultische Aktivität entfaltet. War in V. 21 von der Fürbitte Isaaks für Rebekka die Rede, ergreift sie hier selbst die Initiative. Von Sara berichtet die Überlieferung nichts Vergleichbares. Rebekka aber wird auch sonst als eine besonders aktive und selbständig handelnde Frau dargestellt, was sich hier zum ersten Mal andeutet. Für den Vorgang selbst wird man am stärksten an Hannas Aktivitäten erinnert, von denen in 1. Sam. 1 berichtet wird. Soviel ist deutlich: Für die alten Erzähler gab es an dieser Stelle keine Benachteiligung der Frau, sie hatte ungehinderten Zugang zur Gottesbefragung, jedenfalls für solche Bereiche, die sie selbst unmittelbar betrafen. Im übrigen bleibt der Vorgang der Gottesbefragung unanschaulich. Daß sie an einem Heiligtum stattfindet, zu dem man hingehen muß, ist angedeutet. Wie sie sich im einzelnen vollzieht, wie und durch wen die göttliche Antwort erteilt wird, bleibt unausgesprochen.

V. 25 und 26 berichten von der Geburt der Zwillinge und der Namengebung. Da die Frage des Alters unter Geschwistern von höchster Bedeutung ist – die ganze folgende Geschichte entzündet sich an diesem Problem – wird bei der Schilderung genau festgehalten, in welcher Reihenfolge die Geburt vor sich gegangen ist, vgl. 38,27–30: Esau ist der Ältere, Jakob der Jüngere. An diesem Tatbestand sind Zweifel nicht möglich.

Die Zwillingsgeburt gibt dann Anlaß, über zwei bemerkenswerte Besonderheiten zu berichten, beim Älteren betrifft das sein Aussehen, beim Jüngeren einen eigenartigen Vorgang bei der Geburt. Vom Älteren wird gesagt, daß er «rötlich» ausgesehen habe und daß er am ganzen Leib dicht behaart gewesen sei, für einen Säugling wahrlich eine eigenartige Vorstellung. Die Bezeichnung «rötlich» wird in 1. Sam. 16,12 und 17,42 als Beschreibung der Hautfarbe Davids gebraucht, womit gesagt ist, daß David ein schöner junger Mann war mit einer gesunden, durch die Sonne gebräunten Haut. Von einem Säugling ausgesagt, ist die Bedeutung eine andere. Hier drückt die Aussage Verwunderung aus, und es wird mit ihr eine erste stammesgeschichtliche Bemerkung gemacht im Blick auf die Edomiter, als deren Stammvater Esau angesehen wird. Ob sich die Edomiter von den Israeliten in der Hautfarbe wirklich stark unterschieden haben, kann man gewiß fragen, noch mehr natürlich, ob sie tatsächlich so struppige Gesellen gewesen sind, wie das hier bereits von dem Säugling, der ihr Urvater werden sollte, erzählt wird. Hier äußert sich – damit hat Gunkel sicherlich recht – ein geradezu humoristisch gefärbtes Überlegenheitsgefühl, das man als Israelit gegenüber den südlichen Wüstenbewohnern wohl hatte. Für den Fortgang der Erzählung wird das Motiv des ganz und gar behaarten Esau gegenüber dem glatten Jakob aber noch wichtig werden, vgl. 27,1ff. So zeigt sich bereits hier, daß wir jetzt in einen größeren Erzählkomplex eingetreten sind, in dem es immer wieder von der einen Erzähleinheit zur anderen Verbindungen und Bezüge gibt.

Der Vers schließt mit der Namengebung. Es wird nicht gesagt, wer sie vornimmt. Im hebräischen Text steht das Verb in V. 25 im Plural, während V. 26 singularisch formuliert ist. In beiden Fällen ist die Übersetzung mit allgemeinem Subjekt (man) möglich. Die Differenz in der Formulierung ist kaum erklärbar. Vielleicht liegt lediglich ein Schreibfehler vor. Gravierender ist etwas anderes. Man erwartet, daß der Name Esau die festgestellten Besonderheiten im Aussehen des Säuglings zum Ausdruck bringt. Und so ist es wohl auch gemeint, obwohl die sonst häufig anzutreffende Formulierung «darum nannte man...» (vgl. V. 30) hier nicht steht. Die genannten Besonderheiten ergeben aber in ihrem Lautwert überhaupt keinen Anklang an das Wort Esau, sie führen vielmehr auf Edom. Das ist ganz eindeutig für das Wort «rötlich», das im Hebräischen dieselben Konsonanten hat wie Edom ('dm; vgl. V. 30), gilt aber auch für «behaart» (se'ar), das für hebräische Ohren einen Anklang an Seir ermöglicht, die gebirgige Gegend, in der die Edomiter lebten, vgl. 36,8f. So ist V. 25 ursprünglich wohl auf Edom zugelaufen. Dann aber hat der Stammvater der Edomiter den Namen Esau, dessen etymologische Erklärung bis heute nicht gelungen ist, bekommen. Und so ist der Name Esau auch an dieser Stelle eingesetzt worden. Das war um so leichter möglich, als die Namenserklärungen im 1. Buch Mose und darüber hinaus im Alten Testament oft nur auf sehr vagen Anspielungen beruhen. Die Gleichsetzung von Esau und Edom wird an anderen Stellen ausdrücklich hergestellt, vgl. 36,1.8.

Einen ganz anderen Charakter hat nun **V. 26a**, die Erzählung von der Geburt und Namengebung Jakobs. In diesem Fall wird ein Vorgang bei der Geburt zur Namenserklärung benutzt. Die Wörter «Ferse» und «Jakob», die im Hebräischen dieselben Konsonanten aufweisen, haben jedoch etymologisch nichts miteinander zu tun. So stellt sich die Frage nach der Bedeutung des eigenartigen Vorgangs, durch den Jakob in seinem Verhältnis zum älteren Bruder vom Augenblick seiner Geburt an charakterisiert wird. Der Säugling scheint durch den Griff nach der Ferse des Bruders diesen zurückhalten und ihm das Erstgeburtsrecht streitig machen zu wollen. Auf diese Weise geben die alten Erzähler einen Vorblick auf die hier eingeleitete Geschichte.

Ein Wort noch zur Namenserklärung allgemein, die in den Erzählungen des 1. Buches Mose Genesis immer wieder begegnet: Gunkel hat festgestellt, daß in der Genesis bei allen wichtigeren Personen Namenserklärungen gegeben werden. Die Namenserklärung ist ein Zeichen für die große Bedeutung, die man dem Namen von Personen, aber auch von Orten beigelegt hat. Der Name wird nicht als etwas Zufälliges angesehen. Er hat Gewicht und Bedeutung. Deshalb hat man über ihn vielfältig nachgedacht. Daß den Namenserklärungen für unser Gefühl manchmal etwas Spielerisches anhaftet und sie nach unserem Kenntnisstand oft als sachlich falsch beurteilt werden müssen, mindert ihr Gewicht im Rahmen der alten Erzählungen nicht.

Die Kommentare schwanken in der Zuordnung der **V. 27–28**. Gehören sie schon zu der folgenden Erzählung, für deren Verständnis sie zweifellos wichtige Vorgaben machen, oder bilden sie den Abschluß der allgemeinen Bemerkungen über die Brüder, in denen die beiden dem Leser vorgestellt werden? Da das, was in den beiden Versen festgestellt wird, nicht nur für V. 29–34 von Bedeutung ist, sondern noch mehr für Kap. 27, ist es richtiger, die V. 27–28 als Abschluß der Einleitung für den nun folgenden Erzählabschnitt über Jakob und Esau zu verstehen. Jakob und Esau gehen in ihrer Lebensgestaltung ganz unterschiedliche Wege. Daß Brüder in verschiedenen «Berufen» tätig sind und infolgedessen in verschiedenen Lebensbereichen zu Hause sind, ist ein beliebtes Erzählmotiv, man vergleiche nur die diesbezüglichen Angaben über Kain und Abel, 4,2. Im Hintergrund steht aber mehr als ein nur individuelles Geschehen. Jäger und Hirt repräsentieren verschiedene Kulturformen, die menschheitsgeschichtlich gesehen aufeinander gefolgt sind, die aber für einen langen Zeitraum auch nebeneinander existiert haben. Das ist die Situation, die vom Erzähler für die Jakob-Esau-Geschichten vorausgesetzt wird.

Jäger und Hirt haben ihren je eigenen Lebensbereich, aber sie sind doch nicht völlig voneinander getrennt, sie begegnen sich, und so kann es dann auch zu Reibungen und Konflikten kommen. Daß Jakob als Hirt dargestellt wird, ist im Text zwar nicht ausdrücklich gesagt, ergibt sich aber aus der Gesamterzählung, vgl. Kap. 27 und die folgenden Kapitel. In V. 27 deutet die Angabe «der in Zelten wohnte» auf diese Lebensform. Der Jäger nächtigt auf dem freien Feld, der Hirt aber bedient sich bereits der Errungenschaft des Zeltes. So kann er seinen Herden auf der Spur bleiben. Erst der Ackerbauer wohnt dann im festen Haus. So sehr die beiden Verse die genannten kulturgeschichtlichen Bezüge erkennen lassen, so haben sie doch auf der anderen Seite deutlich ein individuelles Gepräge, meinen zwei Brüder, die aus einer Familie stammen und Akteure in einer Folge von Geschehnissen sind. Diese Doppelbödigkeit macht nicht zuletzt den Reiz dieser Erzählungen aus, wobei erzählerisch die individuelle Sicht aber ganz im Vordergrund steht.

Fragen kann man, ob die Beschreibung Jakobs, er sei ein «gesitteter Mann» gewesen, noch zum kultur-bzw. stammesgeschichtlichen Kolorit gehört oder bereits Jakob als Individuum beschreibt. Von der Bedeutung des nicht oft gebrauchten hebräischen Wortes aus, das man etwa so definieren kann: «sich vorgegebenen Ordnungen einfügend», ist die Entscheidung nicht zu treffen. Der engere Textzusammenhang spricht für die Prävalenz des kulturgeschichtlichen Verständnisses. Dabei wird die Hirtenexistenz offensichtlich höher bewertet als die Jägerexistenz. Der weitere Textzusammenhang (eingeschlossen V. 28) läßt eher an die individuelle Bedeutungsebene denken. So deutet sich mit diesem Wort der Übergang zum individuellen Verständnis an, der in V. 28 endgültig vollzogen ist.

Daß die Vorliebe von Vater und Mutter zwei Brüdern unterschiedlich zugewandt ist, das mag eine Beobachtung sein, die man in vielen Familien machen kann, besonders dann, wenn die beiden so verschieden sind, wie es hier geschildert ist. Auffallend ist, daß für die Vorliebe des Vaters eine recht nüchterne und pragmatische Begründung gegeben wird, während die Vorliebe der Mutter ohne Begründung bleibt. Eine tiefenpsychologische Deutung wird hier möglicherweise eine Urbindung der Mutter an den Jüngeren und des Vaters an den Älteren vorfinden. Auch solche Dinge mögen im Hintergrund stehen, sie sollten sich für die Texterklärung aber nicht in den Vordergrund schieben. Erzähltechnisch hat der V. 28 eine klare Funktion: Er bildet die Voraussetzung und Einleitung zu Kap. 27, wo die Erzählung von beiden Elementen des Verses lebt, der Vorliebe Isaaks für das Wildgericht Esaus und der Vorliebe Rebekkas für ihren jüngeren Sohn Jakob. Trotzdem ist es erzählerisch wohlüberlegt, daß Kap. 27 nicht als direkte Fortsetzung von V. 28 erscheint. Auf diese Weise wird von den beiden so intensiv vorgestellten Brüdern nicht nur das Ereignis von Kap. 27 mit seinen Folgen erzählt, sondern auch das, was in V. 29–34 zur Sprache kommt.

25,29–34   Der Verkauf des Erstgeburtsrechts

29 Als Jakob einmal ein Gericht kochte, kam Esau erschöpft vom Feld nach Hause. 30 Und Esau sagte zu Jakob: «Laß mich doch schlingen von dem Roten, dem Roten da, denn ich bin ganz erschöpft». Darum nennt man ihn Edom (den Roten)[2]. 31 Jakob aber sagte: «Verkaufe mir zuvor dein Erstgeburtsrecht». Da erwiderte Esau: «Ich komme fast um (vor Hunger), was soll mir da das Erstgeburtsrecht!» 33 Jakob aber sagte: «Schwöre mir zuvor!» Da schwor er ihm und verkaufte sein Erstgeburtsrecht an Jakob. 34 Und Jakob gab Esau Brot und das Linsengericht; der aß und trank, stand auf und ging davon. So hat Esau das Erstgeburtsrecht verachtet.

Es handelt sich um die erste Erzählung von den Zwillingsbrüdern, in der die von Anfang an festgestellte Rivalität auch sogleich thematisiert wird. Die kurze Erzählung ist in sich gerundet, Anfang und Abschluß sind klar definiert. Nur an zwei Stellen können Zusätze festgestellt werden. Das ist mit Sicherheit bei der Namenserklärung in V. 30b der Fall, die an dieser Stelle anders als in V. 25 und 26 mit der vollen Formel «darum nennt man...» eingeleitet wird. Die später vollzogene, im vorliegenden Textzusammenhang aber von Anfang an vorausgesetzte Gleichsetzung von Esau und Edom wird hier an Hand eines Wortgleichklangs noch einmal zum Ausdruck gebracht. In einer für sich überlieferten Einzelerzählung wäre dieser Satz sinnlos, im Zusammenhang des weiteren Kontextes aber hat er eine sinnvolle Funktion. Fragen kann man, ob nicht auch der letzte Satz von V. 34 ein Zusatz ist. Es ist eine Wertung des Geschehens durch den Erzähler. Die Erzählung selbst findet mit dem Satz «und er ging davon» ihren Abschluß. Der mündlich tradierten Einzelerzählung dürfte die abschließende Wertung noch gefehlt haben. Sie wurde eingefügt, als die Erzählung in den Zusammenhang der Jakob-Esau-Geschichten gestellt wurde. Obwohl sich im Text keine direkten Hinweise auf J finden, spricht alles dafür, daß dies durch J geschehen ist, wir in V. 29–34 also insgesamt einen jahwistischen Text vor uns haben.
Die Auslegung der Erzählung ist sehr stark von dem Gedanken bestimmt, daß ihre kulturgeschichtliche Bedeutung besonders zu beachten ist, daß Jakob und Esau zunächst als Repräsentanten zweier Kulturbereiche dargestellt sind und daß für eine individuelle Deutung erst eine spätere Ebene der Erzählung in Frage kommt. Man hat geradezu von einem «Kulturmythus» gesprochen, der hier vorliegt (Maag). Danach repräsentiert Jakob den Hirten, Esau den Jäger, und ihr Verhalten wird als das für den Hirten bzw. für den Jäger typische Verhalten verstanden. Der Jüngere handelt klug und vorausschauend, wie es für den Hirten charakteristisch sein soll, der Ältere spontan, ja unbeherrscht, was man dann als Eigenart des Jägers interpretiert. Einwände gegen diese herrschende Auffassung sind nur selten erhoben worden. Man sollte sie aber nicht überhören.
Im Mittelpunkt der Erzählung steht ein Linsengericht. Ist das für den Hirten

---

[2] Diese Namensdeutung nimmt Bezug auf das hebräische Wort *'adom* «rot».

charakteristisch? Wenn Jakob so betont als Hirte dargestellt werden sollte, würde man eher eine andere Mahlzeit erwarten, ein gebratenes Tier der Herde etwa oder eine aus der Milch der Tiere hergestellte Mahlzeit. Sicher schließen sich Linsengericht und Hirtenexistenz nicht gegenseitig aus, aber typisch für den Hirten ist das Linsengericht nicht. Im Gegensatz zu Kap. 27 gibt es in unserer Erzählung keinen direkten Hinweis auf Jakobs Hirtenexistenz: Weder wird er als Hirte bezeichnet, noch ist von den Tieren seiner Herde direkt oder indirekt die Rede. Bei Esau kann man die Feststellung, daß er «vom Feld» kommt in der üblichen Weise verstehen, daß er von der Jagd heimkommt, obwohl es ausdrücklich nicht ausgesprochen wird. Wieder ist in Kap. 27 die Sache eindeutig. Da wird vom «Köcher und Bogen», vom «Jagen» und der «Jagdbeute» erzählt, hier aber muß man sich mit dem genannten kargen Hinweis begnügen. Auch die immer wieder getroffene Feststellung, daß Esaus Jagd erfolglos gewesen ist, sagt mehr, als der Text zunächst einmal hergibt. Die Erzählung berichtet nur davon, daß Esau bei seinem Heimkommen erschöpft und hungrig gewesen ist. Man kann sich durchaus vorstellen, daß er – wenn er denn von der Jagd kam – eine Jagdbeute auf dem Rücken trug, aber in seiner Erschöpfung und Ungeduld die lange Prozedur der Zubereitung nicht abwarten wollte, als seine Augen und Nase dem Linsengericht Jakobs ausgesetzt wurden. Aber auch das bleibt natürlich Spekulation. Hält man sich an das, was in den Versen wirklich gesagt wird und läßt stillschweigend gemachte Anleihen aus dem vorhergehenden und nachfolgenden Text beiseite, so bleibt kaum etwas übrig, was für die so häufig vorgenommene kulturgeschichtliche Interpretation gerade dieser Erzählung in Anspruch genommen werden kann. Mag für die Darstellung der beiden Brüder insgesamt der genannte Kulturmythus, d. h. die oft beschworene Rivalität zwischen Jäger und Hirt eine gewisse Bedeutung haben, in V. 29–34 geht es darum nicht, diese Geschichte ist an den Personen Jakob und Esau orientiert, wobei die stammesgeschichtliche Bedeutung der beiden mit zu berücksichtigen ist, worauf der Zusatz von J überdies noch ausdrücklich hinweist.

V. 29 formuliert in aller Kürze, aber für das Verständnis des geschilderten Vorgangs voll ausreichend die Grundsituation, aus der sich das im folgenden geschilderte Geschehen entwickelt. Ob dieser Vers einen vollgültigen Erzählanfang darstellt, kann man fragen. Im Anschluß an V. 27–28 ist ein Erzählanfang, durch den die handelnden Personen eingeführt werden, aber nicht mehr nötig. Es fällt auf, daß das Gericht, das Jakob zubereitet hat, hier noch nicht näher bezeichnet wird. Das geschieht erst in V. 34. Damit ist eine Spannung aufgebaut, die erst am Schluß gelöst wird. Hörer und Leser fragen sich unwillkürlich, was mag das für ein besonderes Gericht sein, das solche Reaktionen auslöst. Am Schluß erfahren sie: Es ist gar nichts Besonderes, sondern eine völlig alltägliche, eher dürftige Nahrung wie Bohnen und Getreide, vgl. 2. Sam. 17,28, wo diese Dinge nebeneinander genannt sind, oder Ez. 4,9, wo die Linsen zu der kargen Belagerungsspeise gezählt werden. Reste von Linsen sind auch bei zahlreichen Ausgrabungen in Palästina gefunden worden.

Der erschöpfte und hungrige Esau macht sich keine Mühe, die Mahlzeit genau anzusehen, **V. 30**. Er will nur schnell etwas zwischen die Zähne bekommen, egal, was es ist. Der erste Eindruck des Gerichts ist die rötliche Farbe der Linsen, und so röchelt er seine Begier heraus: «Laß mich doch schlingen von dem Roten, dem Roten da». Daß die Linsen als «rot» bezeichnet werden, hat den Auslegern gelegentlich unnötige Schwierigkeiten gemacht. Es gibt bis heute im Orient rötlich aussehende Linsen, darüber hinaus umgreift die Farbbezeichnung Rot auch den Bereich Rotbraun. Das mit «schlingen» übersetzte Wort kommt im Alten Testament nur an dieser Stelle vor. Seine Verwendung läßt Esau als einen triebhaften, rohen Menschen erscheinen, dem geradezu etwas Tierisches anhaftet. Die Übersetzung der Zürcher Bibel «schnell essen» ist zu schwach und bringt die gewollte Charakterisierung Esaus nicht genügend zur Geltung.

Jakob nutzt die Schwäche des Bruders sofort und skrupellos aus, **V. 31.** Man hat den Eindruck, daß er schon lange auf eine günstige Gelegenheit gewartet hat, das heiß begehrte Erstgeburtsrecht dem Bruder abzunehmen. Viermal kommt das sonst im Alten Testament selten gebrauchte Wort «Erstgeburtsrecht» in der kurzen Erzählung vor. Es ist das Leitwort der Geschichte. Der erstgeborene Sohn steht in einer besonderen Nähe zum Vater, vgl. 49,3. In der Bildrede kann im Alten Testament deshalb Israel als der Erstgeborene Jahwes bezeichnet werden, 2. Mose 4,22; vgl. auch Jer. 31,9, womit keine naturhaft-mythische Beziehung gemeint ist, vielmehr wird auf diese Weise die Erwählung Israels aus den Völkern und seine Sonderstellung unter den Völkern zum Ausdruck gebracht.

Worum aber geht es beim Erstgeburtsrecht? Nicht immer ist in den Auslegungen der Geschichte deutlich genug erkannt worden, daß das Erstgeburtsrecht und der Segen, von dem in Kap. 27 die Rede ist, zwei verschiedene Dinge sind. Beides sind Vorrechte, die dem Erstgeborenen zustehen, aber sie sind zu unterscheiden. Beim Erstgeburtsrecht handelt es sich um einen Begriff des Rechtslebens. Es trägt in sich die Würde und Autorität des Erstgeborenen innerhalb der Familie, die sich dann rechtlich vor allem im Bereich des Erbrechts auswirken. Nach 5. Mose 21,17 – es ist die einzige Erwähnung des Erbrechts in den alttestamentlichen Rechtsbüchern, darüber hinaus vgl. 4. Mose 27,8b–11a – erhält der Erstgeborene einen doppelten Erbanteil, bei zwei Erben also zwei Drittel des Erbes. Aus 1. Chron. 5,1–3 geht hervor, daß die Übertragung des Erstgeburtsrechts auf einen anderen Sohn ein vorstellbarer Vorgang gewesen ist. Jakob ist also nicht hinter einem Phantom her.

Die Antwort Esaus und die daraufhin erfolgende Reaktion Jakobs **(V. 32–33)** zeigen die Unbedachtheit des einen wie die berechnende Klugheit des anderen. Esau ist nur von seiner augenblicklichen Situation bestimmt ohne Berücksichtigung der Zukunft – die gelegentlich vorgenommene Übersetzung und Deutung «ich muß ja doch sterben», so auch Zürcher Bibel und Lutherbibel, ist unwahrscheinlich. Jakob will den Vorteil, der ihm da so unverhofft zuteil wird, mit allen Mitteln absichern und für die Zukunft festschreiben. Dazu dient der Schwur. Er bewirkt eine unwiderrufliche Bindung des Partners. Was geschworen ist, setzt Wirklichkeiten und kann nicht rückgängig gemacht werden, vgl. Jos. 9,19. Ausdrücklich wird in V. 33b dann noch festgestellt, daß der Handel zustande gekommen ist. Jakob hat sein Ziel erreicht.

Nun kann er sich dem Bruder gegenüber freundlich zeigen, **V. 34.** Er setzt ihm Brot und das Linsengericht vor und bietet ihm auch zu trinken an. Esau hat damit zwar eine vollständige Mahlzeit bekommen, aber er hat einen hohen Preis dafür gezahlt. Am Schluß gelingt der Erzählung noch einmal eine eindrucksvolle Darstellung Esaus durch vier nebeneinander gestellte Verbformen, die wortlos sein Tun beschreiben. Damit «malt» sie «den plumpen Gesellen, wie er sich den Mund wischend davontrappt und sich stellt, als wenn er sich aus der Erstgeburt nichts mache» (Jacob).

Die Erzählung vom Verkauf des Erstgeburtsrechts an Jakob verlangt eine differenzierte Betrachtung. Von zwei Brüdern ist die Rede, die extrem unterschiedlich dargestellt werden. Daß die Erzählung insgesamt Esau sehr negativ schildert, ihn vielleicht sogar lächerlich macht, ist nicht zu übersehen. Die abschließende Wertung des Verhaltens Esaus liegt ganz in dieser Linie. Damit zeichnen die israelitischen Erzähler zugleich ein Bild der Edomiter, vgl. V. 30b; 36,1.8b und nicht zuletzt V. 23. Es unterscheidet sich erheblich von dem, was andere Stellen des Alten Testaments zum Ausdruck bringen, wo von Weisheit und Klugheit der Edomiter die Rede ist, vgl. Jer. 49,7; Ob. 8. Unsere Erzählung kann also nicht im Sinn einer objektiven Darstellung edomitischen Wesens verstanden werden; sie ist geprägt von Rivalität und Auseinandersetzung mit diesem «Brudervolk».

Wie aber steht es mit Jakob und seinem Verhalten? Ist die Erzählung geprägt von der Freude über den klugen Jakob, der den dummen Esau so geschickt ausmanövriert hat (so etwa Gunkel)? Eine direkte Wertung wird in dieser Hinsicht nicht gegeben, und man wird sich gewiß davor hüten müssen, unbesehen moderne Maßstäbe der Bewertung anzulegen. Trotzdem bleibt das Verhalten Jakobs bedenklich, und es bereitet in gewisser Weise sein noch bedenklicheres Verhalten in Kap. 27 vor. Jakob, der Stammvater Israels, wird nicht idealisiert. Gottes Geschichte bedient sich auch sehr fragwürdiger Menschen, ihr Weg ist ein Weg mit wirklichen Menschen, die ihre Schwächen haben, und das unterdrückt die Überlieferung nicht. Damit haben wir die Geschichte in den großen Zusammenhang gestellt, der uns heute im Alten Testament vorliegt. Dieser Zusammenhang aber ist für das endgültige Verständnis der uns überkommenen Überlieferung entscheidend.

26,1–35   Isaak in Gerar und Beerseba

1 Es kam eine Hungersnot über das Land, abgesehen von der früheren Hungersnot, die zur Zeit Abrahams gewesen war. Da zog Isaak zu Abimelech nach Gerar, dem König der Philister. 2 Und Jahwe erschien ihm und sprach: «Zieh nicht hinab nach Ägypten, bleibe in dem Land, das ich dir nennen werde. 3 Halte dich in diesem Land als Fremdling auf, so will ich mit dir sein und will dich segnen, denn dir und deinen Nachkommen will ich alle diese Länder geben und ich will den Eid in Kraft setzen, den ich deinem Vater Abraham geschworen habe. 4 Ich will deine Nachkommen so zahlreich machen wie die Sterne des Himmels und will deinen Nachkommen alle diese Länder geben, und alle Völker der Erde sollen sich mit (dem Namen) deiner Nachkommen Segen wünschen[3], 5 zum Lohn dafür, daß Abraham auf meine Stimme gehört

---

[3] Im hebräischen Text steht an dieser Stelle eine andere Verbform als in 12,3. Der Ausdruck in V. 4 entspricht dem von 22,18, vgl. die Übersetzung von Zimmerli an beiden Stellen.

und meine Anordnungen, meine Befehle, meine Gesetze und meine Weisungen beachtet hat.» 6 So blieb Isaak in Gerar. 7 Als nun die Männer des Ortes nach seiner Frau fragten, sagte er: «Sie ist meine Schwester»; denn er fürchtete sich zu sagen: «Sie ist meine Frau»; sonst (so dachte er) könnten mich die Männer des Ortes Rebekkas wegen umbringen, weil sie eine schöne Frau ist. 8 Als er sich (schon) längere Zeit dort aufgehalten hatte, blickte Abimelech, der König der Philister, einmal durchs Fenster, und er sah Isaak mit seiner Frau Rebekka kosen. 9 Da ließ Abimelech Isaak rufen und sagte: «Ach, sie ist ja deine Frau! Wie konntest du sagen: Sie ist meine Schwester!» Isaak antwortete ihm: «Ich dachte, ich müßte ihretwegen sterben.» 10 Darauf entgegnete Abimelech: «Was hast du uns da angetan! Wie leicht hätte sich einer vom Volk zu deiner Frau legen können; dann hättest du Schuld über uns gebracht.» 11 Darauf gebot Abimelech dem ganzen Volk: «Wer diesen Mann oder seine Frau anrührt, der wird mit dem Tode bestraft.»

12 Isaak aber säte in diesem Lande, und er erntete im gleichen Jahr hundertfältig, so hatte Jahwe ihn gesegnet. 13 Der Mann wurde reich und immer reicher, bis er über die Maßen reich war. 14 Er besaß Herden von Schafen und Ziegen und Herden von Rindern und viel Gesinde, so daß ihn die Philister beneideten.

15 Aber alle Brunnen, welche die Knechte seines Vaters zur Zeit Abrahams, seines Vaters, gegraben hatten, hatten die Philister zugeschüttet und mit Erde gefüllt. 16 Abimelech aber sagte zu Isaak: «Zieh weg von uns, denn du bist uns viel zu mächtig geworden.» 17 Da zog Isaak von dort weg, und er lagerte im Tal von Gerar und blieb dort. 18 Isaak aber grub die Wasserbrunnen wieder auf, welche die Knechte seines Vaters Abraham gegraben hatten und welche die Philister nach dem Tode Abrahams zugeschüttet hatten, und er gab ihnen dieselben Namen, die ihnen sein Vater gegeben hatte. 19 Als die Knechte Isaaks im Tal gruben, fanden sie dort einen Brunnen mit Quellwasser. 20 Und die Hirten von Gerar gerieten mit den Hirten Isaaks in Streit, indem sie behaupteten: «Das Wasser gehört uns.» Da nannte er den Brunnen Esek (d. h. Zank), weil sie sich mit ihm gezankt hatten. 21 Dann gruben sie einen anderen Brunnen, und auch über ihn gerieten sie in Streit. Da nannte er ihn Sitna (d. h. Streit). 22 Darauf zog er von dort weg und grub einen anderen Brunnen. Um den gerieten sie nicht in Streit. Da nannte er ihn Rehobot (d. h. weiter Raum), und er sagte: «Jetzt hat uns Jahwe einen weiten Raum gegeben, so daß wir uns im Lande ausbreiten können.»

23 Dann zog er von dort herauf nach Beerseba. 24 Und Jahwe erschien ihm in jener Nacht und sagte: «Ich bin der Gott deines Vaters Abraham, fürchte dich nicht, denn ich bin mit dir. Ich will dich segnen und deine Nachkommen zahlreich machen um meines Knechtes Abraham willen.» 25 Und er baute dort einen Altar und rief den Namen Jahwes an. Dann schlug er dort sein Zelt auf; die Knechte Isaaks aber gruben dort einen Brunnen.

26 Abimelech aber hatte sich von Gerar aus zu ihm auf den Weg gemacht mit seinem Vertrauten Ahussat und seinem Heerführer Pichol. 27 Da sagte Isaak zu ihnen: «Warum seid ihr zu mir gekommen? Ihr mögt mich doch nicht und

habt mich von euch weggeschickt!» 28 Sie aber sagten: «Wir haben nun wirklich gesehen, daß Jahwe mit dir ist, darum dachten wir: Es sollte doch eine eidliche Abmachung zwischen uns und dir bestehen. Wir wollen einen Vertrag[4] mit dir schließen: 29 Du sollst uns nichts Böses antun, wie auch wir dich nicht angetastet und dir nur Gutes getan haben und dich in Frieden haben ziehen lassen. Du bist nun einmal der Gesegnete Jahwes.» 30 Da bereitete er ihnen ein Gastmahl, und sie aßen und tranken. 31 Am anderen Morgen in der Frühe schworen sie einander den Eid. Isaak entließ sie, und sie schieden von ihm in Frieden.

32 Am gleichen Tag kamen die Knechte Isaaks und berichteten ihm von dem Brunnen, den sie gegraben hatten, und sie sagten zu ihm: «Wir haben Wasser gefunden!» 33 Da nannte er ihn «Schebua»[5] (d. h. Schwur). Darum heißt die Stadt Beerseba (d. h. Schwurbrunnen) bis auf den heutigen Tag.

34 Als Esau vierzig Jahre alt war, heiratete er Judith, die Tochter des Hethiters Beeri, und Basmath, die Tochter des Hethiters Elon. 35 Die waren für Isaak und Rebekka ein großer Kummer.

Dieses Kapitel unterbricht den Zusammenhang der Erzählungen von Jakob und Esau. Von den beiden Brüdern ist in Kap. 26 keine Rede, während sie in 25,19–34 das Geschehen bestimmen und es in Kap. 27 wieder um sie geht. Auch erscheint Rebekka in Kap. 26 eher als eine junge Frau, die noch keine Kinder geboren, gewiß aber noch keine erwachsenen Söhne hat, ganz abgesehen davon, daß das Vorhandensein zweier Söhne es nun wirklich nicht zugelassen hätte, Rebekka als Schwester auszugeben. Sachlich gehört das, was in Kap. 26 erzählt wird, vor die Jakob-Esau-Erzählung.

Häufig ist deshalb die Vermutung geäußert worden, daß Kap. 26 ursprünglich vor 25,21 gestanden hat. Dafür spricht viel. Es stellt sich dann jedoch die Frage, wie die Umstellung zur heute vorliegenden Textfolge erklärt werden kann. Diese Umstellung ist möglicherweise erfolgt, als der jahwistische Text mit dem priesterschriftlichen Text zusammengefügt wurde. Jetzt sollte nach der priesterschriftlichen Überschrift – «dies ist die Familiengeschichte Isaaks» – sogleich auch das Wesentliche über diese Familie, die Geburt der Söhne und ihre Wesensart mitgeteilt werden. Dafür hat man dann die Unterbrechung der Erzählfolge über Jakob und Esau in Kauf genommen. Nach Kap. 27 konnte Kap. 26 nicht eingefügt werden, da Isaak in Kap. 27 seinen Tod bereits dicht vor Augen hat, was zu Kap. 26 nun gar nicht passen will. Es kann aber auch so sein, daß es sich bei Kap. 26 um ein Überlieferungsstück handelt, das erst später in den jahwistischen Zusammenhang eingefügt worden ist, dem von Hause aus eine gewisse Selbständigkeit eignet. Die Besonderheit von Kap. 26 im jahwistischen Rahmen und die relative Geschlossenheit des Kapitels könnten für eine derartige Überlegung sprechen. Auch dann bleibt natürlich die Frage, warum das Kapitel an so «unpassender» Stelle in einen vorgegebenen Zusammenhang eingestellt worden ist. Es ist eine Frage, die nicht ohne Antwort

---

[4] Das hebräische Wort *berit* wird traditionellerweise meist mit «Bund» übersetzt. «Vertrag» ist hier aber die bessere Übersetzung.

[5] Der überlieferte hebräische Text vokalisiert *schib'ah*, was an die Zahl sieben denken läßt, vgl. 21,22–34.

bleiben muß. Die Voranstellung von Kap. 26 unmittelbar vor Kap. 27 ergibt nämlich eine wichtige Gegebenheit, die auf ihre Weise die schließlich gefundene Reihenfolge der Kapitel als sinnvoll und theologisch gehaltvoll erscheinen läßt. Kap. 26 steht ganz unter dem Thema des Segens, der Isaak zuteil geworden ist, und in Kap. 27 geht es um die Weitergabe dieses Segens. Das Stichwort «Segen» verbindet beide Kapitel miteinander.

Kap. 26 ist das Isaakkapitel innerhalb der Vätererzählungen. Nur hier wird von Isaak als von einer selbständig handelnden Person gesprochen. Von Isaak ist also sehr viel weniger überliefert als von Abraham und Jakob. Aber er ist erzählerisch doch mehr als nur eine Zwischenfigur zwischen Abraham und Jakob, und seine Bedeutung erschöpft sich nicht darin, der Sohn des ersten und der Vater des zweiten gewesen zu sein, wie gelegentlich gesagt worden ist. Dafür ist das Isaakkapitel zu gewichtig und gehaltvoll.

Sehr unterschiedlich beurteilen die Ausleger den Aufbau des Kapitels. Ist es eine bunt zusammengewürfelte Ansammlung verschiedener Traditionsstücke oder handelt es sich um eine wohldurchdachte Komposition, in der jedes Stück seinen begründeten und unverwechselbaren Ort hat? Für beide Meinungen enthält Kap. 26 Anhaltspunkte. So ist es sicher nicht zufällig, daß im Zentrum Brunnennotizen stehen, die als «der älteste Bestandteil des Kapitels» (Westermann) gelten können, gerahmt von Begebenheiten, die sich zwischen Isaak und Abimelech ereignen; auch können die beiden Verheißungsreden des Kapitels (V. 2–5 und V. 24) aufeinander bezogen werden. Schließlich gibt es zwischen den einzelnen Einheiten mancherlei Verbindungen, aber das reicht insgesamt doch nicht aus, Kap. 26 als festgefügte, klar durchstrukturierte Komposition zu verstehen. Das Kapitel hat auch den Charakter einer Sammlung, in die mancherlei aufgenommen worden ist, was man von Isaak zu erzählen wußte. Es besteht aus sechs Abschnitten: V. 1–11; V. 12–14; V. 15–22; V. 23–25; V. 26–31; V. 32–33.

Die V. 34–35 haben sachlich und literarisch einen anderen Charakter. Sie gehören zu P mit einer für diese Quellenschrift charakteristischen Thematik. Der übrige Textbestand des Kapitels wird, abgesehen von einigen Zusätzen, in der Regel J zugeschrieben. Dem wird man zustimmen können, wobei allerdings die Möglichkeit zu beachten ist, daß es sich um einen jahwistischen Abschnitt handelt, der erst nachträglich in einen bereits vorliegenden jahwistischen Textzusammenhang eingefügt wurde. Daß die jahwistische Quelle einen gewissen Wachstumsprozeß durchlaufen hat, ist eine in der Forschung diskutierte Theorie.

Das Isaakkapitel enthält eine Reihe von lokalen Angaben, auch treten politische Personen auf. So stellt sich hier stärker als sonst bei den Vätergeschichten die Frage des zeitgeschichtlichen und kulturgeschichtlichen Hintergrunds, den die überlieferten Traditionen vermitteln. Isaak selbst wird in Kap. 26 als Nomade bzw. Halbnomade beschrieben, der mit seinen Schafen und Ziegen in einem bestimmten Bereich umherzieht. In V. 25 wird ausdrücklich von seinem Zelt gesprochen, das ist die für den Nomaden typische Behausung. Es kommt zu Berührungen und Auseinandersetzungen mit den Landesbewohnern, wobei es immer um das Lebenselement des Kulturlands geht, das Wasser. Für die Kleinviehherden der Halbnomaden war die regelmäßige Nutzungsmöglichkeit von Wasserstellen absolut lebensnotwendig. Das zeigt Kap. 26 in aller Deutlichkeit. Nur an einer Stelle verläßt die Darstellung Isaaks das nomadische Kolorit. Das ist der Fall in V. 12–14, wo von einer ausgedehnten Landwirtschaft Isaaks die Rede ist. Wenn man auch mit einer geringfügigen und gelegentlich ausgeübten landwirtschaftlichen Betätigung der Halbnomaden rechnen kann, so handelt es sich hier doch um mehr. Hier werden die Zustände des späteren, seßhaften Volkes auf die Zeit Isaaks übertragen. Dazu gehört auch die Erwähnung der Rinder im Besitz Isaaks.

Die Kontrahenten und Gegenspieler Isaaks sind in diesem Kapitel die Philister, vornehmlich repräsentiert durch den König Abimelech von Gerar. Das aber ist historisch nicht möglich. Die Philister sind erst später, etwa zu der Zeit, als sich in Kanaan die israelitischen Stämme zusammenfanden, vom Meer her in das Land gekommen und haben sich in der südlichen Küstenebene festgesetzt. Die Nennung der Philister ist also ein Anachronismus, d. h., hier werden Gegebenheiten einer späteren Zeit in eine frühere Zeit verlegt. Damit aber ergibt sich die Möglichkeit, die Zeit, in der Kap. 26 erzählerisch gestaltet worden ist, etwas näher zu definieren. Es ist zu fragen: Gibt es in der Geschichte Israels eine Zeit, in der das Verhältnis zwischen Israel bzw. Juda und den Philistern etwa in der Weise zu beschreiben ist, wie es hier geschieht? Das kann nicht die Zeit einer drückenden Überlegenheit der Philister gewesen sein – die Zeit Sauls scheidet also aus – eher die Zeit eines wohlwollenden Bei- und Nebeneinanders, wobei jedoch eine gewisse Überlegenheit Israels durchscheint, vgl. V. 26–31 – damit gerät die exilisch-nachexilische Zeit außer Betracht. Man kann an die Zeit des davidisch-salomonischen Reiches denken, kann aber auch die Verhältnisse der späteren Königszeit angesprochen finden.

In einer wichtigen Hinsicht aber spiegelt das Isaakkapitel, abgesehen von dem oben Gesagten, die Lebensweise der Erzväter noch direkt wider. Sie waren insgesamt friedliche und verträgliche Leute, die alles daransetzten, mit den Landesbewohnern gut auszukommen, mit ihnen nicht in kriegerische Auseinandersetzungen zu geraten, sondern nach Möglichkeit zu vertraglichen Vereinbarungen zu kommen. Die Vorfahren Israels waren von einer ganz und gar unkriegerischen Wesensart geprägt. Ein Ausleger hat in diesem Zusammenhang einmal zusammenfassend festgestellt: «Alle Differenzen, Konflikte und Feindschaften in der Erzvätergeschichte enden in Harmonie, Frieden und Versöhnung» (Jacob). Dafür ist das Isaakkapitel ein besonders eindrucksvolles Beispiel.

Neben den politischen Anspielungen ist das Kapitel bestimmt durch zahlreiche lokale Angaben. Diese sind nun allerdings keineswegs alle kartographisch definierbar. Nicht lokalisierbar sind Esek, Sitna und wohl auch Rehobot. Anders ist die Sachlage bei Gerar und Beerseba. Es handelt sich um Ortslagen im Süden des judäischen Siedlungsgebiets im Übergangsbereich zur südlichen Steppe, dem sog. Südland. Gerar, dessen Lokalisation allerdings nicht völlig gesichert ist, liegt etwa in der Mitte zwischen Gaza und Beerseba. Das ist der Bereich Isaaks.

Dreimal wird im 1. Mosebuch davon berichtet, daß ein Erzvater aus Furcht vor Nachstellungen der Landesbewohner seine Frau als seine Schwester ausgegeben hat, 12,10–20; 20,1–18; 26,1–11. Es handelt sich um die bekannteste Parallelüberlieferung der Vätererzählungen. Daß die drei Erzählungen als Parallelüberlieferungen anzusehen sind, ist zwar nicht von allen Auslegern akzeptiert worden, weil sich jeweils auch gewichtige Unterschiede feststellen lassen, aber die Grundstruktur ist in allen Fällen doch so gleichartig, daß es gerechtfertigt ist, die drei Erzählungen als Parallelüberlieferungen eines Erzählstoffes zu verstehen.

Die gemeinsame Grundstruktur sieht so aus: Der Erzvater hält sich in fremder Umgebung auf – aus Furcht vor Repressalien gibt er seine Frau als Schwester aus – der König des Landes erkennt die wahre Situation – er macht dem Fremden Vorwürfe – die wahre Situation wird wiederhergestellt und bekräftigt. Das wird zweimal von Abraham und seiner Frau Sara und einmal von Isaak und seiner Frau Rebekka berichtet. Es ist nicht gut vorstellbar, daß Abraham sich zweimal so fragwürdig verhalten haben soll, bzw. besser gesagt, es ist nicht gut vorstellbar, daß ein Erzähler das gleiche Geschehen zweimal von Abraham berichtet hat. Deshalb ist das mehrmalige Vorkommen des gleichen Erzählstoffs nach wie vor ein gewichtiges Argument für die Annahme von Quellen, die einmal unabhängig voneinander existiert haben. Unsere Erzählung ist nun nicht nur zweimal, sondern sogar dreimal überliefert, allerdings – mit zum Teil – anderen Personen. Die übliche Erklärung geht dahin, daß das erste und dritte Vorkommen des Erzählstoffs zu J gehört, während Kap. 20 E zugeordnet wird. Die Schwierigkeit, daß der Stoff in einer Quelle dann doch zweimal vorkommt, wird als nicht so schwerwiegend empfunden, da die Personen in 12,10–20 und 26,1–11 ja andere sind. Das ist eine durchaus akzeptable Überlegung, besonders wenn Kap. 26 ein Zusatz zu J sein sollte.

Seit G. v. Rads Auslegung hat man die dreifach vorkommende Erzählung gern als «Die Erzählung von der Gefährdung der Ahnfrau» bezeichnet. Durch diese Bezeichnung wird der Erzählstoff in den großen Zusammenhang gestellt, in dem Abraham und Isaak als Empfänger der ihnen zuteil gewordenen Verheißung erscheinen. Der Verheißungsempfänger gefährdet durch seine Angst und sein Taktieren die Verwirklichung der Verheißung, die nicht von der moralischen Qualität des Verheißungsempfängers abhängig ist, sondern die sich trotz aller Fragwürdigkeiten des Erzvaters einstellt. Diese Deutung, die für 12,10–20 im vorliegenden jahwistischen Zusammenhang besonders überzeugend ist, hat auch für die beiden anderen Fassungen Gewicht. Diese Überlegungen lassen sich durchaus mit der Annahme verbinden, daß hier ein Erzählstoff vorliegt, der auch schon vor der Einfügung in den größeren Zusammenhang der Verheißungsgeschichte existiert hat.

Nachdem bisher von der gemeinsamen Grundstruktur des Erzählmotivs die Rede war, gilt es nun, die Aufmerksamkeit auf das jeweils Besondere zu richten bei der Beantwortung der Frage, welche der drei Fassungen die älteste ist, von der die anderen mehr oder weniger abhängig sind. Dabei ist vorausgesetzt, daß im Hintergrund eine mündlich überlieferte Erzählung steht, die aber in einer bestimmten Form zum ersten Mal aufgeschrieben worden ist. Die Ausleger sind sich bei der Frage nach der ältesten Fassung nicht einig. Die einen erklären 12,10–20 für die älteste Fassung, die anderen 26,1–11. Kap. 20 wird in diesem Zusammenhang kaum genannt. Es gibt für beide Ansichten gute

Argumente. So ist die Vorordnung der Isaakfassung vor die Abrahamfassung
von Kap. 12 gern damit begründet worden, daß die Übertragung eines Erzählmotivs von einem unbekannten auf einen bekannteren «Helden» wahrscheinlicher ist als die umgekehrte Annahme. Isaak ist erzählerisch gegenüber
Abraham die unbedeutendere Figur. Deshalb wäre es gut denkbar, daß man
sekundär auch von Abraham diese Geschichte erzählt hat. Auch ist das erzählerische Umfeld der Isaakversion einem realen Geschehen sehr viel näher, als
es bei Abraham der Fall ist. Der Nomade Abraham wird mit dem Herrscher
einer Großmacht konfrontiert, während Isaak es mit einem palästinischen
Kleinkönig einer am Rande der Steppe gelegenen Stadt zu tun bekommt. Für
die Vorordnung der Isaakversion ist auch auf den «profanen» Charakter dieser Erzählung hingewiesen worden, bei der es keines direkten göttlichen Ein-
greifens in den Gang des Geschehens bedarf, während es bei den anderen Fassungen durchaus anders aussieht. Aber ist die Entwicklung von der «profanen» zur «religiösen» Gestaltung so sicher? Wäre nicht auch das Umgekehrte
denkbar?
Ein anderer Gesichtspunkt ist bei dieser Frage für Gunkel entscheidend gewesen. Im Blick auf das, was mit der Frau des Erzvaters geschieht, weichen die
einzelnen Fassungen erheblich voneinander ab. Nach Kap. 12 ist Sara in den
Harem des Pharao geholt worden, und die Erzählung läßt keinen Zweifel daran, was das für sie bedeutet hat. Nach Kap. 20 ist Sara ebenfalls in das Haus
des Königs verbracht worden, aber es wird ausdrücklich festgestellt, daß Abimelech sie (noch) nicht angerührt hat. Nach Kap. 26 ist mit Rebekka überhaupt nichts passiert, aber es hätte vielleicht einmal etwas passieren können.
Das veranlaßt Gunkel zu der Feststellung, «daß 12 unbefangen Dinge erzählt,
die dem späteren Empfinden höchst anstößig erscheinen mußten, während 20
und noch mehr 26 sich bemühen, das Bedenkliche fortzuschaffen». Aber damit
wird letztlich ein Geschmacksurteil formuliert, von dem man nicht sagen kann,
ob es für die alten Erzähler dasselbe Gewicht hatte wie für den modernen
Exegeten am Anfang unseres Jahrhunderts.
Das äußerst verwickelte und keineswegs entschiedene Problem kann hier
nicht erschöpfend dargestellt werden. Eine eindeutige Antwort auf die Frage
nach der Priorität ist deshalb so schwierig und kaum möglich, weil verschiedene Ebenen der Überlieferung auseinandergehalten werden müssen. Der Erzählstoff ist offenbar zuerst mit Isaak in der kleinräumigen Umgebung von
Gerar verbunden worden. Er wurde später auf Abraham übertragen. Überlie-
ferungsgeschichtlich kommt 26,1–11 also die Priorität zu. Blickt man aber auf
die schriftliche Ausgestaltung der Texte, wie sie jetzt vorliegt, so zeigen sich
Abhängigkeiten der Erzählung von Kap. 26 von der Abrahamversion in
Kap. 12. Das gilt vor allem von V. 1, der ausgesprochenermaßen auf 12,10–20
zurückweist.

An der Isaakfassung von der Erzählung der Gefährdung der Ahnfrau,
V. 1–11, ist besonders gut zu sehen, daß diese Erzählungen eine Entwicklung
durchgemacht haben. Wenn wir von der Annahme ausgehen, daß das hier
verarbeitete Erzählmotiv ursprünglich mit Isaak verbunden war und erst sekundär mit Abraham in Beziehung gesetzt worden ist, so ist doch keinesfalls

der ganze jetzt in V. 1–11 zu lesende Text dieser alten Überlieferung zuzuschreiben. Für **V. 1** ist das ohnehin evident. Der Vers blickt auf 12,10–20 zurück und stellt die Verbindung der Isaaktradition zur Abrahamüberlieferung
her. Wie Abraham, so wird erzählt, habe auch Isaak wegen einer Hungersnot
das Land verlassen und sich nach Gerar zu dem dort ansässigen König der Philister begeben. Im weiteren Verlauf der Erzählung spielt das Motiv der Hungersnot aber gar keine Rolle. Auch ist eine Reise nach Gerar aus dem genannten Anlaß wenig sinnvoll, denn wo immer man sich den Ausgangspunkt der
Reise Isaaks vorstellen mag, Gerar gehörte ja doch mit zu dem «Land», und
die Hungersnot hätte folglich auch dort herrschen müssen. Das ist im Blick auf
Ägypten anders, wie vor allem die Josephsgeschichte eindrücklich zeigt.
Bisher war von V. 1a die Rede. V. 1b nimmt insofern ebenfalls 12,10 auf, als
von einer Reise Isaaks gesprochen wird. Für die alte Erzählung selbst ist auch
das kein Erzählmotiv, für sie ist und bleibt Isaak im Umfeld von Gerar. Die in
V. 1b genannten Namen, Gerar und der Philisterkönig Abimelech, kommen in
der alten Erzählung vor und sind dort in den V. 1b aufgenommen worden. Es
bleibt die Frage, wann V. 1 formuliert worden ist bzw. wann mit seiner Hilfe die
Verknüpfung der in Kap. 26 vorliegenden Isaaktraditionen mit den Abrahamerzählungen vollzogen wurde. Es ist anzunehmen, daß die ursprünglich einmal selbständig überlieferten Isaaktraditionen erst nach Vorliegen der jahwistischen Komposition der Abrahamserzählungen diesen angefügt worden sind.
Als das geschah, fehlten der Erzählung noch die V. 2–5, in denen eine ausführliche Erscheinungsrede Jahwes den vorliegenden erzählerisch glatten Zusammenhang unterbricht. Diese vier Verse repräsentieren die letzte Stufe der
Ausgestaltung der Erzählung. Sie sollen deshalb am Schluß der Auslegung
behandelt werden.
In **V. 7–11** liegt die älteste Gestalt der Erzählung von der Gefährdung der
Frau eines Erzvaters vor. Die Auslegung wird die anderen Fassungen der Erzählung im Blick behalten. Dadurch kann ihre Besonderheit gegenüber den
anderen Ausprägungen verdeutlicht werden. Die Erzählung vermittelt die
Vorstellung, daß sich Isaak über längere Zeit in Gerar aufgehalten hat. Er lebte ja im Umfeld dieser Kleinstadt, und so war ein Aufenthalt in ihr nichts Auf-
regendes und bedurfte wohl auch keiner besonderen Begründung. Eine solche
wird jedenfalls nicht mitgeteilt. Während nun in den beiden anderen Fassungen der Erzählung der Erzvater von sich aus die unrichtige Angabe über seine
Frau macht, geschieht dies in unserer Version auf ausdrückliche Nachfrage der
Ortsbewohner. Erst durch die Nachfrage entsteht das Mißtrauen Isaaks, der
sich offenbar ganz sorglos nach Gerar begeben hatte. Es war ja auch nicht in
dem Sinne für ihn eine fremde Umgebung, wie es Ägypten für den aus Palästina kommenden Abraham war. Das durch die Nachfrage dokumentierte Interesse an Rebekka provoziert dann Isaaks fatale Antwort «Sie ist meine Schwester», so wörtlich auch in 20,2, während in 12,10–20 insofern eine Verschär-
fung vorgenommen wird, als Abraham Sara zu der Falschaussage veranlaßt.
Dem Leser der Erzählung stellt sich natürlich die Frage: War die Furcht Isaaks
wirklich berechtigt? Sind derartig chaotische Verhältnisse in Gerar vorstellbar,
wie Isaak sie offenbar vermutet? Der Fortgang der Erzählung zeigt dann, daß
das ganz und gar nicht der Fall war. Aber derartige Fragen gehen letztlich

wohl an der Intention der Erzählung vorbei. Sie zeigt einen überängstlichen Isaak, der zudem noch die Bewohner von Gerar in unberechtigter Weise verdächtigt. Diese haben sich nämlich durchaus zivilisiert und zurückhaltend benommen. Auch nachdem sie in die Meinung versetzt worden waren, daß Rebekka Isaaks schöne Schwester sei, haben sie sie nicht behelligt, obwohl eine solche Gefahr sicher nicht völlig auszuschließen war, vgl. V. 10.

Mit **V. 8** beginnt eine neue Szene. Eine längere Zeit war verstrichen. Isaak und Rebekka waren in Gerar geblieben. Dort kannte man die beiden. Auch der König der Kleinstadt wußte von ihnen und ihrer vermeintlichen verwandtschaftlichen Beziehung. Da kam es eines Tages zu einer überraschenden Begebenheit – der hebräische Text kann das Unerwartete des Geschehens besser zum Ausdruck bringen, als es die deutsche Übersetzung vermag. Der König blickt durch das Fenster seines Palastes und sieht – im Nachbarhaus? auf dem Dach des Nachbarhauses (2. Sam. 11,2)? wo auch immer – Isaak mit Rebekka «kosen». Dazu bemerkt Gunkel treffend: «Die Liebkosung ist als eine solche zu denken, aus der das eheliche Verhältnis der beiden unzweifelhaft hervorgeht». Die erotische Bedeutung des hier verwendeten Wortes ergibt sich eindeutig aus dem gegebenen Zusammenhang, sie wird überdies durch 39,14.17 bestätigt, wo das Wort ebenfalls in diesem Sinn vorkommt. Der Name Isaak und das hebräische Wort für «kosen» haben die gleichen Konsonanten. Da die beiden Wörter im hebräischen Text unmittelbar nebeneinander stehen, ergibt sich für den hebräischen Hörer oder Leser der Geschichte ein Wortspiel, das im Deutschen nicht nachahmbar ist; vielleicht ein weiterer Hinweis darauf, daß die Isaakversion die älteste Fassung der Erzählung ist.

V. 9–10: Abimelech läßt Isaak zu sich rufen und konfrontiert ihn mit dem Tatbestand. Die von Isaak vorgebrachte Erklärung für sein Tun übergeht der König und wiederholt seinen Vorwurf. Dabei bedient er sich einer geprägten Formel aus dem Rechtsleben, die man «Beschuldigungsformel» genannt hat: «Was hast du uns da angetan!» Ganz parallel ist der Vorwurf des Pharao formuliert, den er gegen Abraham erhoben hat, 12,18. Weitere Belegstellen für die Formel finden sich z. B. 29,25; 2. Mose 14,11; Ri. 15,11. In den Augen des Königs handelt es sich also um eine ernste Sache, ganz gewiß nicht um ein «Kavaliersdelikt», über das man leicht hinweggehen kann. Nein, die Lüge Isaaks hätte schlimme Auswirkungen haben können. An der Auslassung Abimelechs ist zweierlei bemerkenswert. Zunächst einmal wird deutlich, daß ein grundsätzlicher Unterschied besteht, ob ein irregulärer Sexualverkehr mit einem jungfräulichen Mädchen oder einer verheirateten Frau vollzogen wird. Im ersteren Fall kann die Sache nachträglich mit der Familie der Betroffenen bereinigt werden, vgl. 2. Mose 22,15f., im zweiten Fall aber ist durch den objektiv vollzogenen Ehebruch eine Schuldrealität geschaffen, die – und das ist das zweite, was es zu beachten gilt – nicht nur den Täter selbst, sondern die ganze Gemeinschaft betrifft. In allen drei Ausgestaltungen unserer Geschichte steht diese dem Alten Testament (vgl. 5. Mose 21,1–9) und seiner Umwelt auch sonst geläufige Vorstellung im Hintergrund. Unbereinigte Schuld aber zieht unweigerlich Strafe nach sich. In der Fassung von 12,10–20 ist die nach vollzogenem Ehebruch erfolgte göttliche Bestrafung folgerichtig ein wichtiges Erzählmotiv, 12,13. Die aus einem unwissentlich vollzogenen Ehebruch resultierende Schuld und Bestrafung würde alle Einwohner von Gerar betreffen. Das gilt unbeschadet der Feststellung, daß doch nur einer – nämlich Isaak – die Schuld über das Volk von Gerar gebracht hätte, wie der König ausdrücklich feststellt. So kann die Rede Abimelechs Anlaß geben, über Verantwortung, Schuld und Strafe des einzelnen in der Gemeinschaft nachzudenken.

Recht überraschend schließt dann der **V. 11** die Erzählung ab. War vorher von schweren Vorwürfen des Königs gegenüber Isaak die Rede, so wird er zusammen mit seiner Frau jetzt unter den ausdrücklichen Schutz Abimelechs gestellt. Man kann diesen Erzählschluß zunächst einmal so verstehen, daß er die große Beflissenheit Abimelechs unterstreicht, alles zu tun, eine Verschuldung und eine daraus folgende Bestrafung seines Volkes auszuschließen, womit der Philisterkönig im Sinn der Erzählung abschließend noch einmal in ein sehr positives Licht gestellt wird. Aber das ist sicher nicht die einzige Bedeutung des Abschlußverses. Er sagt nicht nur etwas über Abimelech, sondern ebenso etwas über Isaak und seine Frau. Im Zusammenhang des Kapitels gewinnt diese Aussage dann das größere Gewicht. Isaak, der landlose Halbnomade, steht am Ende einer für ihn fragwürdigen Begebenheit gesicherter da als vorher. Der König der Philister stellt ihm sozusagen einen Schutzbrief aus. Isaak, der glaubte, um sein Leben fürchten zu müssen, kann nun ohne Todesfurcht im Lande leben, aber das ist nicht das Ergebnis seines eigenen Tuns. Der Leser wird dahinter letztlich das Tun Jahwes erkennen, worin ihn die anschließenden Verse bestärken werden.

Werfen wir noch einen kurzen Blick zurück auf die Erzählung als ganze. Kann man etwas aussagen über ihre ursprüngliche Bedeutung? Es ist oft vermutet worden, daß im Hintergrund des Erzählmotivs letztlich die Charakterisierung kanaanäischer sexueller Zügellosigkeit gestanden hat. Wenn das richtig sein sollte, so ist in Kap. 26 davon jedoch kaum etwas zu spüren. Die Philister, die in dieser Version die Kanaanäer repräsentieren, erscheinen einschließlich ihres Königs als durchaus sympathische Leute, mit denen man sich ohne Probleme arrangieren kann. Auch eine andere Hypothese über den ursprünglichen Sinn des Erzählmotivs ist nicht überzeugend und eher unwahrscheinlich. Sie besagt, daß es darum gehe, «die Schönheit der Stammutter» und die Klugheit des Erzvaters bei der Abwehr einer drohenden Gefahr zu schildern und zu preisen (Gunkel). Die Frage nach der ursprünglichen Bedeutung der Erzählung zur Zeit ihrer Entstehung und Tradierung in der Zeit der Erzväter erweist sich als nicht beantwortbar. Das bedeutet: Die Auslegung muß sich an das halten, was die schließlich zum schriftlichen Text gewordene Erzählung hergibt. Dabei ist nun nicht mehr davon abzusehen, von wem diese Begebenheit erzählt wird, in unserem Fall von Isaak und seiner Frau Rebekka. Es ist dann nicht so sehr danach zu fragen, ob und wieviel wir von Isaak als historischer Person wissen, das mag wenig genug sein; und es ist auch nicht das Problem, ob sich in der Erzählung ein bestimmtes Geschehen niedergeschlagen hat – das wäre auf keinen Fall wirklich faßbar. Die biblischen Erzähler haben jedenfalls die geschilderte Begebenheit von diesen Personen erzählt und haben damit den Erzvater in bestimmter Weise charakterisiert. Die oben kurz angesprochene theologische Deutung der dreimal in den Vätererzählungen überlieferten Erzählung durch G. v. Rad hat nach wie vor großes Gewicht.

In die ganz weltlich gestaltete Erzählung – Gott kommt direkt in ihr nicht vor – ist später mit **V. 2–5** ein hochtheologischer Einschub eingefügt worden. Dieser literarisch oft untersuchte Text mag in sich nicht einheitlich sein und selbst eine Entwicklungsgeschichte gehabt haben. Darauf braucht hier nicht näher eingegangen zu werden. Die Einfügung der Verse ist auf jeden Fall als ein recht später Vorgang zu beurteilen, der erfolgt ist, nachdem nicht nur die Komposition von Kap. 26 abgeschlossen, sondern nachdem das Kapitel bereits dem übrigen jahwistischen Zusammenhang angefügt war. Die Formulierung «hören auf meine Stimme» in V. 5a und die Formulierung «meine Anordnungen, meine Befehle, meine Gesetze, meine Weisungen beachten» in V. 5b haben deutlich deuteronomistischen Klang, d. h., der Versteil ist im Geiste der sog. deuteronomistischen Bewegung formuliert, die in exilischer Zeit im Sinn des 5. Buches Mose, des Deuteronomiums, die Geschichte Israels beschrieben und theologisch gedeutet und verarbeitet hat. Die Grundaussage des Textabschnitts besteht darin, Isaak mit Abraham in Verbindung zu setzen, ihn in die mit Abraham begonnene Linie der Verheißung zu bringen, die einmal auf das große Volk im verheißenen Lande hinführen wird. Wenn Isaak in diesen Versen als Empfänger des göttlichen Segens erscheint, so ist er das in der Nachfolge Abrahams. Am deutlichsten wird das in V. 5a (vgl. dazu 22,18b) zum Ausdruck gebracht, wo die an Isaak ergangene Verheißung geradezu auf das Verdienst Abrahams zurückgeführt wird, ein, wie v. Rad mit Recht bemerkt, «in den Vätererzählungen ganz neuer Gedanke». Je länger desto mehr gewinnt Abraham in der Überlieferung die überragende Bedeutung, was man bis ins Neue Testament, etwa bei Paulus, beobachten kann.

Wie es von Abraham nach seinem Einzug in das Land Kanaan erzählt wird, 12,7, wird in V. 2 von einer Erscheinung Jahwes gegenüber Isaak berichtet. Die in diesem Zusammenhang erfolgende Anrede an den Erzvater enthält zunächst noch keine Verheißung, sondern eine Handlungsanweisung: Er soll – anders als Abraham es getan hatte – nicht nach Ägypten hinabziehen, sondern im Lande bleiben. Hier wird also noch einmal eine Verbindung zu 12,10–20 hergestellt. Wenn es dann in V. 3 heißt, «halte dich in diesem Land als Fremdling auf», so hat man das oft als eine sachlich schwer erklärbare Doppelung zur Aussage von V. 2b empfunden. Das ist jedoch nicht der Fall, wenn man erkennt, daß in V. 2 und V. 3 jeweils etwas anderes gemeint ist. In V. 2 ist das Land Kanaan im Blick, der endgültige und bleibende Wohnbereich Isaaks, «dieses Land» (V. 3) aber meint das Land der Philister, in dem sich Isaak für eine gewisse Zeit als Fremdling aufhalten soll.

Dann folgt eine breit ausgeführte Verheißungsrede, die inhaltlich stark an vergleichbare Verheißungsreden der Vätererzählungen erinnert, obwohl die einzelnen Beispiele dann doch auch wieder jeweils ein eigenes Profil haben. In unserem Fall – die nächste Parallele ist 22,16–18, wo es sich ebenfalls um einen späteren Einschub in einen vorgegebenen Zusammenhang handelt – steht die Führungszusage am Anfang, unmittelbar gefolgt von der Segensverheißung, die dann durch die Landverheißung und eine breit ausgestaltete Mehrungsverheißung inhaltlich gefüllt wird. Besonders auffallend und in den Vätererzählungen einmalig ist, daß nicht von «dem Land» als dem Verheißungsgut gesprochen wird, sondern daß in diesem Text zweimal die Bezeichnung «alle diese Länder» steht. Die pluralische Formulierung mag damit zusammenhängen, daß Isaak diese Verheißung im Philisterland empfängt, das auf diese Weise vom Land Kanaan unterschieden wird. Gleichzeitig wird damit ein Anspruch auf dieses Land zum Ausdruck gebracht.

V. 12–14 bilden in der Komposition des Kapitels einen ersten Höhepunkt. Es war schon darauf hingewiesen, daß Isaak hier mit den Attributen des seßhaften Bauern gezeichnet wird. Das gehört zu den anachronistischen Zügen des Kapitels. Die Verse schildern die Auswirkung des göttlichen Segens und tun das dadurch, daß sie von Isaaks Reichtum und seinem so erfolgreichen bäuerlichen Wirken erzählen. Segen heißt alttestamentlich zunächst einmal sehr handgreiflich materiell aufweisbarer Erfolg, Vorankommen im Leben, Gelingen der Lebensplanung. All das kann von Isaak gesagt werden. Es mag auffallen, daß hier nur davon, aber nicht von der Nachkommensverheißung die Rede ist, die in den Erscheinungsreden des Kapitels, V. 2–5 und V. 24, so stark betont wird. Wenn in V. 12 von der hundertfältigen Ernte Isaaks berichtet wird – es ist die einzige alttestamentliche Stelle, die Derartiges vermeldet –, so ist das keine «ungeheure Übertreibung» (Gunkel), sondern eine zwar höchst bemerkenswerte, aber doch real denkbare Möglichkeit. Der Segen wird hier also nicht mit utopischen Farben ausgemalt. Dem entspricht es, daß V. 14b vom Neid der Philister spricht, der durch den Reichtum und den Erfolg Isaaks ausgelöst wird. Der Versteil verbindet sachlich gleichzeitig V. 12–14 mit dem nächsten Teilstück.

Der nächste Abschnitt umfaßt **V. 15–22**. Hier begegnet uns Isaak wieder als nomadischer Viehzüchter, für den der Zugang zu Wasserquellen lebenswichtig ist. Weil das Wasser eine so überragende Bedeutung für die Lebensmöglichkeit der Kleinviehherden hat, kommt es gerade um das Wasser nicht selten zu Auseinandersetzungen zwischen den Viehhirten, die in einem bestimmten Gebiet ihren Lebensraum haben. Von derartigen Auseinandersetzungen, in die Isaak verwickelt wurde, wird in V. 15–22 berichtet.

V. 15 und **18** dürften später in den Zusammenhang eingefügt worden sein. Mit diesen Versen wird eine Verbindung zu den Abrahamerzählungen hergestellt, ähnlich wie es in V. 1 der Fall ist. Während aber V. 1 in den Abrahamerzählungen einen klaren Bezugspunkt hat, ist das bei V. 15 und 18 anders. Die einzige Stelle, an der von einem Brunnen Abrahams und den Konflikten, die sich um diesen Brunnen entzündet haben, berichtet, ist 21,25.31. Aber dabei handelt es sich nur um einen Brunnen. Trotzdem werden die Angaben von V. 15 und 18 wohl die dort angesprochenen Vorgänge im Blick haben. Die Tradition weiß übrigens auch von einem Brunnen Jakobs. Von ihm ist Joh. 4,6 die Rede. In den Vätererzählungen wird aber nichts davon erzählt, daß auch Jakob einen Brunnen gegraben hat. Wenn in V. 15 und 18 davon die Rede ist, daß die Philister die von Abrahams Knechten gegrabenen Brunnen zugeschüttet, d. h. also unbrauchbar gemacht haben, so ist das ein besonders unfreundlicher, ja aggressiver Akt. Im Alten Testament wird Ähnliches nur in 2. Kön. 3,25 berichtet im Zusammenhang einer Schilderung von Aktionen, die Israel gegen die Moabiter durchgeführt hat. An keiner anderen Stelle von Kap. 26 werden die Philister so negativ gezeichnet wie in diesen beiden Versen, auch das kann als Hinweis auf spätere Hinzufügung angesehen werden.

Im ursprünglichen Text folgte V. 16 auf V. 14, was einen sinnvollen Anschluß darstellte. Abimelech artikuliert die Neidgefühle seiner Untertanen, indem er Isaak auffordert, den unmittelbaren Bereich des Umfeldes der Stadt Gerar zu verlassen. Die von Abimelech gegebene Begründung «du bist uns viel zu mächtig geworden» erinnert an 2. Mose 1,9. Dort entsteht die Furcht des Pharao durch das große Wachstum Israels, hier ist es der außerordentlich angewachsene Reichtum Isaaks, der die Ängste der Philister auslöst. Beides ist in gleicher Weise Frucht des göttlichen Segens. Isaak kommt der Aufforderung des Königs ohne Einrede nach. Als kleinviehzüchtendem Halbnomaden ist das für ihn auch kein allzugroßes Problem. Für den ansässigen Bauern (V. 12–14) sähe das natürlich ganz anders aus. Aber V. 17 muß nicht direkt auf V. 12–14 bezogen werden, da Kap. 26 nicht eine fortlaufende Erzählung ist, sondern sich als Komposition einzelner Elemente darstellt.

Mit den Brunnennotizen der **V. 19–22** sind wir am ältesten Gut des Kapitels. Die Brunnennamen, gerade weil sie nicht lokalisierbar sind, also keine später bekannten Örtlichkeiten repräsentieren, dürften zum historisch ältesten Bestand des Kapitels gehören. Geprägt sind auch diese Verse von dem Wissen um die überragende Bedeutung des Zugangs zu Wasserstellen für die in der Steppe lebenden Viehzüchter. Zweimal muß Isaak schon gegrabene Brunnen wieder aufgeben, da die Philister ihrerseits Anspruch auf das Wasser erheben. Die Namen, die Isaak den beiden Brunnen gibt, halten die Schwierigkeiten fest, die er mit ihnen hatte. Schließlich aber hat er einen Platz gefunden, an dem er bleiben kann. Bemerkenswert ist, daß Isaak selbst jeglichen Streit meidet und statt dessen immer wieder seinen Gegenspielern nachgibt.

Der Bericht über eine nächtliche Gotteserscheinung, die Isaak in Beerseba zuteil geworden ist, **V. 23–25**, ist durch V. 25b einerseits mit dem Abschnitt über die Brunnenstreitigkeiten (V. 19–22) und andererseits mit V. 32–33 verbunden, wo auf V. 25b direkt Bezug genommen wird. Es handelt sich hier nach V. 2–5 um die zweite Erwähnung einer Gotteserscheinung in Kap. 26. Wie bei V. 2–5 dürfte es sich auch in diesem Fall um eine Einfügung in einen schon vorliegenden Zusammenhang handeln. Gelegentlich wird angenommen, daß beide Einschübe auf eine Hand zurückgehen. Aber das ist eher unwahrscheinlich. Die beiden Erscheinungsreden sind doch zu unterschiedlich. V. 24–25 sind früher formuliert und an dieser Stelle eingefügt als V. 2–5.
In **V. 24** wird, anders als es in V. 2 und 12,7 der Fall ist, gesagt, daß sich die Gotteserscheinung in der Nacht ereignet hat. Die Nacht ist im Alten Testament immer wieder in bevorzugter Weise die Zeit der Gottesoffenbarung, vgl. 20,3; 28,11f.; 31,24; 46,2; 1. Kön. 3,5 u. ö. In der Regel wird in den entsprechenden Berichten ausdrücklich gesagt, daß sich die Offenbarung im Traum ereignet hat. Das wird auch hier unausgesprochen die Meinung sein. Gerade die erste Nacht am neuen Ort – darauf deutet die Formulierung «in jener Nacht» – war besonders dazu angetan, eine Gotteserscheinung zu erleben, vgl. 28,11f.; 46,2. Die in der Nacht im Traum erlebte Gottesoffenbarung stellt das Wirken Gottes ganz in den Vordergrund. Es geschieht ohne menschliche Mitwirkung und Aktivität. Allerdings kommt es im Alten Testament später dann auch zu einer kritischen Einstellung zur Traumoffenbarung, vgl. Jer. 23,25ff.; 5. Mose 13,2ff.

Davon ist hier noch nichts zu spüren, aber vielleicht verbirgt sich hinter den Formulierungen in V. 2 und 12,7, wo weder vom Traum noch von der Nacht die Rede ist, etwas von dieser kritischen Einstellung gegenüber der Traumoffenbarung.

Anders als in V. 2 und 12,7 beginnt die Erscheinungsrede mit einer Selbstvorstellung Gottes, vgl. 28,13; 46,3 u. ö. Jahwe macht sich Isaak bekannt als der Gott seines Vaters Abraham. Hier begegnet uns die Vorstellung vom Vätergott. A. Alt hatte einst die viel beachtete und zunächst auch weitgehend anerkannte Theorie einer für die nomadische Lebensweise charakteristischen Religionsform des Vätergottglaubens entwickelt und dabei als besonderes Charakteristikum die Bindung des sich offenbarenden Gottes an den Offenbarungsempfänger und seine Familie herausgestellt. Der Vätergottglaube erschien als eine Vorform des späteren Jahweglaubens, der seinerseits entscheidende Elemente dieser Gottesvorstellung in sich aufgenommen und damit erhalten hat. Diese für das Verständnis der alttestamentlichen Religionsgeschichte so bedeutsame Theorie ist inzwischen stark angefochten worden, aber sie ist noch nicht völlig unbrauchbar geworden. Es genügt wohl doch nicht, die Vätergottvorstellung mit ihren Verheißungselementen einfach in die Exils- und Nachexilszeit abzuschieben. Wenn auch manche der einschlägigen Formulierungen sicher als recht späte Ausführungen anzusehen sind, so gibt es doch Hinweise darauf, daß die Vorstellung vom Vätergott in die Zeit der nomadischen Existenz Israels zurückreicht, vgl. z. B. 31,53 und das dazu Gesagte.

Nach der Selbstvorstellung folgen in der göttlichen Offenbarungsrede die Beistandszusage, die Segensverheißung und die Nachkommensverheißung. Es fehlt die Landverheißung, die aber in V. 2–5 einen breiten Raum einnimmt. Wenn man das vorliegende Kapitel in seiner Endgestalt als Einheit ansieht, sind in ihm alle Verheißungselemente der Vätererzählungen enthalten, zum Teil mehrfach. Isaak, der Sohn der Verheißung, ist auch selbst Empfänger göttlicher Verheißung in ihrer ganzen Fülle. Das wird auch durch den Abschluß der Gottesrede unterstrichen, denn die Wendung «um meines Knechtes Abraham willen» bezieht sich nicht, wie es in V. 5 der Fall ist, auf die Verdienste Abrahams, sondern auf die Abraham gegebene Verheißung. Es handelt sich hier um die einzige Stelle in den Vätergeschichten, an der einer der Erzväter als «Knecht Gottes» bezeichnet wird, vgl. aber 32,11 (Zürcher Bibel V. 10). Im Zentrum von V. 24 steht die Segenszusage. Damit hat das für das Kapitel insgesamt entscheidende Stichwort in beiden Offenbarungsreden seinen Platz.

V. 25 berichtet dann davon, daß Isaak am Ort des Offenbarungsempfangs einen Altar gebaut hat, ganz so wie das in 12,7 von Abraham erzählt wird. Der Bau des Altars, auf dem ja nicht nur Isaak selbst, sondern auch seine Nachkommen Jahwe ihre Gaben darbringen und ihn anbetend anrufen werden, ist Antwort auf die an dieser Stelle empfangene Verheißung. Anschließend heißt es dann, daß Isaak dort sein Zelt aufschlug. Die berichtete Reihenfolge, erst Altarbau, dann Aufstellen des Zeltes, hat die Ausleger beschäftigt. Gunkel hat festgestellt, daß die «natürliche Reihenfolge» umgekehrt ist, während der jüdische Ausleger Jacob gerade die hier gewählte Reihenfolge für wichtig hält, weil das Aufschlagen des Zeltes an dieser Stelle «die Folge der Gottesoffenbarung» ist. Die umgekehrte Reihenfolge mag in der Tat die natürliche sein, aber

nicht ohne Grund weicht die Erzählung von ihr ab und betont damit die ein-
schneidende Bedeutung, die die Gottesoffenbarung für das Leben Isaaks gehabt hat.

Die Erzählung vom Vertrag des Königs Abimelech mit Isaak in Beerseba
(V. 26–31) gehört zu den Dubletten der Vätergeschichten. In 21,22–34 wird
von Abraham Entsprechendes erzählt. Wie bei der Erzählung von der Gefährdung der Ahnfrau dürfte auch in diesem Fall eine Übertragung von dem über-
lieferungsgeschichtlich älteren Isaak auf Abraham anzunehmen sein. Die
Übereinstimmung beider Erzählungen ist groß, denn nicht nur der Ort der Begebenheit ist der gleiche, auch die beteiligten Personen entsprechen sich: Abimelech und Pichol, der an beiden Stellen als «Heerführer» bezeichnet wird. In
V. 26 wird dann noch zusätzlich Ahussat, der Vertraute des Königs, erwähnt.
Einen «Vertrauten» oder «Freund» des Königs hat es auch am Königshof Davids (vgl. 2. Sam. 15,35; 16,16) und Salomos (vgl. 1. Kön. 4,5) gegeben. Es handelt sich um den Titel eines königlichen Beamten, der aus Ägypten stammt
und von dort in den kanaanäischen und schließlich israelitischen Bereich Eingang gefunden hat. Man kann feststellen, daß nach dem Bericht von V. 26 der
oberste zivile Beamte und der oberste militärische Beamte des Königs an der
Aktion beteiligt waren. Auf jeden Fall unterstreicht die vom König mitge-
brachte Begleitung die Bedeutung des Vorgangs und hebt ihn in den Rang einer «Staatsaktion» (Zimmerli zu 21,22). Das macht die Angelegenheit um so
erstaunlicher. Da wird von einer hochoffiziellen königlichen Delegation berichtet, die den mit seinen Herden in der Steppe weilenden Halbnomaden auf-
sucht. Von diesem war wenig vorher noch erzählt worden, daß er in unange-
nehme Auseinandersetzungen um Brunnenrechte verwickelt war. Wie passen
die beiden Größen zueinander? Sie scheinen doch zu ungleichgewichtig zu
sein. Das bringt auch Isaak in seiner verwunderten Frage «Warum seid ihr zu
mir gekommen?» zum Ausdruck, und er erinnert daran, daß Abimelech ihn
doch aus seinem Land weggeschickt hat, V. 16. Die Antwort des Königs stellt
dann die vorhandenen Relationen her. Isaak ist deshalb ein Mann von besonderer Qualität und Bedeutung, weil Jahwe mit ihm und er – effektvoller Abschluß der langen Rede des Königs – «der Gesegnete Jahwes» ist. Das will sagen: Wenn Abimelech in eine gute Beziehung zu Isaak kommen will, geht es
ihm letztlich um eine Beziehung zu Jahwe, der so sichtbar segnend an Isaak
gehandelt hat.
Man hat diese Stelle nicht zu Unrecht mit der großen jahwistischen Segensverheißung 12,1–3 in Verbindung gebracht und hat hier ein Beispiel dafür gesehen, daß der dem Abraham zugesagte Segen für die Völker sich realisiert. Der
fremde König bemüht sich, in den Machtbereich des göttlichen Segens zu
kommen. Eine solche Erzählung wurde zur Zeit des Jahwisten und später nicht
einfach als historischer Bericht über eine denkwürdige Begebenheit gelesen.
Hier spiegeln sich Grundaussagen über das Verhältnis Israels zu den Völkern.
Wie Abraham und Jakob repräsentiert auch Isaak das Volk Israel.
Abimelech bittet Isaak um den Abschluß eines förmlichen Vertrages, wie er
zwischen gleichberechtigten Partnern üblich ist. Inhaltlich stellt sich der Vertrag zunächst als eine Art «Nichtangriffspakt» (Westermann) dar, aber der

Blick auf das Ganze der Erzählung zeigt, daß es doch um mehr geht. Am Ende der Erzählung wird gesagt, daß die beiden Parteien «in Frieden» auseinandergingen, d. h., daß jetzt zwischen ihnen «Frieden» (hebräisch *schalom*) herrscht. «Frieden» im Sinn des hebräischen Wortes bedeutet mehr, als daß nun kein Krieg und keine feindseligen Auseinandersetzungen mehr zwischen den Partnern sein sollen. «Frieden» bedeutet gedeihliches Miteinander, so daß es beiden Partnern in jeder Hinsicht wohlergeht.

Der Abschluß des Vertrags folgt dann geregeltem Brauch. Dazu gehört die gemeinsame Mahlzeit, die in diesem Fall von Isaak ausgerichtet wird (V. 30, vgl. den ganz ähnlichen Vorgang bei dem Vertrag zwischen Jakob und Laban 31,46.52). Die gemeinsame Mahlzeit stiftet Gemeinschaft der Mahlgenossen. Das ist eine Vorstellung, die nicht nur gesamtbiblisch ist, sondern die weit darüber hinausreicht und bis heute noch in unserer Gesellschaft Auswirkungen hat. Zum ordnungsgemäßen Vertragsabschluß gehört außerdem der Schwur. Er wird am anderen Morgen vor dem Auseinandergehen von den Vertragspartnern geleistet, V. 31. Der Vertrag wird damit unter göttlichen Schutz gestellt. Ohne daß es in diesem Fall ausdrücklich gesagt wird, kann man annehmen, daß der Schwur, wie es häufig belegt ist, die Form der bedingten Selbstverfluchung hatte. Es werden göttliche Strafen ausgesprochen, die im Fall einer Vertragsverletzung an dem Vertragsbrüchigen wirksam werden.

Am Ende der Isaaküberlieferungen steht in **V. 32–33** noch einmal eine Brunnennotiz, verbunden mit einer Erklärung des Namens der Stadt Beerseba. Der Name dieser für die Geschichte Israels insgesamt so wichtigen Stadt wird in den Vätergeschichten auf doppelte Weise erklärt. An unserer Stelle geschieht es durch den im zweiten Teil des Namens gehörten Anklang an das hebräische Wort «Schwur». So erinnert Beerseba, «Schwurbrunnen», durch seinen Namen für alle Zeit an den Schwur, den Abimelech und Isaak an dieser Stelle einander geschworen haben. In 21,18–31a wird der Name des Brunnens und damit der Stadt mit Hilfe des hebräischen Wortes für die Zahl sieben, das im Hebräischen ebenfalls einen Anklang an den Wortteil «seba» ergibt, als Brunnen der Sieben (Lämmer) gedeutet: In 21,28–31a wird davon erzählt, daß Abimelech von Abraham sieben Lämmer geschenkt bekam und daß er durch die Annahme des Geschenks das Eigentumsrecht Abrahams an dem Brunnen anerkannt hat. Der anschließende Versteil 21,31b ist dort unpassend und stellt eine nachträgliche Verbindung zu 26,32–33 her. Die die Isaaktraditionen abschließenden beiden Verse machen deutlich, daß der geschlossene Vertrag von den Philistern eingehalten worden ist. Um die neuen, von den Knechten Isaaks gegrabenen Brunnen gab es keine Auseinandersetzungen mehr, wie sie vorher Isaaks Leben beschwert hatten. Isaak kann in Beerseba und seiner Umgebung unangefochten bleiben. Er hat seinen Lebensraum gefunden. Auch das ist Auswirkung des göttlichen Segens, der Isaak, wie Kap. 26 erzählt, in so überreicher Weise zuteil geworden ist.

Die beiden letzten Verse des Kapitels, V. 34–35, die von den beiden ausländischen Frauen Esaus berichten, gehören nicht mehr zu den Isaaktraditionen von 26. Die Verse gehören zu einem anderen Sachzusammenhang und entstammen darüber hinaus einer anderen Quelle, nämlich P. Sie finden in

27,46–28,9 ihre direkte Fortsetzung und sollen bei der Auslegung dieses Abschnitts aufgegriffen werden. Schwierig ist die Frage zu beantworten, warum eine spätere Redaktion die beiden Verse von ihrem ursprünglichen Kontext abgetrennt und an diese an sich «unpassende» Stelle plaziert hat. Der Grund dafür kann in der Altersangabe von V. 34 liegen. Verbindet man sie mit der ebenfalls priesterschriftlichen Angabe von 25,26b, so ergibt sich, daß Isaak zur Zeit der Heiraten seines Sohnes Esau 100 Jahre alt war. Das aber ist eine Feststellung, die als Vorbereitung auf 27,1–45 sehr gut geeignet ist, erscheint doch Isaak dort als hochbetagter, ja dem Tode naher Greis.

27,1–45   Die Erlistung des Sterbesegens

1 Als Isaak alt geworden und seine Augen erloschen waren, so daß er nicht mehr sehen konnte, rief er seinen älteren Sohn Esau und sagte zu ihm: «Mein Sohn!» Der antwortete ihm: «Hier bin ich!» 2 Er aber sagte: «Sieh doch, ich bin alt geworden und weiß nicht, wann ich sterben werde. 3 So nimm nun dein Jagdgerät, deinen Köcher und Bogen, geh aufs Feld hinaus und jage mir ein Stück Wild 4 und bereite mir ein Festessen, wie ich es liebe, bring es mir herein, und ich will essen, damit meine Seele dich segne, bevor ich sterbe.» 5 Rebekka aber hatte gehorcht, als Isaak mit seinem Sohn Esau redete. Und Esau ging aufs Feld hinaus, um für <seinen Vater> ein Stück Wild zu jagen.
6 Rebekka aber sagte zu ihrem Sohn Jakob: «Ich habe deinen Vater mit Esau, deinem Bruder, reden hören, und er sagte: 7 Bring mir ein Stück Wild und bereite mir ein Festessen, dann will ich essen, und ich will dich vor Jahwe vor meinem Tode segnen. 8 Und nun, mein Sohn, höre auf mich und tue, was ich dir auftrage: 9 Geh schnell zur Herde und hole mir von dort zwei schöne Ziegenböckchen, daß ich sie zu einem Festessen für deinen Vater zubereite, wie er es liebt. 10 Das bring deinem Vater herein, und er soll es essen, damit er dich vor seinem Tode segne.» 11 Darauf entgegnete Jakob seiner Mutter Rebekka: «Bedenke doch, mein Bruder Esau ist behaart, ich aber habe eine glatte Haut. 12 Vielleicht betastet mich mein Vater, und dann würde ich in seinen Augen dastehen wie einer, der Spott treibt, und ich würde Fluch über mich bringen und nicht Segen.» 13 Aber seine Mutter sagte zu ihm: «Dein Fluch komme über mich, mein Sohn! Aber nun höre nur auf mich, geh und hole es mir!» 14 Da ging er und holte es und brachte es seiner Mutter. Und seine Mutter bereitete ein Festessen, wie es sein Vater liebte. 15 Dann nahm Rebekka die besten Kleider ihres älteren Sohnes Esau, die bei ihr im Hause waren, und zog sie ihrem jüngeren Sohn Jakob an. 16 Die Felle der Ziegenböckchen aber legte sie ihm um die Hände und um den glatten Hals. 17 Dann gab sie ihrem Sohn Jakob das Festessen und das Brot, das sie bereitet hatte, in die Hand.
18 So ging er zu seinem Vater hinein und sagte: «Mein Vater!» Der antwortete: «Hier bin ich, wer bist du, mein Sohn?» Darauf sagte Jakob zu seinem Vater: «Ich bin Esau, dein Erstgeborener. Ich habe getan, wie du mir aufgetragen hast. Setze dich auf und iß von meinem Wild, damit mich deine Seele segne!» 20 Isaak aber sagte zu seinem Sohn: «Wie hast du es so schnell gefunden,

mein Sohn?» Er antwortete: «Jahwe, dein Gott, ließ es mir über den Weg lau-
fen.» 21 Darauf sagte Isaak zu Jakob: «Komm doch näher, damit ich dich be-
tasten kann, mein Sohn, ob du wirklich mein Sohn Esau bist oder nicht.» 22
Da trat Jakob zu seinem Vater Isaak heran, und der betastete ihn und sagte:
«Die Stimme ist Jakobs Stimme, aber die Hände sind Esaus Hände.» 23 So
erkannte er ihn nicht, denn seine Hände waren behaart wie die Hände seines
Bruders Esau, und er segnete ihn. 24 Und er sagte: «Bist du wirklich mein
Sohn Esau?» Er antwortete: «Ja». 25 Dann sagte er: «Reiche es mir, daß ich
von dem Wild meines Sohnes esse, damit meine Seele dich segne.» Er reichte
es ihm, und er aß, dann brachte er ihm Wein, und er trank. 26 Und sein Vater
Isaak sagte zu ihm: «Komm doch näher und küsse mich, mein Sohn!» 27 Da
trat er heran und küßte ihn. Und als er den Geruch seiner Kleider roch, segnete er ihn und sprach:

«Siehe, der Geruch meines Sohnes
ist wie der Geruch des Feldes,
das Jahwe gesegnet hat.

28   Gott gebe dir vom Tau des Himmels
und vom Fett der Erde
und Korn und Most in Fülle.

29   Völker sollen dir dienen
und Nationen sich vor dir beugen!
Sei ein Gebieter über deine Brüder!
Beugen sollen sich vor dir die Söhne deiner Mutter!
Verflucht seien, die dich verfluchen,
aber gesegnet, die dich segnen!»

30 Als Isaak den Segen über Jakob vollendet hatte und Jakob gerade von seinem Vater Isaak hinausgegangen war, da kam sein Bruder Esau von seiner
Jagd zurück. 31 Auch er bereitete ein Festessen und brachte es seinem Vater
herein und sagte zu seinem Vater: «Mein Vater wolle sich aufrichten und von
dem Wild seines Sohnes essen, damit deine Seele mich segne.» 32 Da sagte
sein Vater Isaak zu ihm: «Wer bist du?» Er antwortete: «Ich bin dein Sohn,
dein Erstgeborener, Esau.» 33 Da erschrak Isaak über alle Maßen und sagte:
«Wer war denn der, der ein Stück Wild gejagt und es zu mir hereingebracht
hat? Ich aß von allem, bevor du hereinkamst, und segnete ihn. So wird er
auch gesegnet bleiben». 34 Als Esau die Worte seines Vaters hörte, schrie er
laut und voller Erbitterung auf und sagte zu seinem Vater: «Segne auch mich,
mein Vater!» 35 Er antwortete: «Dein Bruder ist mit List gekommen und hat
dir den Segen weggenommen.» 36 Da sagte er: «Mit Recht hat man ihn Jakob
(d. h. Betrüger)[6] genannt. Schon zweimal hat er mich betrogen: Meine Erstgeburt hat er genommen, und jetzt hat er auch meinen Segen weggenommen.» Und weiter sagte er: «Hast du denn keinen Segen für mich aufbehal-
ten?» 37 Isaak antwortete und sagte zu Esau: «Siehe, ich habe ihn zum Gebieter über dich gesetzt, und alle seine Brüder habe ich ihm zu Knechten gege-

---

6   Der Name Jakob wird hier mit dem hebräischen Verbum *'kb* «betrügen» in Verbindung gebracht.
Das geschieht in gleicher Weise in Hos. 12,4 und Jer. 9,3 (Zürcher Bibel 9,4). Eine andere Erklärung des Namens Jakob wird in 25,26 gegeben.

ben, mit Korn und Most habe ich ihn versorgt, was kann ich da noch für dich
tun, mein Sohn?» 38 Darauf erwiderte Esau seinem Vater: «Hast du nur einen Segen, mein Vater? Segne auch mich, mein Vater!» Und Esau begann
laut zu weinen.
39 Da antwortete sein Vater Isaak und sagte:
  «Siehe, fern vom Fett der Erde soll deine Wohnung sein und fern vom
  Tau des Himmels oben.
40 Von deinem Schwert mußt du leben,
    und deinem Bruder sollst du dienen.
    Wenn du dich aber losreißt(?),
    wirst du sein Joch von deinem Halse reißen.»

41 Esau aber haßte Jakob wegen des Segens, mit dem ihn sein Vater gesegnet
hatte. Und Esau sagte bei sich selbst: «Die Tage der Trauer um meinen Vater
nähern sich, dann will ich meinen Bruder Jakob umbringen.» 42 Als man Rebekka die Worte ihres älteren Sohnes Esau hinterbrachte, schickte sie hin,
rief ihren jüngeren Sohn Jakob und sagte zu ihm: «Siehe, dein Bruder Esau
will an dir Rache nehmen und will dich umbringen. 43 So höre nun auf mich,
mein Sohn, mache dich auf und fliehe zu meinem Bruder Laban nach Haran.
44 Bleibe eine Zeitlang bei ihm, bis sich der Zorn deines Bruders legt, 45 bis
der Zorn deines Bruders von dir abläßt und er vergißt, was du ihm angetan
hast. Dann will ich (dir) Nachricht geben und will dich von dort zurückholen
lassen. Warum soll ich euch beide an einem Tag verlieren?»

Die literarische Entstehung dieses Textes ist häufig untersucht worden. An
ihm wurden nahezu alle einschlägigen Theorien der Pentateuchproblematik
erprobt und demonstriert. Als die neuere Urkundenhypothese noch fast unangefochten das Feld beherrschte, ging man von der literarischen Zweisträngigkeit der Erzählung aus, wobei allerdings erstaunlich voneinander abwei-
chende Zuweisungen von Versen und Versteilen zu den Pentateuchquellen J
und E vorgenommen wurden. Dann wurde trotz einiger Schwierigkeiten häufig die literarische Einheitlichkeit der Erzählung angenommen, und schließlich
ist wiederum eine minutiöse Aufteilung des Textes in zwei Quellen vorgenommen worden. Aber auch die These von einer im Text erkennbaren
Grundschicht, die durch mehrere Bearbeitungsschichten schließlich zum vorliegenden Text ausgebaut worden ist, wurde aufgestellt.
Es sind vor allem drei Gegebenheiten, die für die Annahme der Einheitlichkeit problematisch sein können und die immer wieder Anlaß gegeben haben,
eine Aufteilung des Textes vorzunehmen. Es handelt sich um folgendes: Am
Abschluß der Erzählung stimmen die unmittelbar nebeneinander stehenden
Sätze am Ende von V.44 und am Anfang von V.45 sachlich völlig überein,
auch sprachlich gehen sie weitgehend parallel – im Hebräischen wechselt lediglich das Wort für «Zorn». Hier haben wir also eine klassische Dublette vor
uns, es wird zweimal dasselbe ausgesagt. Aber diese Dublette besteht lediglich
aus einem ganz kurzen Nebensatz, der kaum geeignet ist, die Last der Hypothese einer Aufteilung der Erzählung in zwei literarische Stränge zu tragen. Natürlich wäre es wünschenswert, die Entstehung dieser «Dublette» zu erklären.

Es sind von den Befürwortern der Einheitlichkeit der Erzählung verschiedene Vorschläge gemacht worden. Am wahrscheinlichsten erscheint es, einfach das zu akzeptieren und zu werten, was vorliegt: Es handelt sich wirklich um die Wiederholung des schon einmal ausgesprochenen Gedankens, durch die die Betroffenheit Rebekkas besonders nachdrücklich zum Ausdruck gebracht wird. Die «Dublette» ist also gewollt. Es sei in diesem Zusammenhang auch noch auf etwas anderes hingewiesen. Die Vertreter der ursprünglichen Doppelsträngigkeit der Erzählung haben gelegentlich festgestellt, daß die beiden literarischen Vorlagen außerordentlich geschickt miteinander verwoben sind, so daß sie kaum noch voneinander abgehoben werden können. Mit dieser Beobachtung verbindet sich nur schlecht die Annahme, daß in V. 44 und V. 45 zwei Parallelaussagen unterschiedlicher literarischer Herkunft unmittelbar nebeneinander stehengeblieben sein sollen.

Schwieriger ist das Problem der V. 23 und 27. In V. 23 wird gesagt, daß Isaak Jakob gesegnet habe, und in V. 27 wird dasselbe noch einmal erzählt. Die auf die Aussage von V. 27 zulaufenden V. 24ff. scheinen von der bereits in V. 23 erzählten Segnung nichts zu wissen und bieten einen neuen Geschehensablauf dar, der schließlich ebenfalls zur Segnung Jakobs führt. Man hat sich in dieser Schwierigkeit oft so geholfen, daß man den Satz «und er segnete ihn» in V. 23 als späteren Zusatz gestrichen hat. Dann ist der Erzählgang ohne Anstoß. Aber warum sollte in V. 23 dieser den Erzählungsablauf so erschwerende Zusatz eingefügt worden sein? Auf diese Frage ist bisher keine zureichende Antwort gegeben worden. Es gibt aber eine andere Erklärung, durch die der Anstoß beseitigt werden kann. Sie sieht so aus: In V. 23 wird die Erzählung nicht weitergeführt, vielmehr handelt es sich um eine an den Hörer oder Leser vom Erzähler gerichtete Erläuterung des Gesamtgeschehens. Erzählungsmäßig schließt V. 24 an V. 22 an, die Erzählung von der Segnung erfolgt erst in V. 27. Das ist gewiß eine komplizierte Überlegung, aber sie erscheint trotz allem plausibler als der Versuch, aus der Doppelung der Segensaussage die ursprüngliche Zweisträngigkeit der ansonsten so geschlossenen Erzählung abzuleiten.

Häufig werden auch die V. 33–34 und V. 35–38 als Doppelung angesehen und entsprechend für die Aufteilung der Erzählung in Anspruch genommen. Dazu besteht aber kein Anlaß. Die zweifellos vorliegenden Wiederholungen – besonders der zweimal vorkommende Satz «segne auch mich, mein Vater!» in V. 34 und V. 38 – ergeben erzählerisch einen guten Sinn, indem sie die Verzweiflung Esaus zum Ausdruck bringen, der sich einfach nicht in die Gegebenheiten schicken kann und sich immer erneut gegen das Unvermeidliche auflehnt.

Die hier vorgelegte Auslegung geht davon aus, daß die Erzählung von der Erlistung des Sterbesegens im wesentlichen eine in sich geschlossene, einheitliche Erzählung ist. Damit ist nicht gesagt, daß alle Elemente des Textes fest mit der ursprünglichen Erzählung verbunden gewesen sein müssen. Bei den Segenssprüchen, V. 27b–29 und V. 39–40, die sich nicht nur durch ihre poetische Form als gesonderte Größe von der Erzählung abheben, ist das nicht der Fall. Das gilt auch von der auffallenden Doppelung in V. 7 «vor Jahwe vor meinem Tode». Hier scheint das «vor Jahwe» sekundär eingefügt worden zu sein, wodurch offenbar die religiöse Bedeutung der Segnung unterstrichen werden sollte. Bei der Frage nach der quellenmäßigen Zuordnung der Erzählung kann also nicht auf die Nennung des Jahwenamens in V. 7 verwiesen werden. Trotzdem dürfte V. 1–45 zur jahwistischen Quellenschrift gehören, nicht nur weil in V. 20 und V. 27 der Jahwename genannt ist, auch wegen des mit dieser Erzählung eingeleiteten größeren jahwistischen Zusammenhangs.

Die mit ihren 45 Versen im Vergleich mit den anderen Vätergeschichten sehr umfangreiche Erzählung ist beides in gleicher Weise: auf der einen Seite eine geschlossene Erzählung mit einer abgerundeten Thematik, auf der anderen Seite Auftakt und Einleitung einer mit ihr beginnenden Erzählreihe, die bis 33,16 reicht. Um die beiden Zwillingsbrüder, Jakob und Esau, geht es auch schon in 25,19–34. Zu 25,29–34 wird in V. 36 zudem ein direkter Bezug hergestellt, und 25,28 ist eine Vorbereitung auf Kap. 27. Der Vers erhält erst durch 27,1–45 seine Erklärung. Aber der erzählerische Zusammenhang zu den folgenden Geschichten ist doch enger als zu den Texten des Kap. 25. Das hat die Einfügung von Kap. 26 zwischen 25,34 und 27,1 ermöglicht.
Die Erzählung besteht aus mehreren aufeinander folgenden Szenen, die jeweils von zwei Personen bestimmt sind. Damit folgt unsere Erzählung einem Strukturprinzip, das für Sagen und Volkserzählungen auch anderer Kulturbereiche charakteristisch ist: Es treten gleichzeitig immer nur zwei, gelegentlich auch drei Personen auf (Gesetz der Zweiheit oder Dreiheit). Die jeweilige Szene bleibt übersichtlich, sie wird von einer folgenden Szene abgelöst. Daß auch mit den Mitteln dieser einfachen Erzählstruktur höchste Spannungseffekte erzielt werden können, zeigt die vorliegende Erzählung in exemplarischer Weise. Sie gehört zu den Meisterwerken alttestamentlicher Erzählkunst. Die Erzählung gliedert sich in vier Szenen: V. 1–5 Isaak und Esau; V. 6–17 Rebekka und Jakob; V. 18–29 Isaak und Jakob; V. 30–40 Isaak und Esau. Die folgenden, die Erzählung abschließenden V. 41–45 sind gleichzeitig Übergang und Grundlage für das, was dann folgt. Noch einmal spielt Rebekka eine entscheidende Rolle in dem Konflikt, der zwischen den beiden Brüdern aufgebrochen ist. Isaak kommt nicht mehr vor.
Das Thema der Erzählung ist der Segen des Erzvaters, besser gesagt sein Sterbesegen. Die Situation des Abschieds ist in besonderer Weise der Ort des Segens, vgl. 24,60; 28,1.6; Lk 24,50f. So wird bis heute auch der gottesdienstliche Segen als Abschiedssegen erteilt und empfangen. Unter den Situationen des Abschieds ist das Sterben eines Menschen die einschneidenste. Von daher erklärt sich die besondere Bedeutung des Sterbesegens für den alttestamentlichen Menschen, vgl. Kap. 48; 5. Mose 33,1. Der Vater der Familie gibt angesichts seines nahen Todes Lebenskraft an die Nachkommen weiter. Das geschieht in der Regel durch Segnung des ältesten Sohnes. Die bei dem Vorgang gesprochenen Worte machen deutlich, daß es bei diesem Akt, der auf Lebenssteigerung ausgerichtet ist, nicht nur um Fruchtbarkeit und Nachkommenschaft geht, sondern daß hier die Totalität des Lebensvollzuges in umfassendem Sinn im Blick ist. Die Weitergabe des Segens verlangt von dem Sterbenden eine letzte, äußerste Kraftanstrengung und Konzentration. Die Mahlzeit als Vorbereitung soll die nötigen Kräfte vermitteln. Es entspricht der besonde-

ren Situation und dem Gewicht des Sterbesegens, daß er nur einmal erteilt werden kann. Auch eine Aufteilung auf mehrere Personen ist nicht möglich.

Die erste Szene **(V. 1–5)** beginnt mit dem Hinweis auf zwei für die folgende Erzählung entscheidende Voraussetzungen. Isaak ist alt geworden und kann nicht mehr sehen. Erblindung ist eine häufige, durch hohes Alter bedingte Lebensminderung, vgl. 48,10; 1. Sam. 3,2; andererseits 5. Mose 34,7. In diesem Fall aber ist die Blindheit Isaaks nicht nur Hinweis auf seine Gebrechlichkeit, sie ist eine entscheidende Voraussetzung für die folgende Geschichte. Auffallend ist nun, daß Isaak zu dem hereingerufenen Esau sagt: «Ich weiß nicht, wann ich sterben werde». Damit ist natürlich nicht die Allerweltsweisheit ausgesprochen, daß niemand seine Todesstunde kennt, vielmehr ist gemeint: «Ich muß bald sterben». Die Institution des Sterbesegens hängt an dem Phänomen, daß der antike Mensch weiß, wann er stirbt, vgl. 48,21; 49,29; Jos. 23,14; 1. Kön. 2,1f. Die auffallende Formulierung in V. 2, durch die eine gewisse Spannung zur Institution des Sterbesegens hervorgerufen wird – man kann diesen Segen nicht sozusagen prophylaktisch erteilen –, erklärt sich aus der Tatsache, daß die Erzählung in ihrer jetzt vorliegenden Form nicht abgeschlossen ist, sondern eine Fortsetzung hat. Isaak kommt im weiteren Verlauf der Vätererzählungen noch vor. Die Erzählung vom Sterbesegen Isaaks endet nicht mit der Nachricht seines Todes, was eigentlich zu erwarten wäre. Das dürfte der Hintergrund für den auffallenden Satz am Ende von V. 2 sein.

V. 3–4 sind durch 25,27f. vorbereitet. Ausführlich wird die Bitte des Vaters dem Sohn vorgetragen. Dem Hörer oder Leser soll von Anfang an deutlich sein, daß die Aktion Esaus ihre Zeit brauchen wird, vor allem die Jagd, aber auch die Zubereitung des Festessens. Entscheidend aber ist natürlich der letzte Satz: Alles dient der Vorbereitung der Sterbesegnung. Esau folgt der Bitte des Vaters sofort und ohne Einwand, V. 5b. Damit ist die erste Szene abgeschlossen. Der Erzähler aber hat mit V. 5a eine Hintergrundinformation eingeschoben, indem er eine für die gesamte folgende Erzählung entscheidende Gegebenheit mitteilt: Rebekka hatte «gehorcht» und wußte deshalb von Isaaks Absicht, Esau den Sterbesegen zu erteilen. Die Übersetzung «horchen» impliziert die Absicht. Das hebräische Wort könnte auch mit «hören» übersetzt werden (so Jacob, der Rebekka damit in ein besseres Licht bringen will), aber es wird doch so gemeint sein, daß Rebekka von Anfang an aktiv gewesen ist und nicht zufällig Zeugin des Gesprächs wurde. Die dünnen Zelttücher ermöglichen das Horchen ohne besondere Schwierigkeiten. Die oft vom Gespräch der Männer ausgeschlossenen Frauen werden nicht selten von dieser Möglichkeit Gebrauch gemacht haben, vgl. 18,10.

Die nächste Szene **(V. 6–17)** ist von den Personen Rebekka und Jakob bestimmt. Rebekka wiederholt vor Jakob die mitgehörten Worte Isaaks. Eine solche Wiederholung entspricht alttestamentlicher Erzählweise. Dann aber entwickelt Rebekka mit der ganzen Autorität der Mutter («tue, was ich dir auftrage», V. 8, vgl. auch V. 13b) dem Sohn ihren Plan, der das Ziel hat, daß er und nicht Esau den Sterbesegen des Vaters empfangen soll. Es stellt sich die Frage nach dem Motiv Rebekkas. Warum bevorzugt sie Jakob so sehr, daß sie sogar Lüge und Betrug einsetzt, um ihn an die Stelle des Erstgeborenen zu versetzen? Westermann stellt dazu fest: «Hinter ihrem Plan steht die Empörung über ein ‹soziales› Unrecht. Sie wehrt sich mit allen Mitteln gegen ein Privileg des ‹Großen›, das den ‹Kleinen› ausschließt.» Damit aber wird in die Geschichte ein sachfremder Gedanke eingetragen. Rebekka fungiert in ihr nicht als Sozialreformerin, die «ihrer Zeit voraus ist» (Westermann). Die Frage nach dem Motiv Rebekkas ist sehr viel einfacher und zwangloser zu beantworten. Es ist ein immer wieder zu beobachtendes, letztlich aber nicht zu erklärendes Faktum, daß eine Mutter oder ein Vater ein Kind mehr liebt als das andere, und es mag auch noch häufigem Geschehen entsprechen, daß die Mutter ein besonders enges Verhältnis zum jüngsten Kind hat. Gerade die unerklärte und unerklärbare Vorliebe Rebekkas zu Jakob (vgl. 25,28b) gehört zum Wesen der Geschichte.

Jakobs Einwand bezieht sich in keiner Weise auf die moralische oder religiöse Fragwürdigkeit, ja Verwerflichkeit des mütterlichen Plans. Man mag sich in diesem Zusammenhang daran erinnern, daß in den alttestamentlichen Gesetzen der Blinde in besonderer Weise unter göttlichen Schutz gestellt wird, 3. Mose 19,14; 5. Mose 27,18. Jakob aber äußert keine grundsätzlichen Bedenken, sein Einwand ist ausschließlich an der Praktikabilität des Vorhabens orientiert. Wie alle Blinden, so hat auch Isaak seine Wahrnehmungsfähigkeit verstärkt auf den Tastsinn verlagert. Aus dieser Tatsache kann sich für Jakob die Gefahr einer vorzeitigen Aufdeckung des Betruges mit all ihren Folgen ergeben. Aber Rebekka hat auch diese von Jakob ängstlich erwähnte Komplikation in die Überlegung mit einbezogen. Ihr Plan ist bis ins letzte durchdacht, und für den Fall des Mißlingens ist sie sogar bereit, den Fluch Isaaks auf sich zu nehmen, V. 13a. Daß ein Fluch oder eine Schuld auf eine andere Person übertragen werden kann, ist eine biblische Denkmöglichkeit, die z. B. ein Grundgedanke der alttestamentlichen Opfervorstellung ist. Die Bereitschaft Rebekkas, einen möglichen Fluch auf sich zu nehmen, zeigt den hohen Einsatz der Mutter, die ihr Glück und ihr Leben für den geliebten Sohn zu opfern bereit ist. Zu den Vorbereitungen auf die Segenshandlung gehört auch, daß Rebekka Jakob die Festkleider Esaus anzieht. Die Bedeutung dieses Vorgangs ist nicht, damit eine zweite Prüfung durch das Riechen Isaaks zu ermöglichen. Die Festkleider haben vielmehr eine kultische Dignität. Sie vermitteln dem Träger einen besonderen Status. Das Anlegen der Festkleider des Bruders stellt bereits ganz massiv den Beginn der Betrugshandlung dar. Auffallend ist die Bemerkung, daß sich die Kleider Esaus «im Haus» Rebekkas befanden. Dadurch wird an dieser einen Stelle die ansonsten ganz im nomadischen Milieu angesiedelte Erzählung in die Situation der Ansässigkeit gerückt, vielleicht eine spätere Änderung. Daß sich die Kleider Esaus in Rebekkas Gewahrsam befanden, kann möglicherweise als Hinweis darauf gedeutet werden, daß Esau noch unverheiratet ist. 26,34–35 sprechen nicht gegen diese Annahme, da diese Verse zu einem anderen Zusammenhang gehören.

Die dritte Szene **(V. 18–29)** führt auf den Höhepunkt der Erzählung, der mit der Segnung Jakobs erreicht ist. Aber bis dahin sind noch einige Hindernisse zu überwinden. Die Frage des Vaters «Wer bist zu mein Sohn?» und die daraufhin erfolgte solenne Antwort «Ich bin Esau, dein Erstgeborener» gehören wohl zum normalen Ritual des Sterbesegens, vgl. auch Esaus Antwort in V. 32. Es muß zweifelsfrei festgestellt werden, wer der Empfänger des Sterbesegens ist. Die weiteren Nachfragen Isaaks ergeben sich aus der speziellen Situation dieser Segnung. Daß blinde Menschen oft besonders mißtrauisch sind, ist eine bekannte Erscheinung. So wird es auch hier von Isaak erzählt. Er wundert sich darüber, wie schnell sein Sohn bei seiner Jagd Erfolg gehabt hat, weiß er doch, daß der Jäger oftmals viel Zeit und Geduld bis zur Erlegung der Jagdbeute aufbringen muß. Ob auch diese Komplikation vorher bedacht war und die Antwort letztlich von Rebekka stammt (Jacob), ist nicht zu entscheiden, ist aber auch unwichtig, denn Jakob macht sich die Antwort auf jeden Fall zu eigen, und er überbietet damit noch seine Lüge, die er am Anfang der Unterredung ausgesprochen hatte. Denn jetzt nimmt er sogar Gott für sein Betrugsmanöver in Anspruch, was man kaum anders als gotteslästerlich bezeichnen kann. Spätestens an dieser Stelle dürfte es auch den alten Erzählern und Hörern dieser Geschichte nicht mehr möglich sein, sie als einen «lustigen, gelungenen Streich» (Gunkel) zu verstehen, spätestens hier ist der alte wie moderne Hörer und Leser betroffen von der Skrupellosigkeit, mit der Jakob vorgeht. Dies ist wahrlich «die schlimmste seiner Lügen» (v. Rad). So nimmt das Geschehen seinen Fortgang.

Die Tastprobe verläuft so, wie Rebekka es vorhergesehen hatte. Die Ziegenfelle an Händen und Hals erweisen sich als gute Tarnung. Sie fühlen sich an wie Esaus behaarte Haut. Aber den mißtrauischen Isaak stört die Stimme, die eben Jakobs Stimme ist. So bleibt dem unsicher gewordenen Greis nichts anderes übrig, als noch einmal zu fragen «Bist du wirklich mein Sohn Esau?» Nach Jakobs zustimmender Antwort gibt sich Isaak überzeugt und läßt sich die Mahlzeit vortragen, die ein wichtiger Bestandteil der Sterbesegenszeremonie ist. Daß Jakobs Antwort in diesem Fall viel kürzer als in V. 19 ausfällt, erklärt sich daher, daß es sich in V. 19 um die offizielle Antwort des zu Segnenden handelt. Die Antwort in V. 24 aber gehört nicht zum Ritual, sie ergibt sich aus der einmaligen Situation der Segnung Jakobs.

Die Spannung steigert sich, als der Vater nach Abschluß der Mahlzeit mit der Vorbereitung für die Segnung fortfährt und den Sohn bittet, näher zu kommen und ihn zu küssen. Die oft ausgesprochene These, daß damit eine zweite, nämlich eine Riechprobe eingeleitet werde, was dann auch als Quellenscheidungsargument dienen kann, verkennt den Vorgang. Es geht darum, daß es beim Kuß zu einer ganz nahen und intensiven körperlichen Berührung zwischen Spender und Empfänger des Segens kommt. Körperliche Berührung und Segenswort konstituieren gemeinsam den Segen, der sich damit als ein sakramentaler Vorgang erweist. Auch das Riechen der Kleider ist Ausdruck der körperlichen Nähe und Verbundenheit der beiden, die jetzt sozusagen gemeinsame Luft atmen. v. Rad stellt dazu fest, daß der Orientale besonders stark auf Gerüche reagiert. Das mag zutreffen, ungeachtet dessen gilt aber ganz allgemein, daß der Geruchssinn stärker als alle anderen menschlichen Sinne Erinnerungen bewahrt und wachruft.

In unserer Erzählung wirkt der Geruch der Kleider Esaus auf Isaak geradezu inspirierend. Er fühlt sich ganz in die Welt seines Sohnes versetzt. Damit ist das poetisch geformte Segenswort **(V. 27b–29)** an seinem Anfang fest mit der Gedankenführung der Erzählung verbunden. Dann aber folgt mit V. 28–29 ein Text, der schwerlich ursprünglich zu der Erzählung von der Erlistung des Sterbesegens gehört hat. Das zeigt schon der Anfang. Es ist nicht wie in V. 27b von Jahwe die Rede, es heißt vielmehr «Gott gebe dir vom Tau des Himmels...». Dieses abrupte Nebeneinander der Gottesbezeichnungen zeigt, daß mit V. 28–29 ein geprägter Text in einen vorliegenden Zusammenhang eingefügt worden ist. Das ergibt sich auch aus dem Inhalt des Segenswortes. Während in V. 27b vom «Feld» die Rede ist und damit die Lebenswelt Esaus in den Blick kommt, redet V. 28 von der Fruchtbarkeit des Ackerlandes und seinen Erträgen Korn und Most. Der Ausdruck «Tau des Himmels» faßt Regen und Tau zusammen als notwendige Voraussetzung für das Wachstum. «Fett der Erde» bezieht sich auf die fruchtbaren Ackerböden, die reiche Ernte ermöglichen.

In **V. 29** wird die individuelle Ebene verlassen und es ist von Völkern und Nationen die Rede. Wenn es in diesem Zusammenhang heißt «Sei ein Gebieter über deine Brüder!», so steht das in starker sachlicher Spannung zur Erzählung, die nur von einem Bruder des Gesegneten weiß, ein weiterer Hinweis auf die ursprüngliche Selbständigkeit von V. 28–29. Wie es in 25,23 der Fall ist, erreicht der Segensspruch in V. 29 also eine politische Dimension. Der «Fruchtbarkeitssegen» weitet sich zum «Herrschaftssegen». Jetzt ist es ganz deutlich, daß der Segen Jakob, dem Stammvater des Volkes Israel, gilt und daß es auch um mehr geht als um das Verhältnis zu Esau bzw. Edom. Israel im Kreis der Völker ist das Thema. Es gibt nur eine Periode in der Geschichte des Volkes Israel, in der Israels Vormachtstellung unter den es umgebenden Völkern so ausgesehen hat, wie es hier beschrieben wird. Das ist die Zeit des davidisch-salomonischen Reiches. Es ist anzunehmen, daß unser Segenswort diese Zeit im Blick hat und wohl auch aus dieser Zeit stammt. Am Schluß werden Fluch- und Segenswort in antithetischer Entsprechung nebeneinandergestellt, wie es im Alten Testament auch sonst häufig belegt ist, vgl. 12,3; 4. Mose 24,9 – beide Stellen in umgekehrter Reihenfolge –; Jer. 17,5–8. Segen und Fluch sind die Wirklichkeiten, die das Leben zum Guten oder Bösen bestimmen. Während nach 12,3 Gott Segen und Fluch ins Werk setzt, kommt hier die ältere Vorstellung zum Ausdruck, daß Fluch und Segen geradezu selbsttätig wirken. Gemeinsam aber ist die Grundaussage: Am Verhalten zu Israel hängen für die Völker Fluch und Segen. Mit dem Segenswort hat die Erzählung sachlich ihren Höhepunkt erreicht. Der Sterbesegen ist in seiner ganzen Fülle erteilt worden, Jakob ist überreich gesegnet.

Die Erzählung ist damit aber noch nicht zu Ende. Die erzählerische Spannung ist noch nicht gelöst, denn noch steht die Begegnung zwischen Isaak und Esau aus und damit die Aufdeckung des unglaublichen Betrugs. Davon handelt die vierte Szene, **V. 30–40**. Es geschieht in einer Dramatik, die ihresgleichen sucht. Schon in V. 30 deutet sich das an: Um ein Haar wären die beiden Brüder im Zelt des Vaters aufeinandergestoßen, was unabsehbare Konsequenzen gehabt hätte. Außerordentlich wirkungsvoll ist es, wenn der Erzähler anschließend in aller Ausführlichkeit das Tun Esaus schildert und damit die Ungeduld und

Spannung des Hörers fast bis an die Grenze des Erträglichen steigert. Esau, der die erbetene Mahlzeit wunschgemäß zubereitet hat, versteht die Frage des Vaters «Wer bist du?» als die zum Ritual gehörende Vergewisserungsfrage des Segnenden. Deshalb antwortet er in solenner Form, wie an dieser Stelle zu antworten ist. Für Isaak aber hat die Frage eine andere Funktion. Er ist aufs äußerste verwundert und will wissen, wer da vor ihm steht. Stilistisch zeigt sich das an einer kleinen Veränderung der Frage gegenüber V. 18. Es fehlt der Zusatz «mein Sohn». Als Isaak dann erfährt, daß er einen anderen als Esau gesegnet hat – wer es ist, das bleibt zunächst noch unklar –, bleibt ihm nur ein maßloses Entsetzen, aber auch die Feststellung, daß die erfolgte Segnung gültig ist und in keiner Weise revidiert werden kann. Dieser Tatbestand verdeutlicht mehr als alles andere die «sakramentale» Qualität des Sterbesegens. Ausführlich und mit gewollten Wiederholungen wird sodann Esaus Reaktion auf das Geschehene geschildert, wobei der Erzähler, die emotional äußerst gesteigerten Gefühlsausbrüche Esaus intensiv zum Ausdruck kommen läßt.

Die erste Hälfte des **V. 36** mit der Deutung des Namens Jakob als Betrüger paßt sachlich und stilistisch schlecht in den Zusammenhang, der an Geschlossenheit gewinnt, wenn man die Bitte von V. 36b direkt an V. 35 anschließt. Es handelt sich im ersten Teil von V. 36 um einen späteren Zusatz, durch den die Erzählung mit derjenigen vom Verkauf des Erstgeburtsrechts (25,29–34) verklammert wird. Die beiden Erzählungen, die ursprünglich einmal selbständig waren, meinen jeweils Verschiedenes und konnten deshalb auch nebeneinander gestellt werden.

Obwohl Esau weiß, daß der Sterbesegen nicht wiederholbar ist und endgültige Realitäten schafft – sonst wären seine Gefühlsausbrüche gar nicht verständlich –, bittet er doch um einen Segen des Vaters, auch wenn es nicht der Sterbesegen sein kann. Der Erzähler läßt durchaus Mitgefühl für den so rücksichtslos Betrogenen erkennen, wenn er erzählt, daß Esau am Ende nur noch hilflos weinen kann.

Was der Vater seinem Erstgeborenen dann zuspricht **(V. 39–40)**, wird im Text nicht als Segen bezeichnet, und es handelt sich auch auf seinen Inhalt hin betrachtet gewiß nicht um einen Segen, eher um einen Fluch. Der Erzähler hat es aber unterlassen, den Vorgang als «verfluchen» und die Worte direkt als «Fluch» zu bezeichnen. Vielleicht drückt sich darin eine gewisse erzählerische Schonung für Esau aus. Die Worte selbst tun das nicht. In den ersten eineinhalb Versen wird in aller Härte all das, was Jakob als Segen zugesprochen war, negiert und in sein Gegenteil verkehrt. Keinen Bezug zu den Worten des Jakobsegens hat der Satz «von deinem Schwert mußt du leben». Er beschreibt Esau und damit die Edomiter als gefährliche Steppenbewohner, die durch Raub und Mord ihren Lebensunterhalt bestreiten. Daß damit keine zureichende Beschreibung für die Lebensweise der Edomiter gegeben ist, braucht kaum eigens betont zu werden. Hier spricht sich die Abneigung, ja Feindschaft, die man gegen das «Brudervolk» in Israel weitgehend empfunden hat, deutlich aus.

Besondere Beachtung verdient noch **V. 40b**. Der Halbvers hat eindeutig einen politischen Bezug. Während V. 40a eine politische Situation voraussetzt, in der die Edomiter von Israel bzw. von Juda beherrscht sind, beschreibt V. 40b die

Befreiung der Edomiter von dieser Herrschaft. Beim «Joch» handelt es sich um einen etwa eineinhalb Meter langen Balken, der mit Hilfe der Jochstricke auf dem Nacken der Zugtiere befestigt wurde. Im Alten Testament ist das Joch ein beliebtes Bild für Last und Unterdrückung, das im Wort «unterjochen» auch für die deutsche Sprache geläufig ist; für das Alte Testament vgl. 3. Mose 26,13; Jes. 9,3; 10,27; Jer. 27–28; Ez. 34,27 u. ö. Als historischer Bezugspunkt von V. 40b wird weitgehend 2. Kön. 8,20–22 angenommen. Dort wird davon berichtet, daß die Edomiter zur Zeit des Königs Joram (d. h. etwa um 850 v. Chr.) von Juda abfielen und einen eigenen König einsetzten. Das hatte seine Vorgeschichte. Nach der Unterwerfung durch David, vgl. 2. Sam. 8,13–14, hatten sich die Edomiter bereits zur Zeit Salomos wieder von der israelitischen Oberherrschaft lösen können, vgl. 1. Kön. 11,14–22, ohne jedoch die völlige Unabhängigkeit zu erreichen. Unter Joram kam es noch einmal zu einer verstärkten Abhängigkeit Edoms von Juda, aber durch einen sich daraus ergebenden Aufstand dann auch zur endgültigen Loslösung. Auf 2. Kön. 8,20–22 bezogen stellt sich V. 40b als ein *vaticinium ex eventu* dar (zum Begriff vgl. oben zu 25,23). Es ergibt sich dann die Frage, ob der gesamte Spruch über Esau in die Zeit Jorams oder kurz danach zu datieren ist oder ob es sich bei V. 40b um einen späteren Zusatz handelt, der den alten Spruch an die neuen Gegebenheiten anpaßt. V. 39–40a wären dann entsprechend älter und könnten wie V. 28–29 aus der davidisch-salomonischen Zeit stammen. Das meiste spricht für die zweite Überlegung. Nach Form und Inhalt hebt sich V. 40b vom Vorhergehenden ab. Poetische Gestaltung ist hier kaum noch wahrnehmbar; auch wird das inhaltlich sonst so einheitliche Wort des Erzvaters am Ende auffallend eingeschränkt, indem die Herrschaft über die Edomiter von Anfang an zeitlich begrenzt wird. Die Einfügung von 40b zeigt, daß gerade die politisch ausgerichteten Sprüche oft dazu Anlaß geben, aktuelle Erweiterungen anzufügen. Man mag das «auf den neuesten Stand bringen» nennen, sollte dahinter aber nicht das theologische Bemühen verkennen, Geschichte als von Gott gelenkte und gestaltete Geschichte zu verstehen, denn es dürfte den Erzählern und Hörern unserer Geschichte keine Frage sein, daß die Sterbensworte des Erzvaters letztlich vom Gott Israels legitimierte Worte sind.

Mit V. 40 ist die Erzählung vom Sterbesegen Isaaks abgeschlossen. Der Erzvater konnte nur e i n e n Segen weitergeben, für Esau war nur das Gegenteil eines Segens geblieben. Die Erzählung ist abgeschlossen, aber sie hat von einem Geschehen berichtet, das nicht ohne Fortsetzung bleiben konnte. Die Betrugsgeschichte hat innerhalb der Familie des Erzvaters eine dramatische Entwicklung ausgelöst. Von den unmittelbaren Folgen berichten **V. 41–45**. Esau hat das, was geschehen ist, durchaus richtig verstanden. Der Versuch einiger Ausleger, in den Worten, die Isaak seinem Erstgeborenen zugesprochen hat, auch den Klang des Segens zu vernehmen, scheitert nicht nur am Wortlaut, sondern auch an der Reaktion Esaus. Er ist der auf der ganzen Linie Betrogene, für ihn ist nichts Positives übriggeblieben. Diese Erkenntnis führt zu einem Haß auf den Bruder, der auch vor dem Brudermord nicht haltzumachen gewillt ist. Dazu aber muß er den nahe bevorstehenden Tod des Vaters abwarten, denn solange der Vater lebt, verbietet sich die Selbstjustiz an einem Mitglied der Familie, was nach dem Tod des Vaters und der anschließenden Trauerzeit eher möglich erscheint, vgl. 50,15: Auch die Brüder Josephs befürchten nach dem Tod des Vaters die Rache des mächtigen Bruders.

In dieser gefährlichen Situation ergreift einmal mehr Rebekka die Initiative. Es ist bemerkenswert, wie sehr in dieser Geschichte die Frau gegenüber den drei Männern die Bestimmende ist. Nachdem Rebekka von den finstern Plänen Esaus erfahren hat, veranlaßt sie Jakob zur Flucht zu ihrem Bruder Laban. In Haran, viele Tagereisen entfernt, ist er vor den Nachstellungen Esaus sicher. Allzulange wird der Zorn Esaus nicht anhalten, dann kann Jakob ohne Gefahr für Leib und Leben zurückkehren. Aber darin hat sie sich getäuscht. Zwanzig Jahre wird die Abwesenheit Jakobs von der Heimat und Familie dauern, und sie selbst wird den Sohn nicht wiedersehen. So hat sie doch ihren geliebten Sohn verloren. Was so klug eingefädelt war, endet in einem Fiasko. Die Einheit der Familie ist zerbrochen. Der biblische Erzähler hat die Geschichte dieses ungeheuerlichen Betrugs ohne jede Wertung erzählt. Er hat keine der in ihr handelnden Personen mit einer wertenden Beurteilung versehen, und anders, als es in 25,34b geschehen ist, ist eine derartige Wertung auch nicht später nachgetragen worden. Das Ergebnis des Geschehens spricht für sich.

In der jüdischen und christlichen Auslegungstradition dieser bedrückenden Geschichte ist nicht selten versucht worden, das Tun Rebekkas und Jakobs doch in ein positives Licht zu rücken. Haben die beiden nicht der Verwirklichung der Verheißung Gottes erst den Weg gebahnt? Was wäre geschehen ohne ihr Eingreifen? Und war nicht Jakob als der Klügere ein würdigerer Segensempfänger als der aufbrausende Esau? Aber mit solchen und ähnlichen Überlegungen wird man der Geschichte nicht gerecht. Hier muß zunächst festgestellt werden, daß Lüge und Betrug diesen Segen ermöglicht haben. Die alttestamentlichen Propheten haben es auch so gesehen. Sie reden an mindestens vier Belegstellen direkt oder mit unverkennbarer Anspielung von Jakob als dem Betrüger, um auf diese Weise das Volk Israel bereits von seinen ersten Anfängen an unter die prophetische Anklage zu stellen, vgl. Hos. 12,4; Jer. 9,3; Jes. 43,27; Mal. 3,6. Der Weg der Verheißung Gottes ist nicht von der moralischen Qualität von Menschen abhängig, vielmehr verläuft dieser Weg immer wieder auch über höchst zweifelhafte Gestalten und Machenschaften, deren Bedenklichkeit das Alte Testament in keiner Weise verharmlost oder in Frage stellt. Dieses schonungslose Umgehen mit der eigenen Geschichte gehört zu den bewundernswerten Leistungen und Besonderheiten des Volkes Israel. Um so verwerflicher ist es, wenn gerade solche Erzählungen nicht selten als Material antisemitischer Argumentation und Hetze mißbraucht worden sind.

Eine andere Art der Bezugnahme auf unsere Geschichte enthält der Spruch Mal. 1,2–5, aus dem der entscheidende Satz in Röm. 9,13 von Paulus zitiert wird. In einer Situation der Bedrängnis, nicht zuletzt durch das Erstarken der Edomiter nach dem politischen Ende Judas hervorgerufen, redet der Prophet gegen den Zweifel seiner Zuhörer von der Liebe Gottes zu Jakob, die sich eben diesem und gerade nicht Esau zugewandt hat: «Ich habe Jakob geliebt, aber Esau habe ich gehaßt». Damit ist gesagt: Gottes Entscheidung für Jakob, die gleichzeitig eine Entscheidung gegen Esau war, behält ihre Gültigkeit trotz aller Bedrängnisse.

27,46–28,9   Jakobs Sendung nach Paddan Aram

27,46 Rebekka sagte zu Isaak: «Mir ist das Leben verleidet wegen der Hethiterinnen. Wenn (nun auch) Jakob eine Frau nimmt von den Hethiterinnen wie diese, von den Töchtern des Landes, was soll mir dann noch das Leben?» 28,1 Daraufhin rief Isaak den Jakob und segnete ihn. Und er gebot ihm und sagte zu ihm: «Du sollst dir keine Frau von den Kanaanäerinnen nehmen! 2 Mach dich auf und zieh nach Paddan Aram zum Haus Bethuels, des Vaters deiner Mutter, und hole dir von dort eine Frau von den Töchtern Labans, des Bruders deiner Mutter. 3 El Schaddaj segne dich, er mache dich fruchtbar und mehre dich, daß du zu einer Schar von Völkern werdest. 4 Er verleihe dir und deinen Nachkommen mit dir den Segen Abrahams, damit du das Land deiner Fremdlingschaft in Besitz nehmen kannst, das Gott dem Abraham gegeben hat.» 5 So entließ Isaak den Jakob, und der zog nach Paddan Aram zu Laban, dem Sohn des Aramäers Bethuel, dem Bruder Rebekkas, der Mutter Jakobs und Esaus.

6 Als nun Esau sah, daß Isaak den Jakob gesegnet und ihn nach Paddan Aram geschickt hatte, damit er sich von dort eine Frau hole, indem er ihn segnete und ihm gebot: «Du sollst keine Frau von den Kanaanäerinnen nehmen», 7 und daß Jakob seinem Vater und seiner Mutter gehorsam war und nach Paddan Aram zog, 8 und als Esau sah, daß sein Vater Isaak die Kanaanäerinnen nicht gern sah, 9 da ging Esau zu Ismael und nahm Mahalath, die Tochter Ismaels, des Sohnes Abrahams, die Schwester Nebajoths, zur Frau zu den Frauen hinzu, die er schon hatte.

Im 1. Buch Mose gibt es nur wenige Beispiele, die so überzeugend, wie es hier der Fall ist, das Zustandekommen des uns heute vorliegenden Endtextes durch die Zusammenfügung verschiedener Quellen belegen. War gerade noch davon die Rede, daß Jakob nach erfolgter Segenserschleichung von Rebekka veranlaßt wird, vor den Mordplänen Esaus nach Haran zu fliehen, so wird die Reise jetzt völlig anders motiviert. Auch handelt es sich hier nicht um eine Flucht ohne Wissen von Vater und Bruder, sondern um eine geradezu offizielle Sendung durch das Oberhaupt der Familie. Überdies empfängt Jakob hier noch einmal einen väterlichen Segen, bei dem es sich allerdings nicht um einen Sterbesegen, sondern um einen Reisesegen handelt. 27,46–28,9 kann nicht als Fortsetzung von 27,1–45 erzählt und formuliert worden sein, vielmehr sind hier zwei Quellen zusammengestellt worden, und zwar so, daß 27,1–45 in den sachlich und inhaltlich geschlossenen Abschnitt 26,34–35; 27,46–28,9 eingefügt wurde. Daß dieser Abschnitt zu den P-Texten gehört, ist in der Forschung unbestritten, denn es gibt zahlreiche eindeutige Hinweise auf die Zugehörigkeit zur Priesterschrift. Die wichtigsten sollen genannt werden: Einen ersten Hinweis gibt die Jahresangabe in 26,34. Der Vers gehört damit in die Reihe der priesterschriftlichen Altersangaben. Die in dem kurzen Abschnitt viermal vorkommende Ortsbezeichnung Paddan Aram ist für priesterschriftliche Texte charakteristisch, vgl. 25,20; 35,9.26 u. ö. In dem vorangehenden und nachfolgenden jahwistischen Text wird als Ziel der Reise Haran genannt, 27,43 und 28,10. Besonders zu beachten ist die in V. 3 gebrauchte Gottesbezeichnung El Schaddaj. Mit dieser Gottesbezeichnung, die innerhalb der Vätergeschichten von der Priesterschrift an fünf dadurch besonders hervorgehobenen Stellen gebraucht wird, 17,1; 28,3; 35,11; 48,3; 2. Mose 6,3, grenzt sie die Zeit der Väter als eine besondere Zeit des Gottesverhältnisses von der vorangehenden Urzeit und der nachfolgenden Mosezeit ab. Das zeigt vor allem 2. Mose 6,3: «Ich bin dem Abraham, Isaak und Jakob als El Schaddaj erschienen, aber mit meinem Namen Jahwe habe ich mich ihnen nicht zu erkennen gegeben.» Erwähnt seien noch folgende für die Priesterschrift charakteristische Ausdrücke: «Schar von Völkern» V. 3, vgl. 35,11; 48,4, «Land der Fremdlingschaft» in V. 4, vgl. 17,8; 36,7; 47,9.

Nicht zuletzt aber ist es die Thematik des Abschnitts, die ihn als zur Priesterschrift gehörig ausweist. Das Thema, um das es hier geht, signalisiert ein Problem, das in der Exilszeit für das Überleben Israels in der fremden Umgebung entscheidend war und das die Nachexilszeit aufs äußerste beschäftigt hat, vgl. Esr. 9f.; Neh. 13,23ff. Bei dem Verbot, fremdstämmige Frauen zu heiraten, das bis zur Forderung nach der Entlassung derartiger Ehefrauen ausgeweitet worden ist, vgl. Esr. 9f., geht es in erster Linie um eine religiöse Problematik, nur ganz am Rande taucht dabei ein völkischer, bzw. blutsmäßiger Gesichtspunkt auf, vgl. Esr. 9,2. Wenn in V. 1 (vgl. die wörtliche Wiederholung in V. 6) in der Form eines Rechtssatzes, formal den Sätzen des Dekalogs entsprechend, von Isaak dem Jakob geboten wird «Du sollst Dir keine Frau von den Kanaanäerinnen nehmen!», so ist dieser Satz für die Zeit der Priesterschrift formuliert und soll in ihrer Zeit als gültige Weisung verstanden werden.

Wie Isaak selbst (vgl. 25,20) heiratet auch sein Sohn Esau im Alter von vierzig Jahren. Daß er sogleich zwei Frauen nimmt, wird in 26,34 ohne jede Bewertung festgestellt. In dieser Hinsicht hat Esau nichts Außergewöhnliches und offenbar auch nichts Tadelnswertes getan. Die Herkunft der beiden Frauen ist das Problem: Sie sind Hethiterinnen. In der Priesterschrift werden die Angehörigen der eingesessenen Urbevölkerung des Landes Kanaan öfter als «Hethiter» bezeichnet, vgl. vor allem mehrere Vorkommen in Kap. 23 und die zahlreichen Bezugnahmen auf dieses Kapitel. Die Hethiter bilden im 2. Jahrt. v. Chr. mit dem Schwerpunkt in Kleinasien eines der Großreiche der damaligen Zeit. Als Bevölkerungselement spielen die Hethiter auch in Nordsyrien und vereinzelt auch in Kanaan eine Rolle, vgl. etwa den Hethiter Uria im Heer Davids 2. Sam. 11f. Die Priesterschrift vermittelt aber eine historisch unzutreffende Vorstellung, wenn sie die «Hethiter» generell als die Urbevölkerung Kanaans ansieht. Aber hier geht es ja auch nicht um eine ethnologisch exakte Definition dieser Urbevölkerung, es geht darum, daß Esau sich durch seine Heiraten nicht nur von den Eltern entfremdet hat (26,35), sondern in Konsequenz davon auch vom Gott Abrahams und Isaaks.

Wie in der eingeschobenen jahwistischen Erzählung so ergreift auch nach dem priesterschriftlichen Bericht Rebekka die Initiative, um jedenfalls für Jakob eine entsprechende Gefahr abzuwenden, **27,46**. Nach 24,1ff. war es der alternde Abraham, der solches für Isaak ins Werk gesetzt hat. Es ist erstaunlich, wie Rebekka in den verschiedenen Traditionsschichten immer wieder als diejenige geschildert wird, die die Dinge voran bringt. Hier gebraucht sie starke, emotional hoch aufgeladene Worte, um Isaak zum Handeln zu bewegen.

Isaak selbst wird in **V. 1–5** mit keinem Wort als alter, möglicherweise dem Tode naher Greis gezeichnet. Er reagiert sogleich, ruft seinen Sohn Jakob und erteilt ihm einen Segen, der nach der vorliegenden Situation die Funktion eines Reisesegens hat. Auch dieser Segen gehört also in die Situation des Abschieds, aber es handelt sich doch um eine andere Qualität des Abschieds als in 27,1–45. Inhaltlich unterscheidet sich der Segen Isaaks erheblich von den Segensworten der vorangehenden Erzählung. Die wesentlichen Elemente der Väterverheißungen sind hier in die Segensformulierung hineingenommen, die Mehrungsverheißung und die Landverheißung. Auch ist zu beachten, daß der Segen vom segnenden Vater als Wunsch formuliert ist. Der eigentlich Segnende ist Gott, der in V. 3 als El Schaddaj bezeichnet wird. Die Bedeutung und damit auch die Übersetzung des Wortes Schaddaj ist nach wie vor unsicher und umstritten. Die gängigen Übersetzungen bevorzugen für den Doppelausdruck die Wiedergabe mit «der allmächtige Gott» oder «Gott der Allmächtige». Sie folgen damit der Übersetzung des Wortes Schaddaj, das die Septuaginta, die griechische Übersetzung des Alten Testaments, an einigen Hiobstellen gewählt hat. Aber diese Deutung ist unwahrscheinlich. Noch ist das Geheimnis dieser ehrwürdigen Gottesbezeichnung nicht gelüftet, und deshalb ist es am besten, auf eine Übersetzung zu verzichten.

Nach erfolgter Segnung entläßt Isaak seinen Sohn Jakob, und dieser macht sich auf den Weg nach Paddan Aram. Der Ausgangspunkt der Reise Jakobs wird nicht genannt. Innerhalb der P-Texte wird in Kap. 23 zuletzt die Angabe über den Aufenthaltsort der Patriarchen gemacht, nämlich Mamre bei Hebron. Nach priesterschriftlicher Vorstellung erfolgt die Sendung Jakobs offenbar von dort aus. Der priesterschriftliche Bericht notiert kein einziges Wort Jakobs. Er erscheint als der gehorsame Sohn, der dem Befehl und Wunsch des Vaters ohne Widerrede nachkommt. Die Priesterschrift hat mit ihrer Darstellung alles Anstößige der Betrugsgeschichte vermieden. In ihrer Zeit, die eine Zeit der Glaubensanfechtung war, ging man mit der eigenen Geschichte behutsamer um, betonte mehr das Helle als das Dunkle dieser Geschichte. Um so beachtlicher ist es dann, daß die Pentateuchredaktion zwei so widersprüchliche Texte nebeneinander gestellt hat. Dem naheliegenden Gedanken, auf die anstößige Geschichte zugunsten der unanstößigen zu verzichten, ist man nicht gefolgt, hat vielmehr beide miteinander tradiert, um den Wahrheitsgehalt beider zu erhalten.

V. 6–9 berichten in einer Art Nachtrag von einer weiteren Heirat Esaus. Es klingt fast wie der Versuch einer Rehabilitation des Sohnes, der seinen Eltern durch seine Heiraten großen Kummer bereitet hat, wenn jetzt unter ausführlicher Bezugnahme auf Jakobs Verhalten von Esaus dritter Frau berichtet wird, die er nun ebenfalls aus der Verwandtschaft gewählt hat. Während Jakob zu den Verwandten seiner Mutter aufbricht, um von dort eine Frau zu gewinnen, hält sich Esau an die Verwandten des Vaters und nimmt sich eine Tochter des

Halbbruders seines Vaters als dritte Frau. Darin scheint sich nun innerhalb der Priesterschrift noch einmal die besondere Beziehung anzudeuten, die zwischen Isaak und Esau bestanden hat. Auf jeden Fall erscheint Esau hier am Ende des priesterschriftlichen Berichts in einem freundlicheren Licht.

28,10–22   Jakobs Traum und Gelübde in Bethel

**10 Jakob aber zog aus von Beerseba und machte sich auf den Weg nach Haran. 11 Und er stieß auf eine (Kult)Stätte. Dort blieb er über Nacht, denn die Sonne war untergegangen. Und er nahm einen von den Steinen der (Kult)-Stätte, legte ihn an seinen Kopf und legte sich an der (Kult)Stätte zum Schlafen nieder. 12 Da hatte er einen Traum: Eine Treppe war auf die Erde gestellt, deren Spitze den Himmel berührte, und siehe, Engel Gottes gingen auf ihr herauf und hinab. 13 Und Jahwe stand auf ihr und sagte: «Ich bin Jahwe, der Gott deines Vaters Abraham und der Gott Isaaks, das Land, auf dem du liegst, will ich dir und deinen Nachkommen geben. 14 Deine Nachkommen sollen (zahlreich) werden wie der Staub der Erde, nach Westen und Osten, nach Norden und Süden sollst du dich ausbreiten, und durch dich und deine Nachkommen sollen alle Geschlechter der Erde Segen empfangen. 15 Siehe, ich bin mit dir und will dich behüten, wo du auch hingehst, und will dich in dieses Land zurückbringen, denn ich will dich nicht verlassen, bis ich getan habe, was ich dir verheißen habe.» 16 Als Jakob aus seinem Schlaf erwachte, sagte er: «Wirklich, Jahwe ist an dieser (Kult)Stätte zugegen, und ich habe es nicht gewußt.» 17 Und er fürchtete sich und sagte: «Wie furchterregend ist doch diese (Kult)Stätte. Hier ist nichts anderes als Gottes Haus, und hier ist das Tor des Himmels.» 18 Am anderen Morgen in der Frühe nahm Jakob den Stein, der an seinem Kopf lag, stellte ihn als Malstein auf und salbte seine Spitze mit Öl. 19 Dann gab er jener (Kult)Stätte den Namen Bethel (d. h. Haus Gottes). Früher aber hieß die Stadt Lus.
20 Und Jakob legte dieses Gelübde ab: «Wenn Gott mit mir ist und mich behütet auf dem Wege, den ich jetzt gehe, und mir Brot zu essen und Kleider anzuziehen gibt 21 und ich wohlbehalten zum Hause meines Vaters zurückkehre, dann soll Jahwe mein Gott sein. 22 Und dieser Stein, den ich als Malstein aufgestellt habe, soll ein Gotteshaus werden; und von allem, was du mir geben wirst, will ich dir den zehnten Teil geben.»**

Lange Zeit galt dieser Text als eine Art Musterbeispiel für die literarkritische Aufteilung eines Pentateuchtextes in zwei Quellen. Deshalb soll an dieser Stelle die von den Auslegern vorgetragene Argumentation, auf ihre wesentlichen Bestandteile reduziert, kurz dargestellt werden. Dabei hatte sich im wesentlichen eine sonst selten erreichte Übereinstimmung bei der Textanalyse und der Zuweisung zu den Quellen J und E ergeben. Die wichtigsten Argumente, die für eine Aufteilung des Textes in ursprünglich zwei Erzählstränge angeführt werden, sind die folgenden: V. 16 und V. 17 sind Dubletten, weil in beiden Versen die Besonderheit der «Stätte» von Jakob festgestellt wird. Ganz wesentlich ist natürlich die unterschiedlich gehandhabte Gottesbezeichnung. An einigen

Stellen wird der Gottesname Jahwe verwendet, V. 13.16.21, ansonsten die Gottesbezeichnung Elohim (Gott). Damit sind die beiden Grundkriterien der Quellenscheidung innerhalb des Pentateuch für 28,10–22 gegeben. Als besonders wichtig erwies sich die These, daß zwischen V. 12 und V. 13 ein Bruch festzustellen ist, insofern als Jakob nach V. 12 den Traum von der Himmelsleiter gehabt hat, in dem keine Anrede an ihn erfolgt, während nach V. 13ff. Jahwe zu ihm ausführlich geredet hat. Wenn man die ersten Wörter von V. 13 übersetzt «und Jahwe stand vor ihm», was philologisch auch möglich ist, wird die Selbständigkeit des hier beginnenden Sachzusammenhangs noch deutlicher, denn dann besteht keine Beziehung mehr zum vorher erwähnten Traum. Das hat Gunkel zu folgender Feststellung veranlaßt: «Die Betheloffenbarung nach J weiß nichts von der Leiter und von den Engeln, sondern nur von der Erscheinung Jahwes selbst.» Schließlich wird das am Ende der Erzählung erwähnte Gelübde Jakobs als eine Art Parallele zu der Verheißung in V. 13–15 verstanden. Die literarkritische Analyse des Textes hatte aufgrund dieser Überlegungen im wesentlichen dieses Ergebnis: V. 11–12.17–22 gehören (abgesehen von V. 21b wegen des Gottesnamens Jahwe) zur Pentateuchquelle E – die Traumoffenbarung unterstützte diese Zuweisung als inhaltliches Kriterium –, während der Einschub in V. 13–16 der Quelle J zugerechnet wird.

Gegen diese so weitgehend akzeptierte Analyse sind in jüngerer Zeit gewichtige Argumente vorgebracht worden. Auch in diesem Fall sollen die wichtigsten genannt werden. Es wurde festgestellt, daß die Herauslösung der V. 13–16 aus dem erzählerischen Zusammenhang im Blick auf V. 16 großen Bedenken unterliegt, da V. 16 erzählerisch an V. 12 anschließt. Nachdem in V. 12 von Jakobs Traum erzählt war, berichtet V. 16 von Jakobs Erwachen und den Folgerungen, die er aus seinem Traum zieht. V. 16 darf also nicht von V. 12 abgetrennt werden. Eine allzu mechanisch gehandhabte Verwendung des Arguments der verschiedenen Gottesbezeichnungen hat zu dieser falschen Abtrennung geführt, zumal V. 16 und V. 17 nicht notwendig als Dubletten verstanden werden müssen. Jakobs Erkenntnis löst bei ihm zunächst Überraschung, V. 16, dann Furcht (V. 17) aus. Ein besonderes Problem stellen die V. 20–22 dar. Die Erzählung von der Traumoffenbarung in Bethel erreicht mit V. 19 ihren Abschluß, genauer gesagt mit V. 19a, denn V. 19b gibt sich von seinem Inhalt her deutlich als ein historisierender Zusatz zu erkennen. Im Text schließt sich nun das Gelübde Jakobs an, das formal eine in sich geschlossene Einheit ist. Die in V. 22 vorliegende Bezugnahme auf die Bethelerzählung steht überdies in einer gewissen Spannung zu dieser, da in V. 17 gesagt wird, daß Bethel Gottes Haus ist, während es in V. 22 heißt, daß der Malstein zu einem Gotteshaus werden soll. Oft ist darauf hingewiesen worden, daß das Argument der wechselnden Gottesbezeichnung für die Bethelerzählung kaum anwendbar ist, da die in ihr vorkommenden Ausdrücke «Haus Gottes», aber auch «Engel Gottes» eine besondere Qualität haben. Einig ist man sich weitgehend in der Annahme, daß die Gottesrede innerhalb der V. 13–15 ursprünglich nicht zur Erzählung von der Traumoffenbarung in Bethel gehört hat.

Die hier dargebotene Auslegung erfolgt aufgrund folgender exegetischer Überlegungen und Entscheidungen: Die überlieferungsgeschichtliche und literarische Beurteilung des Textes muß die doppelte Funktion berücksichtigen, die unsere Erzählung im heutigen Textzusammenhang erfüllt. Auf der einen Seite geht es um das Heiligtum in Bethel, das von Jakob geradezu «entdeckt» wird. In diesem Sinn handelt es sich um eine Erzählung, die das Heiligtum in Bethel für Israel legitimiert, indem sie erklärt, warum sich gerade an dieser Stelle ein Heiligtum befindet. Man bezeichnet eine derartige Erzählung als Ätiologie eines Heiligtums. Auf der anderen Seite aber handelt es sich um eine Erzählung, die in den Sachzusammenhang der Flucht Jakobs nach Haran gehört, indem sie eine Station dieser Flucht beschreibt. Die beiden Elemente der Erzählung haben eine unterschiedliche Herkunft. Älter und urtümlicher ist die Ätiologie des Heiligtums von Bethel. Es ist anzunehmen, daß diese Erzählung zunächst mündlich überliefert wurde. Ob das schon in Verbindung mit dem Namen Jakob geschah, kann man fragen, aber es spricht letztlich nichts dagegen. Erhalten ist die Heiligtumslegende in V. 11–13aα.16–19a. Diese Erzählung wurde dann vom Jahwisten aufgenommen und in den großen Zusammenhang der Jakob-Esau Erzählungen eingefügt. Das geschah durch Hinzufügung von V. 10. Dabei ist dann möglicherweise in V. 13a und V. 16 anstelle der Gottesbezeichnung Elohim der Gottesname Jahwe eingesetzt worden. An dieser wie an anderen Stellen zeigt sich, daß J nicht nur Erzähler, sondern auch Sammler und Tradent von Überlieferungen gewesen ist, die ihm vorgelegen haben. Die nunmehr in den jahwistischen Zusammenhang aufgenommene Erzählung von der Traumoffenbarung in Bethel ist dann durch zwei spätere Ergänzungen erweitert und bereichert worden. Das geschah einmal durch die Hinzufügung der Gottesrede in V. 13–15, ein Vorgang, der mit der Einfügung von 26,2–5 vergleichbar ist. Das geschah weiter dadurch, daß in V. 20–22 ein Gelübde Jakobs angefügt wurde. Diese beiden Zusätze können kaum einer einheitlichen Bearbeitung zugewiesen werden, da zwischen ihnen, wie oft festgestellt wurde, eine inhaltliche Spannung besteht: Die Gottesrede sagt Bewahrung und Rückkehr bedingungslos zu, das Gelübde scheint von dieser Zusage nichts zu wissen. Es ist auch zu beachten, daß mit V. 19a ein deutlicher Erzählabschluß erreicht ist. Schwer zu beurteilen ist die Frage, aus welcher Zeit die beiden Zusätze jeweils stammen. Für V. 20–22 kann aber soviel gesagt werden, daß es eine Zeit sein muß, in der das Heiligtum von Bethel in hohem Ansehen stand. Von einer späteren, von Jerusalem ausgehenden bethelkritischen Theologie deuteronomistischen Gepräges ist noch nichts zu spüren.

V. 10 schließt im jahwistischen Zusammenhang unmittelbar an 27,45 an. Wort- und widerspruchslos folgt Jakob der Aufforderung der Mutter, deren Argumente ihn offenbar überzeugt haben. Als Ziel der Reise wird Haran genannt. Das ist für den jahwistischen Erzählstrang charakteristisch, während der eingefügte priesterschriftliche Text Paddan Aram als Reiseziel angibt. Haran liegt in Nordwest-Mesopotamien im Bereich des oberen Euphrat. Von Beerseba, dem Ausgangspunkt der Reise, war zuletzt in 26,23ff. die Rede gewesen. Die Betrugsgeschichte ist vom Jahwisten nicht näher lokalisiert worden. Für ihn war Isaak mit seiner Familie in Beerseba geblieben. In Bethel hatte Jakob erst einen kleinen Teil seiner weiten Reise hinter sich gebracht, die ihn etwa 700 Kilometer von der Heimat wegführte.

In **V. 11** – noch ist der Name des Ortes nicht gefallen – wird von einer denkwürdigen Unterbrechung der Reise berichtet. Die Erzählung tut alles, um die
Zufälligkeit der Übernachtung gerade an diesem Ort zu betonen. Die im Orient nach Sonnenuntergang ja recht plötzlich eintretende Dunkelheit veranlaß-
te Jakob, an der Stelle über Nacht zu bleiben, an der er sich gerade befand. Zu
beachten ist in diesem Zusammenhang auch der erste Satz des Verses: «Er
stieß auf eine (Kult)Stätte.» Das hebräische Verbum betont das Überraschen-
de des Geschehens. Keine Weg- oder Stationenplanung des Reisenden war für
den Ort der Übernachtung verantwortlich. Bei dem Traum, von dem berichtet
wird, handelt es sich also nicht um eine sog. Inkubation, d. h. eine bewußt an
heiliger Stelle gesuchte Traumoffenbarung. Diese Art des gesuchten Offenba-
rungstraums wird im Alten Testament kritisch beurteilt, Jakob aber trifft zufällig auf eine «Stätte». Damit ist das Leitwort der Erzählung genannt, das in ihr
sechsmal vorkommt, vgl. V. 11.16.17.19. Auffallend ist, daß das Wort im Hebräischen bereits beim ersten Vorkommen in V. 11 mit dem bestimmten Artikel versehen ist, wodurch ein Vorblick auf die folgende Geschichte hergestellt
wird. Im Deutschen ist in einem solchen Fall nur der unbestimmte Artikel möglich. Das Wort bezeichnet an vielen Belegstellen ganz unspezifisch eine Stelle
oder Stätte, im vorliegenden Zusammenhang gewinnt es die qualifizierte Bedeutung «heiliger Ort, Kultstätte».
Von den Vorbereitungen, die Jakob für die Übernachtung trifft, wird eine genannt. Er nimmt einen der an der Stelle liegenden Steine und legt ihn «an seinen Kopf». Das ist verschieden gedeutet worden. Meist versteht man den Satz
so, daß Jakob den Stein als Kopfunterlage benutzt hat. Da es sich aber doch
wohl um einen recht großen Stein gehandelt hat, macht diese Vorstellung
Schwierigkeiten. Wahrscheinlicher ist gemeint, daß Jakob den Stein als eine
Art Schutzwall hinter seinen Kopf gelegt hat. Das legt auch 1. Kön. 19,6 nahe,
wo derselbe hebräische Ausdruck gebraucht wird: Der schlafende Elia findet
beim Erwachen «zu seinen Häupten» (Zürcher Bibel) Brot und Wasserkrug.
Keinerlei Hinweise gibt der Text auf Gunkels Vermutung, daß der Stein «un-
geheuer groß» gewesen ist und Jakob demgemäß ursprünglich als Gigant vorgestellt worden wäre.
In **V. 12–13aα** wird nun von dem berühmten Traum erzählt, den Jakob in Bethel geträumt hat. B. Jacob macht darauf aufmerksam, daß es die erste Traumschilderung der Bibel ist. Es werden noch viele folgen, im 1. Buch Mose vor allem die Träume der Josephsgeschichte. Die Traumschilderung der V. 12–13aα
besteht im Hebräischen aus vier kurzen Sätzen. Drei werden durch die Aufmerksamkeit erregende und die Aufmerksamkeit steigernde Partikel *hinneh*
(siehe) eingeleitet. Es handelt sich um ein Wort, das im Deutschen nur sehr
unvollkommen wiedergegeben werden kann und in der Übersetzung notge-
drungen oft ausfällt. Zur Bedeutung des Traums als Offenbarungsmittel im Alten Testament ist das oben zu 26,24 Gesagte zu vergleichen. In der Traumschilderung wird kein Geschehen und keine Handlung geschildert, vielmehr
wird in vier Sätzen eine Gegebenheit entfaltet. Der erste und der unmittelbar
dazugehörende zweite Satz – diesem fehlt deshalb die Einleitung durch *hinneh*
– beschreiben eine Treppe, die Himmel und Erde miteinander verbindet. Das
in den gängigen Übersetzungen oft gewählte Wort «Leiter» (z. B. Zürcher Bi-

bel und Lutherbibel) erweckt eine falsche Vorstellung. Es handelt sich vielmehr um ein aus massiven Steinen errichtetes Bauwerk, das man auch als
Rampe bzw. als Stufenrampe bezeichnet hat. Anders als die Leiter, die man
hin und her tragen kann, vermittelt die Rampe oder Treppe den Eindruck des
Beständigen, unverwechselbar an diese Stelle Gehörenden. Auch ist die Treppe breit genug, daß die «Engel Gottes» auf ihr ungehindert aneinander vorbei
hinauf- und hinuntersteigen können. Genau das will der dritte Satz ausdrük-
ken: Es geht nicht um ein einmaliges Hinauf- und Hinabsteigen, sondern um
einen dauernden Verkehr, der sich auf der geschauten Treppe zwischen Himmel und Erde abspielt. So mag sich auch die auffallende Reihenfolge der beiden Verben erklären: Zuerst wird das Hinaufsteigen, dann das Hinabsteigen
genannt. Bei der Schilderung eines einmaligen Vorgangs wäre die umgekehrte
Reihenfolge zu erwarten.
Die «Engel Gottes», die Jakob im Traum auf der Treppe hinauf- und hinabsteigen sieht, werden nicht näher beschrieben. Jakob weiß, um was es sich auf
dieser Himmel und Erde verbindenden Treppe nur handeln kann, und das um
so mehr, als im vierten Satz der Traumschilderung gesagt wird, daß Jahwe
(oben) auf der Treppe stand. Auch Jahwe selbst wird nicht beschrieben, aber
die Aussage von V. 13aα sagt doch mehr aus, ist anschaulicher als das zur Einleitung der Verheißungsreden in den Vätererzählungen sonst häufig gebrauchte «Jahwe erschien», vgl. 12,7; 26,2.24. Auch das ist ein Hinweis darauf, daß
V. 13aα zur alten Betheltradition gehört und ursprünglich nicht Bestandteil
und Einleitung der anschließenden Verheißungsrede gewesen ist. Die «Engel
Gottes», man könnte auch «Boten Gottes» sagen, gehören zur Vorstellung
vom Hofstaat Gottes, die ursprungsmäßig der kanaanäischen Religiosität angehört. Die Engel Gottes – man muß sie vom «Engel», bzw. «Boten Jahwes»,
von dem immer in Singular die Rede ist, unterscheiden – sind Mittler zwischen
Gott und den Menschen. Man stellte es sich so vor, daß sie sich mit göttlichem
Auftrag versehen auf der Erde aufhalten. In diesem Zusammenhang kann zum
Vergleich auf die «Gottessöhne» von Hi. 1,6; 2,1 oder die berittenen Gottesbo-
ten von Sach. 1,7–15 verwiesen werden. In unserem Fall ist von irgendwelchen
Aufträgen, die die «Engel Gottes» zu erfüllen haben, nicht die Rede. Sie sym-
bolisieren durch ihr Hinauf- und Hinabsteigen die Verbindung zwischen
Himmel und Erde.
Der Traum Jakobs bedarf keiner Erklärung. Beim Erwachen **(V. 16)** weiß er
sogleich, was er bedeutet: An dieser Stätte ist Jahwe gegenwärtig. Nach alt-
orientalischer Vorstellung haben die Götter ihre Wohnung im Himmel, ihren
Kultort aber auf der Erde. Ein solcher Kultort ist nicht beliebig, er wird durch
eine göttliche Offenbarung bekannt gemacht, die tradiert wird und für alle
Zeiten den Kultort legitimiert. Bethel war ein derartiger Kultort, lange bevor
die Erzväter ins Land kamen und das Land durchzogen. Durch die Erzählung
vom Traum Jakobs bekommt der alte Kultort Bethel nun eine israelitische Legitimation. Der letzte Satz des Verses «ich habe es nicht gewußt» schließt insofern an V. 11 an, als er noch einmal die Zufälligkeit des Übernachtungsortes
feststellt. Gott hat sich ungesucht und unerwartet Jakob offenbart. Die Offenbarung ist in gar keiner Weise von menschlicher Initiative abhängig gewesen.

Der Satz ist gleichzeitig eine Überleitung zu **V. 17**. Auf die Überraschung über die gewonnene Erkenntnis folgt notwendig das Erschrecken vor der Begegnung mit dem Göttlichen, die ihm widerfahren ist, vgl. Moses Reaktion in ähnlicher Situation, 2. Mose 3,6. Daß die Begegnung mit dem Göttlichen beim Menschen Furcht auslöst, ist ein Phänomen, das nicht nur für das Alte Testament, sondern die antiken Religionen allgemein gilt. Das «Numinose», seit R. Ottos Buch «Das Heilige» ist diese religionsgeschichtliche Bezeichnung gebräuchlich geworden, ist aber gleichzeitig das *«fascinosum»* (Otto), dem sich der Mensch bei aller Scheu und Zurückhaltung doch auch zuwendet und Vertrauen, ja Liebe entgegenbringt. Jakobs Verhalten ist von dieser doppelten Einstellung dem Göttlichen gegenüber bestimmt. Es wird an alledem deutlich, daß in dieser Erzählung eine Verbindung zur kanaanäischen Religiosität gewonnen wird. Das war in den Erzählungen von Abraham und Isaak in dieser Weise noch nicht der Fall gewesen. Auf der gleichen Linie liegen dann auch die beiden Feststellungen, die Jakob über den auf so außergewöhnliche Weise herausgehobenen Ort macht, er ist «Haus Gottes» und «Tor des Himmels». Die erste Feststellung orientiert sich an der kanaanäischen Vorstellung, daß Gott an einem bestimmten Ort wohnt bzw., besser gesagt, an einem bestimmten Ort verehrt wird. Die andere aber hält fest, daß der eigentliche Wohnort Gottes im Himmel ist, daß Gott aber durch das Tor des Himmels die Verbindung zu dem irdischen Kultort herstellt. Die Himmelstreppe und das «Tor des Himmels» gehören sachlich zusammen.

Die große Bedeutung unseres Textes liegt darin, daß die an dem Ort Bethel seit Urzeiten haftenden Vorstellungen mit dem Gott der Väter und schließlich mit Jahwe, dem Gott Israels, verbunden wurden und dadurch natürlich auch eine Veränderung erfuhren. Jahwe ist es, der sich an dieser Stelle Jakob im Traum zugewendet hat und der von da an diesem Ort für Israel eine besondere Würde gegeben hat. Die Religionsgeschichte belegt immer wieder die lokale Beständigkeit von Kultorten, aber auch die Möglichkeit einer Neuinterpretation eines Kultorts, eine Ausweitung und Veränderung seiner religiösen Substanz. Auf die vorisraelitische Geschichte des Heiligtums von Bethel könnte ein besonderes Phänomen hinweisen: Einige alttestamentliche Textstellen werden gelegentlich so gedeutet, daß Bethel der Name des früher an dieser Stelle verehrten Gottes gewesen ist, vgl. 31,13; 37,5; vielleicht auch Jer. 48,13. Diese Interpretation des Wortes Bethel an den genannten Stellen ist aber nicht unbestritten.

Am nächsten Morgen zieht Jakob aus dem Erlebnis der Nacht die Konsequenzen, **V. 18–19a**. Der Stein, von dem in V. 11 mehr beiläufig die Rede gewesen war, rückt jetzt in den Mittelpunkt. Jakob stellt ihn als Malstein auf. Ein solcher Stein wird im Anschluß an das hebräische Wort auch Massebe genannt. Eine Massebe kann sehr unterschiedliche Funktionen erfüllen. Der Grundgedanke ist, daß der als Massebe aufgerichtete Stein ein Erinnerungsstein ist. Er ist meist unbehauen und findet als Kult-, Grab- (35,20) oder allgemein als Gedenkstein etwa zur Erinnerung an einen Vertrag (31,45, vgl. aber auch 2. Sam. 18,18) Verwendung. In der vorliegenden Erzählung dient die Massebe der Erinnerung an das denkwürdige Geschehen der Traumoffenbarung, sie ist

Denk-Mal. Jeder, der an der Stelle vorbeikommt, wird durch den Gedenkstein an das Erlebnis Jakobs erinnert.

Die dann noch erwähnte Salbung der Spitze des Steins mit Öl greift weiter. Durch die Salbung wird ein Mensch, etwa der Hohepriester, oder ein Gegenstand aus dem profanen Bereich herausgenommen, und es wird ihm eine kultische Qualität zuerkannt. Das heißt, die Salbung des Gedenksteins macht ihn zum Kultgegenstand, begründet das Heiligtum, das hier zwar immer schon bestanden hatte, jetzt aber durch das Erlebnis und die Handlung Jakobs zu einem israelitischen Heiligtum geworden ist, vgl. 35,14.

In **V. 19a** erreicht die alte Betheltradition mit der Namengebung ihren Abschluß. Erst jetzt wird endgültig klar, um was es sich bei der Traumoffenbarung Jakobs gehandelt hat, um die Entdeckung und israelitische Legitimation des Heiligtums von Bethel. Daß gerade diesem Heiligtum eine so außerordentlich herausgehobene Gründungserzählung zuteil geworden ist, verwundert nicht angesichts der großen Bedeutung des Heiligtums von Bethel für die israelitische Religionsgeschichte. Darauf sollen hier noch einige Hinweise gegeben werden. Von besonderer Bedeutung für das Heiligtum wurde die Tatsache, daß es von Jerobeam I. neben Dan zum Reichsheiligtum des Nordreichs gemacht wurde, 1. Kön. 12,26–32. Jerobeam installierte in Dan und Bethel als Kultsymbol einen Stier, um das Königsheiligtum auch für den nicht-israelitischen Bevölkerungsteil seines Reiches akzeptabel zu machen. Die deuteronomistische Geschichtsschreibung gibt eine andere Begründung für Jerobeams Handlungsweise und hat darüber hinaus immer wieder Jerobeams kultpolitische Maßnahmen mit höchster Ablehnung und Mißbilligung bedacht. Das Heiligtum von Bethel hat aber desungeachtet während der Königszeit für das Nordreich eine große Bedeutung gehabt, was z. B. aus den Bezugnahmen auf Bethel bei Amos und Hosea zu ersehen ist, vgl. Am. 4,4; 7,10–17; Hos. 4,15. In 2. Kön. 23,4.15ff. wird dann später die Zerstörung und kultische Verunreinigung des Heiligtums durch den judäischen Reformkönig Josia berichtet, aber dabei dürfte es sich wohl auch um eine deuteronomistische Nachricht handeln, die kaum Anhalt am historischen Geschehen hat. So erfährt das Heiligtum von Bethel im Alten Testament eine recht zwiespältige Beurteilung, wobei allerdings zu beachten ist, daß die bethelkritischen Texte zum großen Teil deuteronomistische Texte sind, die von späterer Jerusalemer Sicht aus andere Heiligtümer und unter ihnen vor allem das traditionsreiche Bethel kritisch beurteilen.

Bisher war vom Heiligtum Bethel die Rede. Zu unterscheiden davon ist die Stadt Bethel, die erst später nach dem Namen des Heiligtums ebenfalls so genannt wurde. Früher hieß sie Lus, was offenbar noch lange bekannt war, vgl. neben V. 19b noch 35,6; 48,3; Ri. 1,23. Die Stadt liegt etwa 18 Kilometer nördlich von Jerusalem, das Heiligtum hatte seinen Ort östlich der Stadt.

Die in **V. 13–15** in die jahwistische Erzählung eingefügte Gottesrede enthält einerseits aus ähnlichen Texten bekannte Formulierungen und Gedanken, weist andererseits aber auch Besonderheiten auf, die sonst nicht belegt sind. Wie in 26,24 beginnt die Gottesrede mit der Selbstvorstellung Gottes in Gestalt der Aussage vom «Gott der Väter». Gegenüber 26,24 ist die Formel um ein Glied erweitert entsprechend der Theorie, daß Abraham, Isaak und Jakob eine genealogische Linie bilden. In aller Kürze wird auf diese Weise der Weg der göttlichen Verheißung durch die Generationen festgehalten. Dann folgen Landverheißung und Nachkommensverheißung. Die Landverheißung begegnet hier in einer besonderen, sonst nicht noch einmal vorkommenden Präzisierung, indem vom «Land, auf dem du liegst» die Rede ist. Damit ist die Landverheißung in Verbindung mit dem erzählerischen Kontext gebracht. Die gelegentlich geäußerte Meinung, die so formulierte Verheißung bezöge sich nur auf den Bereich Bethel, ist kaum zutreffend. Auch hier geht es um das Land der Verheißung als ganzes.

Die Mehrungsverheißung des **V. 14** ist durch den Vergleich der großen Zahl der Nachkommen Jakobs mit dem «Staub der Erde» hervorgehoben. Dieser Vergleich wird auch in 13,14–17 gebraucht, wie überhaupt die an Abraham gerichtete Verheißungsrede 13,14–17 manche Ähnlichkeiten mit V. 13–15 aufweist. Schließlich folgt die Segensverheißung «für alle Geschlechter der Erde». Dafür bietet 13,14–17 keine Parallele, wohl aber andere Verheißungsstellen der Vätergeschichten, z. B. 26,4. Vergleicht man jedoch V. 14 mit 26,4 genauer, so zeigen sich in Wortwahl und Ausdrucksweise bemerkenswerte Unterschiede, so daß man sich insgesamt die Entstehung der Verheißungstexte nicht so vorstellen kann, daß sie in einem Redaktionsgang in die jeweiligen Erzählungen eingefügt worden sind. Vielmehr ist ein längerer Prozeß wahrscheinlich, durch den diese wichtigen Texte mit ihren auf die Zukunft des Volkes gerichteten Aussagen in die Vätererzählungen eingebracht worden sind. Der abschließende **V. 15** stellt die Verbindung zur gegebenen Situation Jakobs her. Hier richtet sich die Gottesrede an Jakob persönlich, verheißt Führung und Bewahrung auf dem vor ihm liegenden Weg, verheißt vor allem die Rückkehr in das Land, das das Land der Verheißung ist.

V. 20–22 berichten von einem Gelübde, das Jakob im Zusammenhang der denkwürdigen Begebenheit in Bethel abgelegt hat. Die Verse stellen einen Nachtrag zu der vorangehenden Erzählung dar, die in V. 19 ihren erzählerischen Abschluß gefunden hat. Es handelt sich um das ausführlichste Gelübde, von dem im Alten Testament berichtet wird. Zu vergleichen sind folgende Beispiele: 4. Mose 21,2; Ri. 11,30f.; 1. Sam. 1,11; 2. Sam. 15,8. Wie bei den anderen Gelübden wird auch hier nach einer Einleitung die Bedingung des Gelübdes ausgesprochen und anschließend das Versprechen, d. h. also das eigentliche Gelübde, angefügt. In der göttlichen Zusage von V. 15 steht die Verheißung des Mitseins Gottes am Anfang. Das ist auch hier der Fall. Damit ist die Gelübdebedingung von Anfang an auf die Situation des aus der Heimat flüchtenden Jakob bezogen, die insgesamt die Gelübdebedingung prägt. Dabei geht die Erwähnung von Nahrung und Kleidung über V. 15 hinaus.

Die drei in **V. 21b–22** genannten Versprechen Jakobs betreffen durchaus verschiedene Sachverhalte, stimmen aber darin überein, daß sie alle nicht den Erzvater selbst, sondern seine Nachkommen, d. h. das spätere Israel, im Blick haben. Das Wichtigste ist an den Anfang gestellt: «dann soll Jahwe mein Gott sein». Wir haben damit eine Aussage vor uns, die man als Teil der sog. Bundesformel zu verstehen hat, die den für das Alte Testament grundlegenden Sachverhalt aussagt, daß Jahwe der Gott Israels und Israel das Volk Jahwes

ist. Dieser Gedanke hat eine Geschichte. Er ist sozusagen der Höhepunkt der
alttestamentlichen Glaubensgeschichte und stammt noch nicht aus der Erzväterzeit. Wenn er hier mit dem Erzvater Jakob verbunden ist, so ist damit zum
Ausdruck gebracht, daß Jakob das spätere Israel repräsentiert.

Die beiden in **V. 22** enthaltenen Versprechen Jakobs beziehen sich direkt auf
das Heiligtum Bethel, in dem mit Hilfe der Massebe Jakobs ein Tempel gebaut
und dem in Zukunft (von den Festpilgern) der Zehnte entrichtet wird. Daß
letzteres eine feste kultische Gegebenheit gewesen ist, belegt Am. 4,4. Die Erfüllung der Versprechen des V. 22 wird innerhalb der Jakobserzählungen vom
Erzvater nicht mitgeteilt – in 35,1–7 ist lediglich von einem Altarbau Jakobs,
nicht vom Bau eines Tempels die Rede –, aber hier geht es ja auch gar nicht
mehr um den Erzvater selbst, sondern um Israel, das sich in Jakob vorgebildet
sieht. Das Heiligtum von Bethel hat durch die Erzählung vom Traum und Gelübde Jakobs eine Legitimation erfahren, die es über die anderen Heiligtümer
des Landes weit hinaushebt.

29,1–30   Jakobs Ankunft bei Laban, seine Heirat mit Lea und Rahel

**1 Dann machte sich Jakob auf den Weg und wanderte zum Land der Ostleute.
2 Eines Tages erblickte er auf dem freien Feld einen Brunnen, an dem gerade
drei Herden von Schafen und Ziegen lagerten, denn aus diesem Brunnen
pflegte man die Herden zu tränken. Der Stein auf der Brunnenöffnung aber
war groß. 3 Erst wenn alle Herden dort versammelt waren, wälzte man den
Stein von der Brunnenöffnung und tränkte die Tiere, dann legte man den
Stein wieder an seine Stelle auf die Brunnenöffnung.
4 Jakob sagte zu den Leuten: «Meine Brüder, von woher seid ihr?» Sie antworteten: «Wir sind von Haran.» 5 Er sagte zu ihnen: «Kennt ihr Laban, den
Sohn Nahors?» Sie antworteten: «Wir kennen ihn.» 6 Darauf fragte er sie:
«Geht es ihm gut?» Sie antworteten: «Ja, da kommt ja gerade seine Tochter
Rahel mit den Schafen und Ziegen.» 7 Darauf sagte er: «Der Tag ist noch
lang, noch ist nicht Zeit, das Vieh zusammenzutreiben, tränkt die Tiere und
laßt sie dann wieder weiden.» 8 Sie aber sagten: «Das können wir nicht, bis
alle Herden beisammen sind. Dann erst wälzt man den Stein von der Brunnenöffnung, und wir tränken die Tiere.»
9 Während er noch mit ihnen redete, kam Rahel mit den Schafen und Ziegen
ihres Vaters, sie war nämlich Hirtin. 10 Als Jakob Rahel, die Tochter Labans,
des Bruders seiner Mutter, und die Schafe und Ziegen Labans, des Bruders
seiner Mutter, sah, sprang Jakob herzu, wälzte den Stein von der Brunnenöffnung und tränkte die Tiere Labans, des Bruders seiner Mutter. 11 Dann
küßte Jakob Rahel und begann, laut zu weinen. 12 Und Jakob erzählte Rahel, daß er ein Verwandter ihres Vaters, und zwar der Sohn Rebekkas, wäre.
Da lief sie hin und berichtete es ihrem Vater. 13 Als nun Laban die Kunde
von Jakob, dem Sohn seiner Schwester, vernahm, lief er ihm entgegen,
umarmte und küßte ihn und brachte ihn in sein Haus. Und er erzählte Laban
diese ganze Geschichte. 14 Darauf sagte Laban zu ihm: «Du bist wahrlich
mein Fleisch und Blut.» Und er blieb etwa einen Monat bei ihm.**

15 Danach sagte Laban zu Jakob: «Du bist mein Verwandter, solltest du mir umsonst dienen? Sage mir: Was soll dein Lohn sein?» 16 Nun hatte Laban zwei Töchter, die ältere hieß Lea, die jüngere Rahel. 17 Die Augen Leas waren ohne Glanz, Rahel dagegen war von schöner Gestalt, und sie hatte ein schönes Aussehen. 18 Jakob hatte Rahel liebgewonnen, darum sagte er: «Ich will dir sieben Jahre um Rahel, deine jüngere Tochter, dienen.» 19 Laban antwortete: «Es ist besser, ich gebe sie dir, als daß ich sie einem fremden Mann gebe. Bleibe also bei mir!» 20 Also diente Jakob um Rahel sieben Jahre. Sie kamen ihm vor wie ein paar Tage, so lieb hatte er sie. 21 Dann sagte Jakob zu Laban: «Gib mir nun meine Frau, denn die Zeit ist um, daß ich mit ihr zusammenkomme.» 22 Da lud Laban alle Männer des Ortes ein und veranstaltete ein Festmahl. 23 Am Abend aber nahm er seine Tochter Lea und führte sie zu ihm hinein, und er schlief mit ihr. – 24 Und Laban gab seiner Tochter Lea seine Magd Silpa zur Magd. – 25 Am anderen Morgen – siehe –, da war es Lea! (Jakob) sagte zu Laban: «Was hast du mir da angetan! Habe ich dir nicht um Rahel gedient? Warum hast du mich betrogen!» 26 Laban antwortete: «Es ist hierzulande nicht üblich, die Jüngere vor der Älteren wegzugeben. 27 Halte mit dieser die Hochzeitswoche, dann wollen wir dir auch die andere geben für den Dienst, den du bei mir noch weitere sieben Jahre ableisten sollst.» 28 Das tat Jakob und hielt mit ihr die Hochzeitswoche. Dann gab er ihm seine Tochter Rahel zur Frau. – 29 Und Laban gab seiner Tochter Rahel seine Magd Bilha zur Magd. – 30 Dann schlief (Jakob) auch mit Rahel, er hatte aber [auch] Rahel lieber als Lea, und er diente bei ihm noch weitere sieben Jahre.

Mit dieser Erzählung werden die Geschichten eingeleitet, die von Jakob und Laban handeln, Kap. 29–31. Es spricht alles dafür, die Erzählung dem jahwistischen Erzählwerk zuzuordnen. Mit einem großen Sprung, ohne auf weitere Begebenheiten der weiten und sicher nicht gefahrlosen Reise einzugehen, führt uns der Erzähler an das Ziel der Reise Jakobs nach Haran, V. 4; vgl. 27,43 und 28,10. Der biblische Erzähler ist nicht daran interessiert, alle möglichen spannenden Geschichten mitzuteilen, er konzentriert sich auf die wesentlichen Stationen des Geschehens. Um so wichtiger erscheint nun auch im Rückblick die Betheloffenbarung.

Auffallend ist, daß in V. 1 nicht Haran, sondern das «Land der Ostleute» als Ziel der Reise Jakobs genannt wird. Damit kommt in die Erzählung eine erhebliche sachliche Spannung, denn es ist nicht möglich, die Ortsangabe von V. 1 lediglich als eine vage Richtungsangabe zu verstehen, die zudem noch in die falsche Richtung weist. Haran liegt im nördlichen Mesopotamien, von Palästina aus gesehen also im Norden, der Ausdruck «Land der Ostleute» (vgl. Ri. 6,3.33; 7,12; 8,10; Ez. 25,4.10 u. ö.) weist dagegen in den Bereich der syrisch-arabischen Wüste, die östlich des nördlichen Ostjordanlandes liegt. Eine Darstellung der vielfältig unternommenen Versuche, die Spannung zu erklären, kann hier nicht gegeben werden. Nicht bewährt hat sich an dieser Stelle eine literarkritische Lösung, d. h. die Annahme, daß in V. 1 eine andere Pentateuchquelle vorliegt als in den übrigen Versen. So stellt sich die Frage: Welche

Angabe ist richtig? Blickt man auf das, was von Laban und seinen Lebensum-
ständen insgesamt erzählt wird, so führt das eher in den Bereich ostjordani-
scher Steppenbewohner als in das Umfeld einer Stadt im nördlichen Mesopotamien. Auch die in Kap. 31 erzählten Begebenheiten, die in Gilead spielen,
fügen sich in dieses Bild. Deshalb spricht viel dafür, daß Laban ursprünglich
im syrisch-arabischen Steppengebiet zu Hause gewesen ist. Seine Versetzung
nach Haran wäre ein späterer Vorgang, der allerdings die jahwistische Erzählung durch die Ortsangaben in 27,43; 28,10 und 29,4 weitgehend prägt. Im
Richterbuch wird erzählt, daß es aus dem Gebiet der «Ostleute» zu schlimmen
Einfällen in das israelitische Gebiet gekommen ist, daß dort besonders gefährliche Feinde Israels wohnten. Ob man aus diesem Grunde die Erzväter später
lieber in einer anderen Gegend beheimatet wissen wollte?
Die Erzählung erreicht mit V. 14 einen ersten Einschnitt. Jakob kommt zu Laban und wird von ihm freundlich aufgenommen. Spannend wird in **V. 2–14** erzählt, wie es dazu gekommen ist. Daß Jakob und Rahel sich an einem Brunnen
zum ersten Mal begegnen, ist ein Vorgang, der in den Lebensgegebenheiten
nomadischer Kleinviehzüchter wurzelt und im Alten Testament zwei deutliche
Parallelen hat. So trifft der Knecht Abrahams, der losgeschickt worden war,
um bei den Verwandten Abrahams eine Frau für Isaak zu finden, an einem
Brunnen auf Rebekka, 24,15ff., und Mose begegnet auf der Flucht vor Pharao
an einem Brunnen den Töchtern Reguels, von denen eine seine Frau werden
sollte, 2. Mose 2,15–22. Die drei Erzählungen sind in vielfacher Hinsicht vergleichbar. Das ist kein Hinweis auf literarische Abhängigkeit, sondern hängt
mit den vorausgesetzten Lebensgewohnheiten zusammen. Der Brunnen ist
Begegnungsort und Treffpunkt, vgl. auch Joh. 4,5ff.
Die Erzählung teilt unter der Hand mancherlei Einzelheiten über die nomadischen Lebensverhältnisse mit. Der Brunnen – für Hirten und Herden die Lebensgrundlage – wird von mehreren Herden aufgesucht, es gibt Abmachungen
über seine Nutzung. Da kann nicht jeder nach Belieben das kostbare Wasser
schöpfen, man muß sich an die Spielregeln halten. Leicht kann es dabei zu
Streitigkeiten kommen, vgl. auch 2. Mose 2,17. Daß ein derartiger Brunnen mit
einem Stein verschlossen war, ist sonst im Alten Testament zwar nicht noch
einmal belegt, vgl. aber 2. Mose 21,33, ist aber gut vorstellbar. Die Formulierung in V. 2b deutet jedenfalls darauf hin, daß ein solcher Stein nichts Besonderes war, sondern zu einem derartigen Brunnen üblicherweise gehörte als
Schutz vor Verunreinigungen, Wasserverdunstung und mißbräuchlicher Be-
nutzung. Die Größe des Steins verlangte zur Brunnenöffnung die Mithilfe
mehrerer Personen, vgl. V. 3.8. Wenn nun in V. 9 erzählt wird, daß Jakob den
Brunnenstein weggewälzt hat, so ist das ebensowenig wie die Notiz in 28,11 ein
Hinweis auf übernatürliche Kräfte Jakobs. Vielmehr handelt es sich hier um
ein erzählerisches Element. Ab V. 10 sind die Hirten aus der Erzählung völlig
ausgeblendet, das gesamte Interesse ist auf Jakob gerichtet, allein seine Aktivität bestimmt die Szene. Wenn B. Jacob zu V. 10 feststellt, «die Liebe durch-
bricht alle Regel und gibt Riesenkräfte», so dürfte das dem Text doch zuviel
aufladen. Vielleicht haben die anderen Hirten ja mitgeholfen, aber daran ist
der Erzähler nicht interessiert, ihm geht es allein um Jakob.
Die Erzählung ist klar aufgebaut. Drei Szenen mit jeweils wechselnden Perso-

nen bestimmen den Ablauf. Nachdem in V. 2–3 die Ankunft Jakobs am Brunnen geschildert wurde und die für das Verständnis des folgenden notwendigen Erklärungen gegeben worden sind, erzählen V. 4–8 vom Gespräch Jakobs mit den Hirten, V. 9–12 von der Begegnung mit Rahel und V. 13–14 von der Begrüßung durch Laban.

Die Hirten, von einem anstrengenden Tagewerk erschöpft, sind dem Fremden gegenüber nicht besonders mitteilsam. Aber man sollte deshalb nicht von ihnen sagen, daß sie «blöde wie ihre Schafe» gewesen wären (Jacob). Hirten sind halt keine Leute, die viele Worte machen. Auf jede der Fragen Jakobs geben sie eine kurze, aber doch ausreichende Antwort. Als sie dann aber Rahel mit ihren Tieren aus der Ferne herankommen sehen, da überwinden sie ihre Wortkargheit und weisen Jakob auf das Mädchen hin. Dem Erzähler gelingt es auf diese Weise, die zweite Szene (V. 9–12) geschickt vorzubereiten. Man wartet gespannt auf den Fortgang der Ereignisse. Jakob weiß nun also von Anbeginn an, mit wem er es zu tun hat. Jetzt braucht er keine Fragen mehr zu stellen, er ist kurz vor dem Ziel seiner Reise. Er wird auch sogleich aktiv, wortlos hilft er dem Mädchen bei der schweren Arbeit; ähnlich wird es von Mose erzählt, 2. Mose 2,17. Jakob ist ganz erfüllt von der Freude, seine Verwandten gefunden zu haben. Erst nach getaner Arbeit offenbart er sich dem Mädchen, erzählt ihm, wen es da vor sich hat, und erst in diesem Zusammenhang kommt es zu dem bei der Begrüßung von Verwandten üblichen Verhalten, dem Kuß und den Tränen der Rührung und Freude, vgl. 33,4. Von J. Calvin bis B. Jacob hat manchen Auslegern die Reihenfolge der V. 11 und 12 zu denken gegeben. Sie hätten es lieber umgekehrt gesehen: erst die Kundgabe der bestehenden Verwandtschaft, dann Kuß und Tränen. Den Erzähler scheint das nicht gestört zu haben, er berichtet ein Gesamtgeschehen. Die Reihenfolge der V. 11 und 12 hat erzählkompositorische Bedeutung. An die Nennung der Verwandtschaftsbeziehung schließt sich V. 12b erzählerisch besser an als an V. 11: Der Vater muß so schnell wie möglich von der Ankunft des Verwandten unterrichtet werden.

Beachtung verdient die Art und Weise, wie Rahel in dieser Erzählung im Kreis der Männer ganz selbstverständlich und ungezwungen auftritt. Ausdrücklich wird festgestellt, daß sie einen Beruf hat. Sie ist Hirtin (V. 9) und wird als solche offenbar voll akzeptiert. Man denkt an andere Frauenberufe, von denen im Alten Testament berichtet wird: die Salbenmischerin, die Köchin, die Bäckerin (1. Sam. 8,13), die Weinbergshüterin (Hhld. 1,6), die Prophetin (Jes. 8,3; 2. Kön. 22,14; Neh. 6,14), vielleicht auch die Hebamme (2. Mose 1,15ff.).

Die Begrüßung des Verwandten durch Laban **(V. 13–14)** ist äußerst herzlich. Kaum hat Laban durch die nach Hause gelaufene Tochter von Jakob gehört, läuft er seinerseits Jakob entgegen und begrüßt ihn, wie das bei der Ankunft eines nahen Verwandten üblich war. Mag Laban in anderen Erzählungen in einem recht kritischen Licht erscheinen, hier ist davon nichts zu spüren. Was Jakob seinem Onkel dann erzählt, V. 13b, wird inhaltlich nicht ausgeführt, und so gibt es bei den Auslegern mancherlei Spekulationen darüber. Meist denkt man daran, daß er von dem Anlaß seiner Reise berichtet hat, d. h. aber auch von seinem so problematischen Verhalten gegenüber Vater und Bruder, daß er damit indirekt eine Art Schuldbekenntnis vor dem Onkel abgelegt hat. Aber von alledem ist ernsthaft doch keine Rede. Isaak und Esau spielen in der Erzählung keine Rolle. Allein von Rebekka, der Schwester Labans, ist die Rede. Die herzliche Aufnahme, die Jakob bei Laban erfährt, gilt ihm als Sohn der Rebekka. Was also hat Jakob dem Laban erzählt? Vielleicht lediglich nur das, was gerade geschehen war, die Begegnung am Brunnen und sein Eintreten für Rahel. Laban beendet daraufhin die Begrüßung, indem er Jakob in solenner Form mit einer geprägten Formel als Verwandten anerkennt und damit in den Familienverband aufnimmt. Die hier benutzte sog. Verwandtschaftsformel begegnet im Alten Testament noch häufig, vgl. 1. Mose 2,23; Ri. 9,2; 2. Sam. 5,1; 19,13.14.

In **V. 15–30** wird nun berichtet, wie Jakob zu seinen beiden Frauen gekommen ist. Es mag sein, daß diese Geschichte, in der Jakob als der betrogene Betrüger erscheint, einmal unabhängig von V. 1–14 erzählt wurde, denn es gibt gewisse Spannungen zum Vorhergehenden. So verwundert die Formulierung in V. 16 angesichts der Tatsache, daß von Rahel doch schon ausführlich die Rede war, und andererseits kann man fragen, warum Lea der jüngeren Schwester nicht bei dem schwierigen Tränkgeschäft geholfen hat, vgl. 2. Mose 2,16ff. Auch scheint V. 14 einen kürzeren Aufenthalt Jakobs bei Laban vorauszusetzen als V. 15–30. So mögen die beiden Szenen einmal selbständig tradiert worden sein, jetzt sind sie durch den jahwistischen Erzähler aber in einen klaren Zusammenhang gebracht, aus dem nur die **V. 24** und **29** herausfallen. Diese beiden Verse unterbrechen den Erzählfluß auf recht auffällige Weise. Das gilt vor allem für V. 24, denn erzählerisch kommt an dieser Stelle alles darauf an, daß von der Hochzeitsnacht und der Überraschung am folgenden Morgen unmittelbar nacheinander berichtet wird. Ähnlich, wenn auch nicht ganz so ins Auge springend, ist die Sachlage bei V. 29. Die beiden Verse bereiten den Abschnitt 29,31–30,24 vor, in dem unvermittelt von den beiden Leibmägden die Rede ist. Sie dürften von einer späteren Redaktion hier eingefügt worden sein, der die Verknüpfung der verschiedenen Abschnitte wichtiger war als die erzählerische Stringenz der einzelnen Szenen.

Die Erzählung beginnt mit einem großzügigen Angebot Labans an den Neffen: Er soll selbst seinen Arbeitslohn bestimmen. Vorausgesetzt ist, daß Jakob bei Laban nicht untätig gewesen ist, sondern sich sogleich kräftig bei der vielfältigen Arbeit des Herdenbesitzers Laban nützlich gemacht hat, so wie er es in der vorangehenden Szene am Brunnen bereits praktiziert hatte, vgl. V. 10. Es ist ein hoher Preis, der dann zwischen den beiden Männern vereinbart wird: Sieben Jahre will Jakob für Rahel bei Laban arbeiten. Die siebenjährige Arbeitsleistung tritt hier an die Stelle des «Brautgeldes», das üblicherweise vom Bräutigam dem Brautvater zu entrichten war, vgl. 34,12; 2. Mose 22,16; 1. Sam. 18,25. Besonders unsere Stelle hat nicht selten dazu Anlaß gegeben, die altisraelitische Ehe als Kaufehe zu bezeichnen, was aber im strengen Sinn nicht richtig ist. Das «Brautgeld» war eine Entschädigungsleistung, ausgehandelt zwischen zwei Familien, wodurch die Schwächung der Familie der Frau, die durch den Verlust eines Familienmitglieds entstanden war, ausgeglichen wurde. Die außerordentlich lange Dienstleistung des Bräutigams ist für den Erzähler ein Hinweis auf die große Liebe Jakobs, die er für Rahel empfindet.

Bevor Jakob sein Angebot macht, nimmt der Erzähler Gelegenheit, die beiden
Töchter Labans vorzustellen. Er nennt ihre Namen und beschreibt ihr Äuße-
res. Die ältere heißt Lea, das bedeutet Kuh, die jüngere heißt Rahel, das bedeutet Mutterschaf. Im Alten Testament ist die Verwendung von Tiernamen
als Personennamen recht häufig, auch in anderen semitischen Sprachen ist so
etwas nicht ungewöhnlich. Weder der eine noch der andere Name hat einen
despektierlichen Klang. In dieser Hinsicht unterscheiden sich die beiden Mädchen nicht voneinander, wohl aber im Blick auf ihre äußere Erscheinung, was
der Erzähler intensiv darstellt. Dabei erscheint Lea geradezu als Kontrastfigur
zu Rahel. Ihre Schönheit hat Jakob ganz gefangengenommen, und er hat nicht
das Gefühl, einen zu hohen Preis angeboten zu haben, V. 20b. Es fällt auf, daß
von den beiden Mädchen nur ihr Aussehen beschrieben wird, um ihre Vor-
und Nachteile zu charakterisieren – in Kap. 24 ist das im Blick auf Rebekka
durchaus anders. Das dürfte mit der Erzählstruktur der Geschichte zusammenhängen, die dadurch geprägt ist, daß in ihr nur die beiden Männer als
handelnde Personen vorkommen. In diesem Fall sind die Frauen Nebenfiguren, was in den Erzvätererzählungen keineswegs immer der Fall ist.
Ein im alttestamentlichen Zusammenhang durchaus bemerkenswertes Faktum
ist der Umstand, daß die Liebe Jakobs als Grund für seinen Ehewunsch so
stark betont wird. Auf dem Hintergrund der übergroßen Liebe Jakobs gewinnt
dann auch seine Enttäuschung ein übergroßes Ausmaß.
Die Erzählung geht zielstrebig auf ihren Höhepunkt zu. Nach Ableistung der
vereinbarten Arbeitszeit fordert Jakob die Herausgabe Rahels, die er an dieser Stelle durchaus sachgemäß bereits als «meine Frau» bezeichnet. Nach Bei-
bringung des «Brautgeldes» ist Rahel, rechtlich gesehen, die Frau Jakobs geworden. Laban geht auch ohne Zögern auf die berechtigte Forderung Jakobs
ein, jedenfalls sieht es so aus. Wie es üblich ist, veranstaltet er ein großes
Hochzeitsfest, zu dem alle Nachbarn eingeladen werden. Daß ein solches Fest
eine ganze Woche dauert, geht auch aus anderen Texten hervor, vgl. Ri. 14,12;
Tobit 11,19. Alles nimmt zunächst seinen erwarteten und ungestörten Verlauf,
bis dahin, daß die Braut dem Bräutigam am Abend des ersten Festtages tief
verschleiert in das Hochzeitsgemach zugeführt wird. Das wird zwar nicht ausdrücklich erzählt. Als feste Sitte wird es aber deutlich vorausgesetzt. Um so
größer ist dann am anderen Morgen die Enttäuschung, ja die Wut Jakobs, als
er sieht, wie ihm da mitgespielt worden ist. V. 23 und V. 25 unmittelbar nacheinander gelesen, wie es ursprünglich gedacht war, verdeutlichen das auf un-
nachahmliche Weise. Josephus nennt als Erklärung für die gelungene Täu-
schung den Rausch Jakobs und die Dunkelheit (Antiquitates I § 301). Jakob
artikuliert seine Empörung in drei kurzen Sätzen, die z. T. geradezu den Klang
von Anklagen haben. Aber zu ändern ist an der Sache nun nichts mehr. Die
Hochzeitsnacht hat Lea unwiderruflich zur Frau Jakobs gemacht.

Wer diese Geschichte liest, wird an dieser Stelle nicht umhin können zurück-
zudenken und sich daran erinnern, wie Jakob seinerseits seinen Vater und seinen Bruder betrogen hat. Auch damals waren unwiderrufliche Fakten geschaffen worden, Kap. 27. Nun ist er der Betrogene. Allerdings sollte man diesen
Bezug auch nicht zu stark betonen und theologisch überbewerten. Daß hier

«eine ernste Nemesis waltet», wie v. Rad feststellt, geht am Charakter der Erzählung wohl doch vorbei. Es geht nicht darum, daß Jakob an dieser Stelle von
der eigenen Untat eingeholt wird, daß sich hier eine ausgleichende Gerechtig-
keit Bahn bricht. Es geht um das Miteinander, vor allem aber das Gegeneinander zweier Männer, das mit dieser Geschichte beginnt. Und dabei ist Jakob
zunächst der Unterlegene.

In seiner Antwort geht Laban auf die Vorwürfe Jakobs nicht ein, sondern ver-
weist auf des Landes Brauch: Erst pflegt man die Ältere, dann die Jüngere zu
verheiraten, daran habe er sich gehalten. Laban spricht damit eine Gepflogenheit an, die in der Tat völkerkundlich belegt ist. Wieweit sie für das Umfeld
Labans wirklich gegolten hat und warum Jakob nichts davon wußte, muß offen
bleiben. Alttestamentlich ist dieser Brauch ansonsten nicht belegt.

Aber Laban bietet auch eine Lösung des Streitfalls an. Die Hochzeitswoche
mit Lea soll Jakob zu Ende führen, das verlangen Anstand und Sitte, dann
aber soll er auch Rahel zur Frau bekommen, und zwar sozusagen pränume-
rando, wenn er bereit ist, für sie weitere sieben Jahre Dienst zu tun. In V. 27 ist
die pluralische Formulierung auffallend. Man würde eher die Aussage «dann
werde ich dir auch die andere geben» erwarten, wie es in der Textüberlieferung häufig anzutreffen ist, auch die Lutherbibel übersetzt so. Indem Laban
den Plural gebraucht, verschanzt er sich hinter der Autorität der Ortsbewohner, die ja an der Hochzeitsfeier teilnehmen, und gibt seinem Vorschlag damit
größeres Gewicht.

Jakob geht auf das Angebot ein. Die Liebe zu Rahel und die Unmöglichkeit,
nach Hause zurückzukehren, lassen ihm keine Wahl. So hat Laban am Ende
der Erzählung seine beiden Töchter verheiratet, was er sich durch den vier-
zehnjährigen Dienst Jakobs hat gut bezahlen lassen, und Jakob hat zwei Frau-
en. Daß damit von Anfang an ein Konfliktpotential in seine Familie mit einge-
baut ist, deutet der abschließende V. 30 an. Man mag an die Ehe Elkanas und
seine beiden Frauen Hanna und Peninna denken, 1. Sam. 1, in der Ähnliches
zu beobachten ist.

An der Tatsache, daß Jakob zwei Frauen gehabt hat, nimmt die Erzählung
keinerlei Anstoß. Bigynie ist für alttestamentliche Verhältnisse nichts Außergewöhnliches. Später wurde die gleichzeitig bestehende Ehe mit zwei Schwe-
stern dann allerdings untersagt, 3. Mose 18,18. Davon weiß unsere Erzählung
offenbar noch nichts.

29,31–30,24   Geburt und Benennung der Kinder Jakobs

**31 Als Jahwe sah, daß Lea ungeliebt war, öffnete er ihren Mutterschoß, wäh-
rend Rahel unfruchtbar blieb. 32 So wurde Lea schwanger und gebar einen
Sohn, den nannte sie Ruben; denn, so sagte sie: «Jahwe hat mein Elend angesehen, gewiß wird mich mein Mann jetzt liebhaben.» 33 Sie wurde noch einmal schwanger und gebar einen Sohn, und sie sagte: «Jahwe hat gehört, daß
ich ungeliebt bin, darum hat er mir auch diesen gegeben.» Und sie nannte ihn
Simeon. 34 Dann wurde sie noch einmal schwanger und gebar einen Sohn,
und sie sagte: «Jetzt endlich wird mein Mann mir zugetan sein, denn ich habe**

ihm drei Söhne geboren.» Darum nannte <sie> ihn Levi. 35 Dann wurde sie
noch einmal schwanger und gebar einen Sohn, und sie sagte: «Diesmal will ich
Jahwe preisen.» Darum nannte sie ihn Juda. Dann hörte sie auf zu gebären.

30,1 Als nun Rahel sah, daß sie Jakob keine Kinder gebar, wurde Rahel auf
ihre Schwester eifersüchtig, und sie sagte zu Jakob: «Verschaffe mir Söhne!
Wenn nicht, so sterbe ich!» 2 Da wurde Jakob zornig über Rahel, und er sagte: «Bin ich denn an Gottes Statt, der dir Leibesfrucht versagt hat?» 3 Sie
antwortete: «Hier ist meine Magd Bilha, schlaf mit ihr! Sie soll auf meinen
Knien gebären, damit durch sie auch ich zu Kindern komme.» 4 So gab sie
ihm ihre Magd Bilha zur Frau, und Jakob schlief mit ihr. 5 Bilha wurde
schwanger und gebar Jakob einen Sohn. 6 Da sagte Rahel: «Gott hat mir
Recht verschafft, und er hat mich auch erhört und mir einen Sohn gegeben.»
Darum nannte sie ihn Dan. 7 Dann wurde sie noch einmal schwanger, und
Bilha, die Magd Rahels, gebar Jakob einen zweiten Sohn. 8 Da sagte Rahel:
«Schwere Kämpfe habe ich mit meiner Schwester ausgefochten und habe so-
gar gesiegt». Und sie nannte ihn Naphtali.
9 Als nun Lea merkte, daß sie aufgehört hatte zu gebären, nahm sie ihre
Magd Silpa und gab sie Jakob zur Frau. 10 Und Silpa, die Magd Leas, gebar
Jakob einen Sohn. 11 Da sagte Lea: «Glück auf!» Und sie nannte ihn Gad. 12
Dann gebar Silpa, die Magd Leas, Jakob den zweiten Sohn. 13 Da sagte Lea:
«Ich Glückliche! Ja, glücklich preisen werden mich die Töchter!» Und sie
nannte ihn Ascher.
14 Als Ruben zur Zeit der Weizenernte einmal hinausging, fand er auf dem
Feld Liebesäpfel. Die brachte er seiner Mutter Lea. Da sagte Rahel zu Lea:
«Gib mir doch von den Liebesäpfeln deines Sohnes!» 15 Aber sie entgegnete
ihr: «Ist es nicht genug, daß du mir meinen Mann genommen hast? Nun willst
du auch noch die Liebesäpfel meines Sohnes haben!» Darauf sagte Rahel:
«Nun, so mag er heute nacht bei dir schlafen als Entgelt für die Liebesäpfel
deines Sohns.» 16 Als nun Jakob am Abend vom Felde kam, ging Lea ihm
entgegen und sagte: «Zu mir mußt du kommen, denn ich habe dich für die
Liebesäpfel meines Sohnes gekauft.» Also schlief er mit ihr in jener Nacht. 17
Und Gott erhörte Lea. Sie wurde schwanger und gebar Jakob den fünften
Sohn. 18 Da sagte Lea: «Gott hat mir Lohn dafür gegeben, daß ich meine
Magd meinem Mann gegeben habe.» Und sie nannte ihn Issachar. 19 Und
Lea wurde noch einmal schwanger und gebar Jakob den sechsten Sohn. 20 Da
sagte Lea: «Gott hat mich mit einem schönen Geschenk beschenkt. Jetzt wird
mein Mann bei mir bleiben, denn ich habe ihm sechs Söhne geboren.» Und
sie nannte ihn Sebulon. 21 Danach gebar sie eine Tochter und nannte sie Dina.
22 Gott aber gedachte an Rahel. Gott erhörte sie und öffnete ihren Mutterschoß. 23 Sie wurde schwanger und gebar einen Sohn und sagte: «Gott hat
meine Schmach weggenommen.» 24 Und sie nannte ihn Joseph, indem sie
sagte: «Jahwe füge mir noch einen weiteren Sohn hinzu!»

Es handelt sich im Gegensatz zu den vorangehenden und folgenden Texten
um einen Abschnitt mit vergleichsweise geringer erzählerischer Substanz.

Trotzdem haben wir hier nicht etwa eine Namensliste vor uns, um die herum ein erzählender Rahmen gelegt worden ist. Auch dieser Text ist insgesamt eine Erzählung, in der Spannungen aufgebaut und gelöst werden, in der aber die Namen der elf Söhne mit ihren Deutungen den das Ganze bestimmenden Akzent setzen. Die Erzählung schließt inhaltlich an das Vorhergehende an und setzt es fort.

Die Entstehung des Textes wird in der Forschung – auch der neueren Forschung – recht unterschiedlich beurteilt. Gewisse Spannungen, die der Text erkennen läßt, haben oft zu einer literarkritischen Erklärung seiner Entstehung veranlaßt, d. h. konkret zur Annahme eines jahwistischen und eines elohistischen Textanteils. Die Verwendung der Gottesbezeichnung hat dafür das wichtigste Argument geliefert. Es fällt auf, daß zu Anfang der Erzählung der Gottesname Jahwe gebraucht wird, 29,31–35, daß dann in einem großen Abschnitt nur die allgemeine Gottesbezeichnung verwendet wird und daß im abschließenden V. 24 wiederum Jahwe zu lesen ist. Hinzu kommen andere Argumente, vor allem die Feststellung, daß bei den Namenserklärungen an drei, vielleicht auch vier Stellen Doppelungen zu erkennen sind, die dann ebenfalls die literarkritische Erklärung herausfordern könnten, und zwar bei Issachar, Sebulon und Joseph, eventuell auch bei Ascher. Das Ergebnis wäre ein recht kompliziertes Gebilde, das nach v. Rad «aus kleinen, streckenweise sogar kleinsten Teilen der Quellen J und E zusammengefügt ist.» Allein schon diese Konsequenz macht diese Theorie unwahrscheinlich. Ein anderes Erklärungsmodell rechnet mit einer erzählerischen Grundschicht, zu der etwa die Verse 29,31–32; 30,1–6.14–16.22–24 gehören, in die genealogische Elemente eingefügt worden sind. Schließlich wird auch die Ansicht vertreten, daß es sich beim vorliegenden Text um eine geschlossene, wohldurchdachte Komposition handelt, aus der lediglich V. 21 herausgenommen werden muß. Letzteres ist nun allerdings unabweisbar, denn nur bei der Tochter Dina fehlt die Namensdeutung, die in allen Beispielen gegeben wird. So hat die oft geäußerte Vermutung viel für sich, daß V. 21 und damit die Aufnahme Dinas in die Erzählung von einem späteren Redaktor stammt, der auf diese Weise eine Verbindung zu Kap. 34 herstellen wollte. So erklärt sich auch das Fehlen Dinas in 32,23.

Es dürfte sich hier um eine jahwistische Erzählung handeln, der möglicherweise, etwa im Bereich der Namensdeutungen, einige Ergänzungen beigefügt worden sind. Das kann und braucht hier nicht im einzelnen untersucht zu werden, da es sich, wenn überhaupt, nicht um eine spezifische Ergänzungsarbeit handelt, die auch an anderen Texten nachgewiesen werden könnte. Bei dieser Sachlage ist die für jahwistischen Sprachgebrauch ungewöhnliche Verwendung der allgemeinen Gottesbezeichnung in V. 2–23 auffallend. Das erste Vorkommen in V. 2 ist allerdings auch in einem jahwistischen Text nicht verwunderlich, denn bei dem Satz «bin ich denn an Gottes Statt?» handelt es sich um eine geprägte Redewendung, vgl. 50,19; ähnlich 1. Kön. 5,7, durch die menschliche und göttliche Macht einander gegenübergestellt werden. Hier wäre der Gottesname Jahwe also nicht zu erwarten. Bei den anderen Stellen – abgesehen von V. 8, wo das hebräische Wort *elohim* eine andere Bedeutung hat – könnte sachlich jeweils statt «Gott» auch «Jahwe» stehen. Warum ist das nicht der Fall? Eine überzeugende Erklärung für diesen Sachverhalt ist bisher nicht

gegeben worden. Es ist sicher zu einfach anzunehmen, daß der Erzähler veranlaßt von V. 2 einfach bei der Verwendung von *elohim* geblieben ist, um dann
im letzten Vers des Erzählabschnitts wieder den Gottesnamen Jahwe zu ge-
brauchen. Man wird es bei der Rätselhaftigkeit des Phänomens belassen müssen.

V. 31 bietet die Exposition der folgenden Erzählung. Die Aussage schließt
unmittelbar an die Bemerkung von V. 30 an, daß Jakob Rahel mehr liebte als
Lea. Das ist eine Gegebenheit, die in Fällen von Bigynie gewiß nicht selten,
eher normal war. Von Hanna und Pennina, den Frauen Elkanas (1. Sam. 1),
war im Zusammenhang der Auslegung der vorangehenden Erzählung schon
die Rede. Im Alten Testament gibt es, wie 5. Mose 21,15–17 zeigt, für zwei von
ihrem Ehemann so unterschiedlich bewertete Frauen sogar feste Bezeichnungen, die den Sachverhalt unmißverständlich ausdrücken: Die eine ist «die geliebte Frau», die andere «die verschmähte Frau». Letzterer Ausdruck wird
auch in V. 31 und 33 gebraucht. Das hier verwendete hebräische Wort wird in
der Regel durch das deutsche Wort «hassen» wiedergegeben. Im vorliegenden
Zusammenhang wäre diese Übersetzung aber doch zu emotional und mißver-
ständlich. Es ist die gegenüber der anderen weniger geliebte, zurückgesetzte,
ja verschmähte Frau. Gerade ihr aber gilt die Fürsorge Jahwes, und damit setzt
unsere Erzählung ein. Daß Gott die geheimnisvollen Vorgänge von Zeugung
und Geburt letztlich steuert und veranlaßt, ist eine für das Alte Testament und
darüber hinaus fundamentale Erkenntnis. In diesem Text wird dieser Erkenntnis dadurch Ausdruck gegeben, daß es von Lea wie später von Rahel
heißt, daß Gott «ihren Mutterschoß öffnete», V. 31; 30,22. Das wird im Blick
auf Lea ausdrücklich mit ihrer Zurücksetzung durch Jakob begründet, ohne
daß von einer besonderen Aktivität Leas die Rede wäre. Bei Rahel ist das anders, denn in V. 22 wird gesagt, daß «Gott sie erhörte». Es ist eine Erweiterung
des hebräischen Textes, meint aber sachlich gewiß das Richtige, wenn die Zürcher Bibel an dieser Stelle schreibt «er (d. h. Gott) erhörte ihr Gebet».

V. 32–35 stellen den ersten in sich geschlossenen Abschnitt der Gesamterzählung dar. V. 35b markiert mit dem Satz «dann hörte sie auf zu gebären» einen
deutlichen Abschluß. Vorher wird von der Geburt und Namengebung der ersten vier Söhne Leas erzählt. Das Ereignis wird viermal mit dem Satz «sie
wurde schwanger und gebar einen Sohn» eingeleitet. Damit ist das Entscheidende gesagt. Es folgt die Namengebung, die hier wie auch in den folgenden
Fällen, verbunden mit einer Namensdeutung, jeweils von der Mutter vorgenommen wird. Das schwierige Problem der Deutungen der Namen kann hier
nur ganz kurz angesprochen werden. Wie in vergleichbaren anderen Beispielen von Namenserklärungen handelt es sich auch hier in der Regel nicht um
philologisch nachvollziehbare Deutungen. Das mindert aber ihre grundsätzli-
che Bedeutung nicht, vgl. oben zu 25,25–26. Bestimmte Anklänge, die
z. T. recht weit hergeholt erscheinen, z. T. aber auch durchaus naheliegend und
zutreffend sind, werden benutzt, um den jeweiligen Namen zu erklären. Von
den vier Namen des ersten Abschnitts sind die bis heute noch nicht befriedi-
gend erklärten Namen Levi und Juda ursprünglich keine Personennamen,
sondern Stämmenamen, die hier als Personennamen gebraucht und gedeutet

werden, während Ruben und Simeon von Haus aus Personennamen sind, die später zu Stämmenamen wurden. In diesen beiden Fällen sind die in V. 32 und 33 gegebenen Namenserklärungen von den Bedeutungen der beiden Namen auch nicht allzu weit entfernt. Ruben bedeutet «seht, ein Sohn» und Simeon hängt im Hebräischen in der Tat mit dem Wort «hören» bzw. «erhören» zusammen und erinnert bei der Geburt des Kindes an Gebetserhörung. In diesem ersten Abschnitt scheint Jakob überhaupt keine Rolle zu spielen. Sein Name wird nicht erwähnt. Es sind zunächst die Kinder der «verschmähten Frau», von deren Geburt berichtet wird. Fehlt deshalb die Notiz, daß diese Kinder «dem Jakob» geboren wurden, die bei den folgenden Söhnen mit Ausnahme des letzten regelmäßig gemacht wird?

30,1–5 ist eine der beiden Stellen der Geschichte, an der sie erzählerisch ausgeweitet ist. Massiv drängt sich nun Rahel in den Vordergrund, die über der langen Reihe der Kinder Leas fast vergessen war. Die Kinderlosigkeit, an sich schon ein großes, im Alten Testament oft beklagtes Leid, wird durch den Kinderreichtum der Nebenbuhlerin zur unerträglichen Belastung. Rahel hält das nicht länger aus. Mit einer unwirschen und absurden Forderung überfällt sie Jakob, V. 1b, der daraufhin einerseits zornig, andererseits belehrend reagiert: Kinder schenken oder versagen ist nicht Menschen, sondern Gottes Sache. Inhaltlich wird damit auf andere Weise der die Erzählung einleitende V. 31 aufgenommen. Die Leidenschaftlichkeit Rahels, ihr Aufschrei, unter diesen Umständen nicht länger leben zu können, erinnert an Rebekkas in 26,46 geschilderte Reaktion. Der Anlaß ist grundverschieden, auch die literarische Quelle ist verschieden, die weibliche Leidenschaft aber ist vergleichbar – ein nicht zu übersehender Hinweis darauf, wie lebensnah und vital die Erzmütter der Erzvätererzählungen geschildert sind.

Der Vorschlag, den Rahel Jakob macht, ist in unseren Augen sicher befremdlich, galt aber in alttestamentlicher Zeit als eine legitime Möglichkeit, zu rechtmäßigen Kindern zu kommen. Es handelt sich um einen Adoptionsritus, der auch in 16,2 vorausgesetzt ist und der in **V. 3b** recht anschaulich beschrieben wird. Die Leibmagd gebiert ihr Kind «auf den Knien» ihrer Herrin, das Kind gilt dann von seiner Geburt an als Kind der Herrin. «Die Knie» können im Hebräischen auch Ausdruck für den Schoß der Frau sein, vgl. Ri. 16,19, wodurch die Bildhaftigkeit des Vorgangs noch eindrücklicher wird. Der Ritus kann im strengen und eigentlichen Sinn nur zwischen zwei Frauen vollzogen werden. Es bedeutet einen Übergang des Ausdrucks zur Redewendung, wenn Derartiges auch von einem Mann ausgesagt wird, vgl. 50,23. Jakob geht auf den Vorschlag Rahels ein, und so bekommt sie mit Hilfe ihrer Magd Bilha zwei Söhne. Die Namensdeutung ist bei Dan durchaus zutreffend, bei Naphtali bleibt sie problematisch.

In **V. 9–13** wird der gleiche Vorgang von Lea und ihrer Magd Silpa erzählt, allerdings ohne weitere erzählerische Ausgestaltung. Auch in diesem Fall werden zwei Söhne geboren. Zur Erklärung der Namen Gad und Ascher werden bestimmte Wörter mit dem Sinngehalt «Glück» herangezogen. Vielleicht handelt es sich in beiden Fällen ursprünglich um Götternamen, die hier zu Personennamen geworden sind.

V. 14–16 enthalten die zweite erzählerische Ausgestaltung der Geschichte. Es ist die einzige Stelle der Erzählung, an der einer der Söhne Jakobs zur handelnden Person wird, und zwar der älteste, Ruben, der hier natürlich noch ein Kind ist. Im Sinne der Erzählung könnte er fünf oder sechs Jahre alt gewesen sein, als die Sache passierte. Ruben findet zur Zeit der Weizenernte, d. h. etwa Mai bis Juni, auf dem Feld «Liebesäpfel», die er seiner Mutter als einen kostbaren Fund mit nach Hause bringt. Bei den «Liebesäpfeln», die auch Hhld. 7,14 erwähnt werden, handelt es sich um die Früchte der Madragora (Alraune). Die Madragora hat kleine, gelbliche, etwa muskatnußgroße, apfelähnliche Früchte, deren Duft als Aphrodisiakum in Syrien-Palästina, aber auch in Ägypten geschätzt war. Warum ist Rahel so sehr an den «Liebesäpfeln» interessiert? Es wird zwar in der Erzählung nicht ausdrücklich gesagt, aber in diesem Zusammenhang, in dem es um nichts anderes als um Kinder geht, ist kaum eine andere Interpretation möglich als die, daß Rahel durch die Stimulierung ihrer und Jakobs (?) Sexualität zu Kindern kommen möchte. Der Versuch Rahels, eigenmächtig die Kinder sozusagen herbeizuzwingen, schlägt gründlich fehl. Nicht sie, sondern ihre Nebenbuhlerin Lea bekommt zunächst noch zwei Söhne, und damit ist Rahels Verzweiflung nur um so größer geworden.

Nicht übersehen sollte man das eigenartige Kaufgeschäft um die «Liebesäpfel», das von den beiden Frauen ausgehandelt wird. Es ist schon bemerkenswert, wie hier die Frauen über den Mann verfügen. Da ist von patriarchalischer Würde des Erzvaters nichts zu spüren, vielmehr ist er ein fast willenloses Objekt weiblicher Intrigen. Wie Jakob seiner Mutter blindlings gehorchte, vgl. Kap. 27, so jetzt seinen beiden Frauen. Nicht unerwähnt bleiben soll, daß Jakob in dieser Erzählung nicht als Nomade erscheint, der nur von seinen Herden lebt, sondern daß er offenbar auch Ackerbau betreibt.

Die Namenserklärungen der beiden letzten Leasöhne (V. 17–20) verwendet im ersten Fall (Issachar) das lautlich ähnlich klingende hebräische Wort für «Lohn», im zweiten Fall (Sebulon) werden zwei sonst im Alten Testament nicht belegte Verben herangezogen, um den Namen zu deuten. Um philologisch zutreffende Namensetymologien handelt es sich dabei nicht. Auffallend im Zusammenhang ist V. 17a: «Und Gott erhörte Lea». Dieser Satz unterbricht die klare Geschehensfolge zwischen V. 16 und V. 17b. Auch war von einem Gebet Leas vorher nicht die Rede. Die Erzählung wäre ohne V. 17a zweifellos glatter. Vielleicht handelt es sich um eine spätere Hinzufügung, die das, was in V. 22 von Rahel gesagt wird, auch von Lea gesagt wissen wollte.

In V. 22–24 erreicht die Erzählung ihren Höhepunkt. Bisher ist Rahel immer noch ohne eigenes Kind, ihr aber gilt das erzählerische Interesse zweifellos in besonderem Maße. In V. 22 wird dann von einer besonderen Zuwendung Gottes gesprochen, die in unserer Erzählung nur an dieser Stelle (vgl. aber 1. Sam. 1,11.19) durch den Satz «Gott aber gedachte an Rahel» zum Ausdruck gebracht wird. So liegt auf dieser letzten Geburt, von der die Erzählung berichtet, ein besonderer Ton. Das ist auch erzähltechnisch festzustellen, denn V. 23 ist auf die Exposition der Erzählung (29,31) zurückbezogen: Die Spannung ist gelöst, die Unfruchtbare hat einen Sohn geboren.

Die besondere Bedeutung des Rahelsohnes Joseph wird auch durch die doppelte Namenserklärung unterstrichen. Wie bei Sebulon handelt es sich um die

Bezugnahme auf zwei hebräische Verben, aber anders als bei Sebulon geht es nicht um zwei ansonsten unbekannte, sondern höchst bekannte Verben des Alten Testaments, die zusammen das Begriffspaar «Wegnehmen – Hinzufügen» ergeben (Jacob). Die zweite Namensdeutung (V. 24b) vermittelt die philologisch zutreffende Bedeutung des Namens Joseph. Joseph ist ein Wunschname. Er bringt zum Ausdruck, daß Jahwe dem eben geborenen Kind weitere Kinder hinzufügen möge. Dieser Wunsch hat in diesem Fall einen klaren Bezugspunkt, denn er bringt den zweiten Sohn Rahels und gleichzeitig den zwölften Sohn Jakobs andeutungsweise ins Spiel. Die Frage, warum Benjamin an dieser Stelle unter den Söhnen Jakobs nicht ausdrücklich genannt wird, drängt sich auf. Von der Geburt Bejamins und den Umständen dieser Geburt wird in 35,16–20 in einer besonderen Tradition berichtet. Die lokale Gebundenheit dieser Tradition hat eine Einfügung Benjamins in die Reihe der Geburtsnotizen der ersten elf Jakobssöhne nicht zugelassen. Bezeichnend anders ist das in der zu P gehörenden Liste der Söhne Jakobs in 35,22b–26.

Die Geschichte von der Geburt und Benennung der Kinder Jakobs bietet zum ersten Mal im biblischen Text eine wegen des Fehlens Benjamins allerdings noch unvollständige Liste der Söhne Jakobs. Für den alttestamentlichen Menschen waren alle diese Namen – Dina und Joseph ausgeschlossen – nicht nur Personennamen, sondern gleichzeitig Stämmenamen, denn die Namen der Söhne Jakobs sind auch die Namen der Stämme Israels. Auf das schwierige überlieferungsgeschichtliche Problem, das damit gegeben ist, braucht an dieser Stelle nicht eingegangen zu werden, denn hier geht es nicht um Stämmenamen, es geht um die elf Namen als Namen der Söhne Jakobs und als Namen der Söhne der verschiedenen in der Erzählung genannten Frauen Jakobs. Das zeigt sich auch daran, daß die Namensdeutungen in keinem Fall auf das Geschick von Stämmen eingehen, sondern allesamt rein individuell das Geschick der Mutter bzw. ihr Verhältnis zum Vater im Blick haben. Es fällt auf, wie stark in dieser Erzählung das Gewicht der Frauen ist. Jakob spielt demgegenüber eine erstaunlich geringe, ja untergeordnete Rolle. Lea und Rahel geben den Söhnen (und der Tochter) den Namen und begründen jeweils ihre Namengebung. Sie organisieren die Abtretung ihrer Mägde an Jakob, sie verfügen darüber hinaus über sein Sexualleben, V. 15–16. Es sind die Frauen, die handeln. Das ist das eine. Aber darüber läßt die Erzählung doch das andere nicht ungesagt: Auch dieses so weltlich dargestellte Geschehen ist letztlich und entscheidend ein Geschehen, das Gott ins Werk setzt und gestaltet.

30,25–43   Jakob kommt bei Laban zu großem Reichtum

25 Nachdem Rahel Joseph geboren hatte, sagte Jakob zu Laban: «Entlasse mich, damit ich in meinen Heimatort und in mein Land ziehe. 26 Gib mir meine Frauen und meine Kinder, für die ich dir gedient habe, damit ich gehen kann. Du kennst ja selbst meinen Dienst, den ich dir geleistet habe.» 27 Laban entgegnete ihm: «Wenn ich Gnade bei dir gefunden habe[7] – ich bin reich

---

[7]   Der Satz findet keine grammatisch korrekte Fortsetzung. Es handelt sich um ein sog. Anakoluth.

geworden, und Jahwe hat mich um deinetwillen gesegnet.» 28 Und er fuhr fort: «Bestimme den Lohn, den du von mir haben willst, so will ich ihn (dir) geben.» 29 Er erwiderte ihm: «Du weißt ja, wie ich dir gedient habe und was aus deinem Vieh unter meinen Händen geworden ist; 30 denn du hattest wenig, bevor ich kam, aber es ist zu einer großen Menge angewachsen, und Jahwe hat dich bei jedem meiner Schritte gesegnet. Nun aber, wann kann auch ich einmal für meine Familie sorgen?» 31 Da sagte er: «Was soll ich dir geben?» Jakob erwiderte: «Du sollst mir gar nichts geben. Wenn du für mich folgendes tun wirst, will ich weiterhin deine Schafe und Ziegen weiden, will ich Hüter sein: 32 Ich will heute durch deine ganze Herde gehen und will aus ihr jedes gesprenkelte und gefleckte Tier wegnehmen und jedes schwarze Tier unter den Schafen, auch die Gesprenkelten und Gefleckten unter den Ziegen. Das soll mein Lohn sein. 33 Mein ordnungsgemäßes Verhalten wird dann später für mich Zeugnis ablegen. Wenn du kommst, um meinen Lohn zu begutachten, dann soll alles, was unter den Ziegen nicht gesprenkelt und gefleckt und was unter den Schafen nicht schwarz ist, als von mir gestohlen gelten.» 34 Darauf erwiderte Laban: «Gut, es sei so, wie du gesagt hast.» 35 So sonderte er an jenem Tag die gestreiften und gefleckten Ziegenböcke aus und alle gesprenkelten und gefleckten Ziegen, alle, an denen etwas Weißes war, und alle schwarzen unter den Schafen und übergab sie seinen Söhnen. 36 Und er legte einen Weg von drei Tagen zwischen sich und Jakob; Jakob aber weidete die übrigen Schafe und Ziegen Labans. 37 Dann holte sich Jakob frische Ruten von Storaxstauden, Mandelbäumen und Platanen und schälte an ihnen weiße Stellen heraus, indem er das Weiße an den Ruten bloßlegte, 38 und er stellte die Ruten, die er geschält hatte, in die Tränkrinnen, die Wasserrinnen, wohin die Tiere zum Trinken kamen, gerade vor die Tiere hin. Sie pflegten sich aber zu begatten, wenn sie zum Trinken kamen. 39 So begatteten sich die Tiere angesichts der Ruten, und sie warfen daraufhin gestreifte, gesprenkelte und gefleckte Junge. 40 Die Schafe aber sonderte Jakob ab und richtete den Blick der Tiere gegen die gestreiften und alle schwarzen (Ziegen) in der Herde Labans. So bildete er für sich eigene Herden, und er tat sie nicht zu den Schafen und Ziegen Labans. 41 Und <sooft> die kräftigen Tiere brünstig wurden, stellte Jakob die Ruten in die Tränkrinnen vor die Augen der Tiere, damit sie sich bei den Ruten begatteten. 42 Waren es aber die schwächlichen Tiere, stellte er (die Ruten) nicht hinein. So fielen die schwächlichen Tiere an Laban, die kräftigen aber an Jakob. 43 Der Mann breitete sich mächtig aus, und er bekam viele Schafe und Ziegen, Mägde und Knechte, Kamele und Esel.

Die vorliegende Erzählung schließt mit ihrem einleitenden Vers unmittelbar an das Vorhergehende an. Inhaltlich bietet sie eine sachlich sinnvolle, wenn nicht sogar erzählerisch notwendige Ergänzung zu dem, was vorher berichtet war. Vom Kindersegen Jakobs war die Rede – V. 30b nimmt darauf Bezug –, jetzt geht es um das Wachstum seiner Herden, um seinen Reichtum als Züchter von Schafen und Ziegen. Diese Feststellungen schließen nicht aus, daß es sich um einen Erzählstoff handelt, der vorher selbständig überliefert worden ist und der dann in das jahwistische Erzählkonzept der Geschichten von Jakob und Laban eingefügt wurde.

Die Erzählung ist in der Form, in der sie jetzt vorliegt, außerordentlich kompliziert und kaum verständlich. Gewisse Doppelungen, die festzustellen sind, vor allem aber einige widersprüchliche Angaben, die das Verständnis so schwierig machen, haben zur Aufteilung des Textes auf zwei Quellen (J und E) geführt. Beispielhaft ist Gunkel: «Die Schwierigkeiten lassen sich nur aus Quellenzusammenarbeitung erklären.» Das hat sich hier aber nicht bewährt und ist inzwischen weitgehend aufgegeben worden. In V. 25–43 dürfte ein einheitlicher jahwistischer Text vorliegen, der an einigen Stellen erweitert worden ist, wodurch sich die genannten Verstehensschwierigkeiten ergeben haben. Das gilt z. B. für V. 32. Wenn man in diesem Vers, wie es oft vorgeschlagen worden ist, die Wörter «jedes gesprenkelte und gefleckte Tier» (es handelt sich dabei um Ziegen) aus dem Zusammenhang herausnimmt, ergibt sich eine verständliche Aussage. Weiterhin muß der letzte Satz des Verses als sekundärer Zusatz angesehen werden. Natürlich stellt sich die Frage, wie es zu derartigen, das ganze unverständlich machenden Ergänzungen gekommen ist. Es mag hier der seltene Fall vorliegen, daß die Tradenten die komplizierten Vorgänge, die geschildert werden, nicht mehr verstanden und deshalb die verwirrenden Einfügungen vorgenommen haben. Aber das bleibt natürlich eine unbeweisbare Vermutung, erwachsen aus der besonderen Schwierigkeit der überlieferten Textfassung.

Der Anfang der Erzählung weist diese Probleme noch nicht auf. Jakob hat vierzehn Jahre lang bei Laban Dienst getan, jetzt will er in seine Heimat zurückkehren. Es mag auffallen, daß Jakob ausdrücklich Laban darum bittet, ihm seine Frauen und seine Kinder zu überlassen, damit er mit seiner Familie die Heimreise antreten kann. Aber das ist in Wirklichkeit nichts Auffallendes. Wir tun hier einen Blick in die Rechtsverhältnisse einer nomadischen Großfamilie, in die Jakob aufgenommen worden ist. Das Familienoberhaupt hat über alle Familienangehörigen die letzte Verfügungs- und Entscheidungsbefugnis, siehe auch 31,43. Eine Loslösung aus dem Familienverband kann nur mit Zustimmung des Familienoberhaupts geschehen. Es ist deshalb nicht richtig, V. 25b und 26a als Dubletten anzusehen, die zur Quellenscheidung veranlassen könnten. Vielmehr handelt es sich um zwei sachlich verschiedene Dinge, um die Jakob bittet: seine eigene Entlassung aus dem Familienverband und die Erlaubnis, seine Frauen und seine Kinder mitzunehmen.

Daß die Position Jakobs gegenüber den in Kap. 29 geschilderten Ereignissen deutlich stärker geworden ist, zeigt V. 26b. Er muß das Familienoberhaupt zwar bitten, aber er kann es tun auf dem Hintergrund einer offensichtlich sehr erfolgreichen Arbeit, was von Laban dann ja auch ohne Vorbehalt anerkannt wird. Das Anakoluth in V. 27a läßt einen Nachsatz etwa des Inhalts erwarten «dann bleibe noch eine Zeitlang bei mir», aber das spricht Laban nicht aus. Die sich dann zwischen den beiden Männern entwickelnde Diskussion über den Lohn Jakobs ist ein Musterbeispiel eines altorientalischen Handels um eine Bezahlung. Man mag an Kap. 23 oder an 2. Sam. 24,20–24 denken, wo es ähnlich zugeht. Im Grunde weiß jeder der beiden, was er will. Keiner will etwas verschenken, sondern jeder will einen möglichst großen Gewinn erzielen, aber diese Absicht wird hinter allerlei freundlichen Floskeln geschickt verborgen. So bietet Laban dem Jakob großzügig an, daß er von sich aus den Lohn bestimmen möge, V. 28; vgl. 29,15, und Jakob entgegnet «Du sollst mir gar nichts geben», V. 31. Aber dann macht er einen Vorschlag, der sich für ihn als höchst gewinnbringend herausstellen wird.

Und damit sind wir nun an dem Teil der Geschichte, der die oben genannten Verstehensprobleme enthält. Vorab aber muß einiges erläuternd zu den Gegebenheiten der nomadischen Viehzucht gesagt werden. Die Herden des alttestamentlichen Nomaden bestehen aus Schafen und Ziegen. Das hebräische Wort *zon*, das in dieser Geschichte, beginnend mit V. 31, insgesamt vierzehnmal vorkommt und sich dadurch als Leitwort der Erzählung erweist, hat grundsätzlich diese beide Tierarten umfassende Bedeutung. Daneben gibt es bestimmte Bezeichnungen, die nur von Ziegen oder von Schafen gebraucht werden. Sie tauchen hier erstmalig in V. 32 auf. Nun kommen Schafe ebenso wie Ziegen in sehr verschiedenen Farbvariationen vor. Auf der einen Seite gibt es einfarbige Tiere, bei den Schafen vor allem weiße und gelegentlich schwarze, bei den Ziegen braune oder schwarze, und auf der anderen Seite gefleckte oder gestreifte, jedenfalls mehrfarbige Tiere. Die einfarbigen Tiere, vor allem die weißen Schafe und die braunen oder schwarzen Ziegen machten offenbar den Großteil des Viehbestandes aus. Mehrfarbige Tiere waren viel seltener, bei den Schafen gilt das auch von den einfarbig schwarzen Tieren. Diese Gegebenheiten bilden den Hintergrund für Jakobs Lohnforderung.

Jakob will gerade die Tiere als Lohn bekommen, die zu der selteneren Art zählen: die schwarzen Schafe und die gefleckten Ziegen. Das soll sich aber nicht einmal auf diejenigen Tiere erstrecken, die bereits jetzt in der von ihm betreuten Herde Labans vorhanden sind, sondern es soll nur für solche Tiere gelten, die in Zukunft geworfen werden. Das ist eine, wie man zunächst sagen muß, höchst bescheidene Lohnforderung, auf die Laban auch ohne Zögern und ohne Abstriche eingeht, V. 34. In V. 32b, d. h. im letzten kurzen Satz des Verses, wird eine ganz andere Lohnforderung erhoben, wodurch alles weitere unverständlich wird. Wenn man zu einem verständlichen Text gelangen will, bleibt keine andere Möglichkeit, als diesen Satz – im Hebräischen handelt es sich um zwei Wörter – als eine spätere Ergänzung anzusehen, wie es oben bereits angedeutet worden ist. Damit sichergestellt ist, daß bei der späteren Feststellung des Besitzes Jakobs nichts Unrechtmäßiges geschieht, erschwert Laban die Ausgangslage für Jakob dadurch, daß er die mehrfarbigen Ziegen und die schwarzen Schafe, die z. Z. der Abmachung bereits in seiner Herde vorhanden sind, die also nicht dem Lohn Jakobs zugeschlagen werden sollen, ausgesondert und unter der Aufsicht seiner Söhne in ein anderes Weidegebiet bringen läßt, das von der übrigen Herde Labans drei Tagemärsche entfernt ist. Laban ist also übervorsichtig, aber das wird ihm nichts nützen, seine Vorsicht wird sich sogar noch recht nachteilig für ihn auswirken, vgl. 31,22. Die zwischen Laban und Jakob getroffene Abmachung und die Schilderung der sich aus ihr ergebenden Maßnahmen wird in V. 36b mit dem Satz abgeschlossen: «Jakob aber weidete die übrigen Schafe und Ziegen Labans».

In **V. 37–42** folgt die Darstellung der Maßnahmen Jakobs, mit deren Hilfe es ihm gelingt, zu seinem großen Reichtum an Schafen und Ziegen, der eigentlichen Lebensgrundlage des Nomaden, zu kommen. Jakob greift zu einer Manipulation, die auf der Vorstellung beruht, daß visuelle Eindrücke während des

Zeugungsaktes Einfluß auf die Beschaffenheit der gezeugten Tiere haben. Seine Geschicklichkeit besteht darin, daß er einen Weg findet, daß die Tiere ihren Begattungsakt im Anblick von Gegenständen vollziehen, die starke Schwarz-Weiß-Gegensätze aufweisen, wodurch nach der hier vorliegenden magischen Vorstellung dann auch die Färbung der neu geborenen Tiere ähnliche Farbgegensätze haben wird. Jakob verstärkt seinen Erfolg dadurch, daß er seine Manipulation nur dann vornimmt, wenn sich kräftige Tiere begatten. Das Ergebnis hält der abschließende Satz in V. 42b fest: «So fielen die schwächlichen Tiere an Laban, die kräftigen aber an Jakob».

Bisher war von der Ziegenzucht Jakobs die Rede, die darauf ausgerichtet war, möglichst viele kräftige mehrfarbige Tiere hervorzubringen. Was aber tat er im Blick auf die Schafe, bei denen es nach der getroffenen Abmachung für ihn darum ging, daß möglichst viele schwarze Lämmer geworfen wurden? Die Prozedur mit den in die Tränkrinnen gestellten abgeschälten Zweigen war in diesem Fall nicht anwendbar. Es scheint so, daß der viel besprochene V. 40 von Jakobs Schafzucht berichtet. Wenn man aus diesem schwer verständlichen Vers die Wörter «gegen die gestreiften» ausscheidet, wird der Text verständlich. Dann ist es nämlich so, daß Jakob bei den Schafen ganz ähnlich gehandelt hat wie bei den Ziegen. Der beim Begattungsakt der Schafe erforderliche Blick auf einen schwarzen Gegenstand wurde durch die in Labans Herde ja reichlich vorhandenen schwarzen Ziegen ermöglicht. Das wird in diesem Fall nicht näher ausgeführt, dürfte aber in Analogie zu den Angaben über die Ziegenzucht am ehesten so gemeint sein.

In den Auslegungen ist die Handlungsweise Jakobs nicht selten als «Betrug» bezeichnet worden: Der Betrogene (vgl. 29,15–30) betrügt nun seinerseits den Betrüger! Aber so stellt es die Geschichte nicht dar. Jakob hält sich durchaus an die Abmachung, was Laban nicht getan hat, er verletzt sie an keiner Stelle, aber schöpft die ihm gegebenen Möglichkeiten bis an die Grenze aus.

Es handelt sich in diesem Fall um eine rein weltlich gestaltete Erzählung. Das Hirtenwissen und die Hirtenschläue Jakobs führen zum Erfolg, durch die der Mächtigere letztlich ins Hintertreffen gerät. Allerdings sollte man die beiden Erwähnungen Jahwes in der Erzählung nicht übersehen, sie sind für den jahwistischen Erzähler charakteristisch. Seit Jakob bei Laban ist und bei ihm Dienst tut, ist Labans Reichtum spürbar gewachsen. Darin sieht Laban (V. 27) wie auch Jakob selbst (V. 30) eine Auswirkung des Segens Jahwes. Für den jahwistischen Erzähler bleibt auch der in manchem so problematische Jakob der Segensträger, durch den der Segen auch auf seine Umgebung ausstrahlt. Man denkt an die programmatische Aussage von 12,3. V. 27 und V. 30 sind kleine Hinweise darauf, wie der göttliche Segen wirksam wird.

Bei **V. 43** dürfte es sich um einen redaktionellen Zusatz handeln, mit dem die Erzählung vom Erwerb des Reichtums Jakobs abgeschlossen wird. Gleichzeitig wird auf die folgenden Kapitel vorbereitet. Daß der Vers nicht ursprünglich zur Geschichte gehört hat, zeigt sich an stilistischen und inhaltlichen Besonderheiten. Das distanzierte «der Mann» wirkt auffallend, man würde «Jakob» erwarten. Auch ist in der Erzählung anders als in diesem Vers von Kamelen und Eseln nicht die Rede, wobei die Kamele noch besonders problematisch sind, denn Kamele haben noch nicht zum Viehbestand der Erzväter gehört.

Wenn in Aufzählungen über den Viehbestand der Erzväter gelegentlich Kamele genannt werden, vgl. 12,16; 24,35; 32,8.16, so sind derartige Aufzählungen aus der Sicht einer späteren Zeit gestaltet, die allerdings durchaus die Zeit des Jahwisten sein könnte, für den Kamele zum Reichtum dazugehörten.

31,1–32,1   Jakobs Trennung von Laban

1 Es kam ihm zu Ohren, was die Söhne Labans redeten: «Jakob hat alles an sich gebracht, was unserem Vater gehörte, und vom Besitz unseres Vaters hat er diesen ganzen Reichtum gebildet.» 2 Auch erkannte Jakob an der Miene Labans, daß er ihm nicht mehr wie früher wohlgesonnen war. 3 Jahwe aber sagte zu Jakob: «Kehre zurück in das Land deiner Väter und zu deiner Verwandtschaft; ich will mit dir sein.» 4 Da sandte Jakob hin und ließ Rahel und Lea aufs Feld zu seiner Herde rufen 5 und sagte zu ihnen: «Ich sehe an der Miene eures Vaters, daß er mir nicht mehr wie früher gesonnen ist, aber der Gott meines Vaters ist mit mir gewesen. 6 Ihr wißt es, daß ich eurem Vater mit meiner ganzen Kraft gedient habe, 7 euer Vater aber hat mich betrogen und hat meinen Lohn zehnmal geändert, aber Gott hat ihm nicht gestattet, mir Schaden zuzufügen. 8 Wenn er sagte: «Die Gesprenkelten sollen dein Lohn sein», dann warf die ganze Herde Gesprenkelte. Wenn er aber sagte: «Die Gestreiften sollen dein Lohn sein», dann warf die ganze Herde Gestreifte. 9 So hat Gott das Vieh eures Vaters weggenommen und es mir gegeben. 10 Zur Brunstzeit der Tiere erhob ich meine Augen und sah im Traum, wie die Böcke, die die Tiere besprangen, gestreift, gesprenkelt und scheckig waren. 11 Und der Engel Gottes sagte zu mir im Traum: «Jakob!» Und ich antwortete: «Hier bin ich.» 12 Er sagte: «Erhebe deine Augen und sieh, wie alle Böcke, die die Tiere bespringen, gestreift, gesprenkelt und scheckig sind. Ich habe ja alles gesehen, was Laban dir angetan hat. 13 Ich bin der Gott, <der dir in> Bethel <erschienen ist>, wo du einen Malstein gesalbt und mir ein Gelübde geleistet hast. Mach dich jetzt auf, geh aus diesem Land weg und kehre zurück ins Land deiner Verwandtschaft.» 14 Darauf antworteten Rahel und Lea und sagten zu ihm: «Haben wir denn noch Anteil und Erbe im Hause unseres Vaters? 15 Gelten wir ihm nicht als Fremde, denn er hat uns verkauft! Und das Geld, das er für uns bekommen hat, das hat er längst verbraucht! 16 So gehört der ganze Reichtum, den Gott unserem Vater genommen hat, uns und unseren Söhnen. Jetzt tue alles, was Gott dir gesagt hat!»

17 Da machte sich Jakob auf und setzte seine Söhne und seine Frauen auf die Kamele, 18 und er trieb all sein Vieh weg und seine gesamte Habe, die er erworben hatte, seinen Viehbesitz, den er in Paddan-Aram erworben hatte, um zu seinem Vater Isaak in das Land Kanaan zu ziehen. 19 Laban aber war weggegangen, um seine Schafe zu scheren, währenddessen stahl Rahel den Hausgott, der ihrem Vater gehörte. 20 So überlistete Jakob den Aramäer Laban[8], indem er ihm verheimlichte, daß er fliehen wollte. 21 Und er floh mit allem,

---

[8] Wörtlich: «So stahl Jakob das Herz des Aramäers Laban».

was ihm gehörte, er machte sich auf, überschritt den Fluß und schlug die Richtung nach dem Gebirge Gilead ein.

22 Am dritten Tag erhielt Laban die Nachricht, daß Jakob geflohen sei. 23 Da nahm er seine Verwandten mit sich und setzte ihm nach sieben Tagereisen weit und erreichte ihn am Gebirge Gilead. 24 Aber Gott kam des Nachts im Traum zu dem Aramäer Laban und sagte zu ihm: «Hüte dich, Jakob mit irgendeinem Worte zur Rede zu stellen!» 25 Als Laban Jakob einholte – Jakob aber hatte sein Zelt auf dem Gebirge …[9] aufgeschlagen, während Laban mit seinen Verwandten auf dem Gebirge Gilead lagerte –, 26 sagte Laban zu Jakob: «Was hast du getan, daß du mich hintergangen und meine Töchter wie Kriegsgefangene weggeführt hast! 27 Warum bist du heimlich geflohen und hast mich bestohlen und hast mir nichts gesagt, daß ich dich hätte verabschieden können mit Jubel und Liedern, mit Trommeln und Leiern? 28 Auch hast du mir nicht die Möglichkeit gegeben, meine Enkel und Töchter (zum Abschied) zu küssen. Da hast du töricht gehandelt! 29 Ich hätte die Macht, euch Böses anzutun, aber der Gott <deines>[10] Vaters hat letzte Nacht zu mir gesagt: «Hüte dich, Jakob mit irgendeinem Wort zur Rede zu stellen!» 30 Nun bist du also weggegangen, weil du dich so sehr nach deines Vaters Haus gesehnt hast, <aber> warum hast du meinen Gott gestohlen?» 31 Jakob antwortete und sagte zu Laban: «Ich fürchtete mich, denn ich dachte, du würdest mir deine Töchter wegnehmen. 32 Nicht am Leben bleiben (aber) soll der, bei dem du deinen Gott findest. Vor unseren Verwandten untersuche, was ich (von deinem Eigentum) bei mir habe und nimm es dir!» Jakob wußte nämlich nicht, daß Rahel <ihn> gestohlen hatte. 33 Da ging Laban in das Zelt Jakobs und in das Zelt Leas und in das Zelt der beiden Mägde, aber er fand nichts. Und er ging aus dem Zelt Leas heraus und betrat das Zelt Rahels. 34 Rahel aber hatte den Hausgott genommen, hatte <ihn> in den Kamelsattel gelegt und sich darauf gesetzt. Als Laban das ganze Zelt durchsuchte, fand er nichts. 35 Sie aber sagte zu ihrem Vater: «Zürne nicht, mein Herr, daß ich nicht vor dir aufstehen kann, denn es geht mir, wie es Frauen geht.» So suchte er, fand aber den Hausgott nicht.

36 Daraufhin wurde Jakob zornig und stritt mit Laban. Und Jakob hob an und sagte zu Laban: «Was ist mein Verbrechen, was meine Verfehlung, daß du mich so hitzig verfolgt hast? 37 Du hast nun alle meine Sachen durchsucht. Was hast du von deinem ganzen Hausrat gefunden? Lege es hierhin vor meine Verwandten und deine Verwandten, damit sie zwischen uns beiden eine Rechtsentscheidung treffen! 38 Zwanzig Jahre lang war ich bei dir; deine Schafe und Ziegen hatten keine Fehlwürfe, und die Böcke deiner Herde habe ich nicht gegessen. 39 Was (von wilden Tieren) gerissen war, durfte ich dir nicht bringen, ich selbst mußte es ersetzen, von meiner Hand hast du es gefordert, ob es bei Tage oder bei Nacht geraubt war. 40 Am Tage verzehrte mich Hitze und Kälte des Nachts; der Schlaf floh meine Augen. 41 Zwanzig

---

[9] Möglicherweise ist hier im Urtext der Name des Gebirges oder Berges ausgefallen.
[10] Im hebräischen Text steht «eures Vaters». Die Textüberlieferung legt an dieser Stelle eine Textänderung nahe.

Jahre lang habe ich dir in deinem Hause gedient, vierzehn Jahre für deine beiden Töchter und sechs Jahre für dein Vieh, und du hast meinen Lohn zehnmal geändert. 42 Wenn nicht der Gott meines Vaters, der Gott Abrahams
und der Schrecken Isaaks, für mich gewesen wäre, wahrlich, du hättest mich
jetzt mit leeren Händen ziehen lassen. Gott hat mein Elend und die Mühsal
meiner Hände gesehen und hat in der vergangenen Nacht eine Rechtsentscheidung getroffen.»
43 Laban antwortete und sagte zu Jakob: «Die Töchter sind meine Töchter,
die Söhne sind meine Söhne, die Tiere sind meine Tiere und alles, was du hier
siehst, gehört mir. Aber was kann ich heute noch für meine Töchter tun oder
für ihre Söhne, die sie geboren haben? Wohlan, wir, ich und du, wollen einen
Vertrag miteinander schließen, <wir wollen einen Steinhaufen errichten>[11],
und er sei Zeuge zwischen mir und dir.» 45 Da nahm Jakob einen Stein und
richtete ihn als Malstein auf. 46 Dann sagte <Laban>[12] zu seinen Verwandten: «Sammelt Steine auf!» Da nahmen sie Steine und errichteten einen
Steinhaufen und hielten dort auf dem Steinhaufen ein Mahl. 47 Und Laban
nannte ihn Jegar Sahaduta, während Jakob ihn Gal-Ed nannte. 48 Und Laban sagte: «Dieser Steinhaufe ist heute Zeuge zwischen mir und dir.» Darum
nennt man ihn Gal-Ed (d. h. Steinhaufe des Zeugnisses) 49 und Mizpa
(d. h. Wache), weil er sagte: «Jahwe möge wachen zwischen mir und dir,
wenn wir einander nicht mehr sehen. 50 Solltest du je meine Töchter schlecht
behandeln oder solltest du (andere) Frauen zu meinen Töchtern hinzuneh-
men, auch wenn niemand bei uns ist, siehe, (dann) ist Gott Zeuge zwischen
mir und dir.» 51 Laban sagte zu Jakob: «Siehe, dieser Steinhaufe und der
Malstein, den ich errichtet habe zwischen mir und dir, – 52 Zeuge sei dieser
Steinhaufe, und Zeuge sei der Malstein, daß ich nicht zu dir hin diesen Steinhaufen überschreite und daß du nicht zu mir hin diesen Steinhaufen und diesen Malstein in böser Absicht überschreitest. 53 Der Gott Abrahams und der
Gott Nahors seien Richter zwischen uns! [der Gott ihres Vaters]». Da schwor
Jakob bei dem Schrecken seines Vaters Isaak.
54 Und Jakob veranstaltete auf dem Berg ein Schlachtopfer und lud seine
Verwandten zur Mahlzeit ein. Sie hielten das Mahl und übernachteten auf
dem Berg. 32,1 Am anderen Morgen in der Frühe küßte Laban seine Enkel
und seine Töchter und segnete sie. Dann machte sich Laban auf den Weg und
kehrte an seinen Wohnort zurück[13].

Die umfangreiche Erzählung, die von der Trennung Jakobs von Laban, ihrer
Vorgeschichte und ihrem verwickelten Verlauf berichtet, schließt sachlich an
die beiden vorangehenden Kapitel an. Daß Jakobs Aufenthalt bei Laban nur
ein, wenn auch sehr wichtiger Abschnitt in seinem Leben sein würde, das war
von Anfang an klar. Hier wird die Beendigung dieses Aufenthaltes erzählt. Innerhalb der Erzählung gibt es direkte Bezugnahmen auf vorher Berichtetes.

---

[11] Diese Wörter haben im hebräischen Text keine Entsprechung. Sie sind dort wohl ausgefallen und
werden von einigen Auslegern, auch von der Zürcher Bibel, an dieser Stelle eingefügt.
[12] Im hebräischen Text steht an dieser Stelle fälschlicherweise «Jakob».
[13] In der Zürcher Bibel wird 32,1 als V. 55 zu Kap. 31 gezählt. Diese sachlich zutreffende Kapiteleinteilung ist in der Textüberlieferung aber nicht üblich.

So nimmt bereits V. 1 die Erzählung vom Erwerb des Reichtums Jakobs in den Blick – V. 1 schließt somit sachlich unmittelbar an 30,25–43 an. V. 17 setzt die Hochzeitserzählung und die Erzählung von der Geburt der Kinder voraus. Damit sind die entscheidenden Inhalte der vorangegangenen Erzählungen präsent, ohne die das jetzt Berichtete ja auch völlig in der Luft hängen würde.

Um so auffallender ist, daß sich auch zahlreiche Spannungen und Widersprüche zu dem, was vorher erzählt war, finden. Z. B. wird der Weg, auf dem Jakob zu seinem Reichtum gekommen ist, hier und dort ganz anders beschrieben. Von der Hirtenschläue Jakobs und seinen Manipulationen ist keine Rede, vielmehr stellt sich sein Reichtum durch göttliches Wunder ein. «So hat Gott das Vieh eures Vaters weggenommen und hat es mir gegeben», stellt Jakob zusammenfassend fest, V. 9. Im Zusammenhang damit wird auch der Viehbestand Jakobs anders beschrieben als in Kap. 30. Sollten ihm dort die mehrfarbigen Ziegen und die schwarzen Schafe zufallen, so wird hier bei den mehrfarbigen Tieren zwischen verschiedenen Farbgebungen unterschieden, die schwarzen Schafe werden überhaupt nicht erwähnt. Auch werden in V. 10 und 12 «scheckige» Tiere genannt, von denen in Kap. 30 nicht die Rede war. Nach V. 7 beschwert sich Jakob bei seinen Frauen darüber, daß Laban seinen Lohn zehnmal geändert habe, vgl. V. 41. Aber von derartigen Vertragsverletzungen Labans ist in Kap. 30 nichts zu lesen. Die Spannungen zum Vorhergehenden sind also unverkennbar. Was bedeutet das für die Entstehung des vorliegenden Textes?

Die literarkritische Erklärung – Zusammenarbeit der Quellen J und E – legt sich nahe, ist häufig vertreten worden und ergibt in diesem Fall auch zwei leidlich geschlossene und gegeneinander abgrenzbare Textbestände. Aber es erheben sich gegen diese Lösung doch so viele Bedenken, daß sie ausscheiden muß. Nicht zuletzt ist die Tatsache, daß sich in den Kap. 29–30 kein elohistisches Textmaterial nachweisen läßt, ein erhebliches Argument gegen die Annahme eines elohistischen Textanteils in 31,1ff. An einer Stelle muß allerdings doch die Literarkritik ins Spiel gebracht werden, wo ganz offensichtlich ein kurzes Einsprengsel aus der Pentateuchquelle P in den Text eingefügt worden ist. Es handelt sich um den größten Teil des **V. 18**, beginnend mit den Worten «und seine gesamte Habe» bis zum Ende des Verses. Die sprachliche Gestaltung dieses Versteils, dessen Fehlen den Zusammenhang verständlicher macht, die Erwähnung von Paddan-Aram, der betonte Hinweis auf die Rückkehr zum Vater Isaak, der eine direkte Verbindung zu 27,46–28,9 herstellt, dies alles führt eindeutig auf P. Da in Kap. 29–30 keine Anzeichen von P zu finden sind, P aber doch von den Heiraten und den Kindern Jakobs berichtet haben sollte, wird meist angenommen, daß der höchstwahrscheinlich kurze, vielleicht listenartige P-Bericht zugunsten der ausführlichen Darstellung, die uns heute vorliegt, gestrichen worden ist. Daneben gibt es eine andere, letztlich wahrscheinlichere Annahme. Sie besagt, daß P von Jakobs Aufenthalt in Paddan-Aram gar nichts berichtet, die Geburt der Söhne aber durch die an späterer Stelle stehende Liste der Söhne Jakobs (35,22b–26) nachträglich zur Kenntnis gebracht hat.
Ansonsten aber erklärt sich Kap. 31 insgesamt leichter durch die Annahme,

daß ein Grundtext, den man als jahwistisch wird ansprechen können, durch
spätere Zusätze erweitert worden ist. Diese Zusätze haben eine deutlich er-
kennbare Grundintention. Jakobs doch nicht ganz unproblematische Handlungsweise, auch wenn man sie nicht direkt als «Betrug» bezeichnen sollte,
wird bereinigt zugunsten einer stärker in Anspruch genommenen direkten
göttlichen Einflußnahme auf das Geschehen, und damit wird der ursprüngliche
Charakter der jahwistischen Jakobserzählung doch ein Stück weit verwischt.
Auf der anderen Seite wird Laban, jedenfalls im ersten Teil der Erzählung, ne-
gativer geschildert, als es bisher der Fall war. Es kann jetzt nicht die Aufgabe
sein, die Ergänzungsschicht im einzelnen namhaft zu machen. Die folgende
Auslegung orientiert sich, abgesehen von einigen ausdrücklich benannten
Ausnahmen, am jetzt vorliegenden Text. Die Erzählung gliedert sich in drei
Teile: Anlaß und Vorbereitung für die Flucht Jakobs, V. 1–16, Jakobs Flucht
mitsamt der Familie, V. 17–21, die Auseinandersetzung zwischen Laban und
Jakob und ihr letztlich gutes Ende, V. 22–32,1.

Die Erzählung beginnt, ohne daß in V. 1 das Subjekt des ersten Satzes, Jakob,
ausdrücklich genannt wird. Man braucht deshalb nicht die V. 1 und 2 miteinander zu tauschen, auch sind V. 1 und 2 keine Dubletten, die zur Quellenscheidung nötigen könnten. Vielmehr sind die beiden Verse im Sinne einer Steigerung zu verstehen. Der Unmut der Söhne Labans ist ein erstes Anzeichen für
den sich ankündigenden Konflikt. Daß auch Laban selbst seine Haltung ihm
gegenüber geändert hat, macht die Lage dann aber für Jakob bedrohlich.
Wenn es in V. 1 heißt, «alles» habe Jakob an sich gebracht, so ist das natürlich
nicht wörtlich zu verstehen. Aber so übertreibend reden Neid und Mißgunst.
Von den Söhnen Labans war vorher schon einmal beiläufig die Rede, 30,35;
auch in dieser Erzählung sind sie Nebenfiguren ohne wichtige erzählerische
Funktion.
V. 4 könnte gut unmittelbar an V. 2 anschließen, indem die Konsequenzen geschildert werden, die Jakob aus der veränderten Situation zieht. Erzählerisch
wirkt V. 3 störend, sachlich ist die Aussage des Verses von großer Wichtigkeit.
Es fällt auch auf, daß V. 3 in keiner Weise auf die besonderen Umstände Bezug
nimmt, die Jakob zur Rückkehr veranlassen. Ähnlich wie in 26,2–5 und
28,13–15 könnte es sich bei V. 3 um eine spätere Ergänzung handeln, durch
die der so wichtige Vorgang der Rückkehr in das Land der Verheißung theologisch legitimiert und gedeutet wird. Gerade für die Rückkehr in das Land
wird Jakob Schutz und Beistand seines Gottes zugesagt, und die Rückkehr
selbst wird ausdrücklich durch die Weisung Gottes veranlaßt.
Mit V. 4 beginnt die Darstellung der Vorbereitung der Flucht. Jakob läßt seine
beiden Frauen zu sich aufs Feld kommen. Obwohl Lea die Ältere ist und von
daher Vorrang hätte, nennt der Erzähler, wie in V. 14, Rahel zuerst. Ungeachtet des Kinderreichtums Leas ist und bleibt doch Rahel für Jakob die erste und
bevorzugte Frau. Man kann das auch so deuten, daß bei Jakobs Haltung zu
seinen beiden Frauen die Liebe wichtiger ist als die Fähigkeit, viele Kinder zu
gebären. So jedenfalls sieht es der Erzähler.
Jakob sieht sich genötigt, seinen Frauen zu erklären, warum er Laban heimlich
verlassen muß. Ordnungsgemäß konnte eine Trennung vom Familienverband

nur erfolgen, wenn das Familienoberhaupt seine Zustimmung gab. Das galt für Jakob selbst, mehr aber noch für seine Frauen und Kinder. Labans Stimmungswechsel ihm gegenüber läßt Jakob diese ordnungsgemäße Lösung als unerreichbar erscheinen. Deshalb strebt er die Flucht an. Um seine Frauen zur Zustimmung zu bewegen, muß er Laban in möglichst negativem Licht erscheinen lassen, was er nach Kräften tut. Im einzelnen steht die Beschreibung des Weges, wie er zu seinem Reichtum gekommen ist, nicht nur in Spannung zu dem Bericht von 30,25–43, wovon bereits die Rede war, sie ist auch in sich kaum verständlich. Letzteres haben zahlreiche Ausleger dadurch zu heilen versucht, daß sie V. 10 und 12 aus dem Text herausnehmen. Auf diese Weise wird der Textzusammenhang insgesamt zweifellos glatter und verständlicher. Natürlich müßte dann auch nach einer Erklärung für die Einfügung dieser beiden Verse gesucht werden. Vielleicht ist es so, daß in V. 10 und 12, wo von mehrfarbigen Tieren gesprochen wird, wieder ein gewisser Anschluß an 30,25–43 gesucht wird, nachdem V. 8 eine ganz andere Beschreibung der Tiere Jakobs gegeben hatte.

Jakobs Anrede an seine Frauen **(V. 5–13)** geht von der Schilderung der vorangegangenen Geschehnisse aus, erschöpft sich darin aber nicht. War schon bei dieser Schilderung immer von Gottes Einwirken auf das Geschehen die Rede, V. 5.7, so rückt am Schluß durch den Bericht von seinem Traum Gottes Aktivität ganz in den Vordergrund. Die geplante Rückkehr in die Heimat ist nicht nur und nicht in erster Linie in den sich verschlechternden Lebensbedingungen begründet, sie basiert auf einem ausdrücklichen Befehl Gottes.

An dieser Stelle ist nun allerdings noch eine kurze Überlegung zur Textgestaltung anzustellen. Es spricht viel dafür, daß nicht nur V. 12, sondern auch **V. 13a** ein Zusatz ist, der allerdings aus anderem Anlaß und wohl auch zu anderer Zeit eingefügt worden ist. Daß der «Engel Gottes» sich so vorstellt, wie es in V. 13a geschieht, wäre auffallend. Auch paßt diese weit ausholende Vorstellung nicht zum Charakter der Traumschilderung. Wenn man V. 12 und 13a wegläßt, folgt auf die Anrede und die kurze Antwort ein ebenso klarer wie knapper göttlicher Befehl: «Mach dich jetzt auf, geh aus diesem Land weg und kehre zurück ins Land deiner Verwandtschaft». Von Labans Machenschaften wird in dem göttlichen Wort nichts gesagt. Natürlich stehen sie im Hintergrund, aber als göttlicher Befehl wird er nicht mit innermenschlichen Vorgängen begründet. Diese Art göttlichen Befehlens erinnert an 12,1. Mit V. 13b ist nicht nur das Ende der Rede Jakobs, sondern auch ihr sachlicher Höhepunkt gegeben. Es sei noch eine kurze Bemerkung zu V. 13a angefügt. Dieser Versteil stellt die Verbindung zur Bethelerzählung von Kap. 28 her, und zwar zu der Textgestalt, die bereits das Gelübde enthält. Auf diese Weise wird ausdrücklich die göttliche Führung namhaft gemacht. Das ist ein wichtiger Gedanke, der aber in den Erzählfluß der Geschichte eigentlich nicht hineingehört.

Am Ende der Rede Jakobs an seine Frauen steht keine ausgesprochene Frage. Unausgesprochen läuft das Ganze aber doch auf eine Frage hinaus. Und so ist es ganz sachgemäß, daß Rahel und Lea «antworten», **V. 14–16**. Ihre Antwort ist eindeutig, und sie vertreten sie gemeinsam, was nach allem, was geschehen war, nicht selbstverständlich ist. Sie tun es zunächst mit einer rhetorischen Frage (V. 14b) – diese Stilform verstärkt die Aussage –, in der eine geprägte Lossagungsformel verwendet wird. Die Formel kommt in ihren wesentlichen Elementen auch in 2. Sam. 20,1 und 1. Kön. 12,16 = 2. Chron. 10,16 vor. An den genannten Stellen gehört sie in den politischen Bereich, und das dürfte auch ihr ursprünglicher Herkunftsbereich sein. Indem der Erzähler diese Formel aufnimmt und den Frauen in den Mund legt, macht er von Anfang an ihre Entschlossenheit deutlich, mit der sie den Bruch mit ihrem Sippenverband vollziehen.

Hinter **V. 15** steht die Vorstellung, daß der Vater das Brautgeld an die verheiratete Tochter mindestens zum Teil weitergibt. Davon wird sonst im Alten Testament nichts berichtet. Es ist aber nicht unwahrscheinlich, daß damit auf einen üblichen Brauch Bezug genommen wird, zumal es altorientalische Parallelen gibt. Laban hat sich also als ein egoistischer Vater erwiesen, der seine Töchter tatsächlich «verkauft» hat, womit ein Ausdruck verwendet wird, der sonst im Alten Testament die Verheiratung einer Tochter gerade nicht bezeichnet. Das alles bedingt, daß sich die Frauen in keiner Weise mehr an Laban gebunden fühlen und das, was inzwischen an Reichtum erwirtschaftet worden ist, als ihr rechtmäßiges Eigentum betrachten, **V. 16**. Schließlich gehen sie auch auf den zweiten Teil der Rede Jakobs ein. Der göttliche Befehl verlangt Gehorsam, wozu sie Jakob ausdrücklich ermuntern. Die Antwort der Frauen zeigt, daß sie in dieser Erzählung keineswegs nur Objekte männlicher Entscheidungen sind, daß sie vielmehr erheblichen Anteil am Gang der Ereignisse haben.

In **V. 17–21** wird die Flucht Jakobs geschildert. Daß diese Flucht mit Hilfe von Kamelen durchgeführt wurde, ist ein Anachronismus der Erzählung. Die Erzväter waren keine Kamelnomaden. Zu ihrer Zeit war, soweit wir heute wissen, das Kamel noch nicht domestiziert. Neben Kap. 24 ist unsere Erzählung die einzige der Erzvätergeschichten, in der Kamele vorkommen. Sonst werden sie lediglich in Aufzählungen erwähnt, vgl. oben zu 30,43. Jakob nimmt nicht nur Frauen und Kinder mit (auffallenderweise werden in V. 17 zuerst die Söhne, dann die Frauen genannt), sondern auch sein Vieh und seinen gesamten Besitz. Es handelt sich also um eine große Karawane, die sich da auf den Weg macht. Der Ausgangspunkt der Reise wird nicht genannt. Durch die Angabe «er überschritt den Fluß» (V. 21) wird aber im Sinne der jahwistischen Lokalisierung Labans im Gebiet des oberen Mesopotamiens (vgl. oben zu 29,1) eine bestimmte Vorstellung nahegelegt, denn «der Fluß» ist alttestamentlich kaum anders zu verstehen als «der Euphrat». Diese inhaltlich für J charakteristische Angabe steht allerdings in starker Spannung zum Reiseziel, dem Gebirge Gilead. Wie auch immer man diesen viel diskutierten Begriff lokal deutet, die Distanz zwischen dem Euphrat und Gilead kann von Jakob und seinem Troß auf keinen Fall in dem von der Erzählung gewährten Zeitraum überwunden worden sein. Die Gegend, in der Laban lebte, ist entgegen der jahwistischen Annahme, die auch in V. 21 zum Ausdruck kommt, nicht in Mesopotamien, sondern im ostjordanischen Steppenbereich (vgl. auch Hos. 12,13) zu suchen. Der Aufbruch Jakobs wird ausdrücklich als Flucht bezeichnet. Der Erzähler wird Jakobs Flucht vor Esau gewiß nicht vergessen haben, die nun zwanzig Jahre zurückliegt, V. 38. Wieder einmal muß er fliehen. Die Flucht gehört zu Jakobs Leben.

V. 19 ist eine erzählerische Einfügung. V. 19a erklärt, warum die Flucht zunächst unbemerkt gelingt, V. 19b benennt einen Vorgang, der für den Fortgang der Erzählung von Bedeutung sein wird. Die Schafschur war im Leben der Kleinviehzüchter in jedem Jahr ein herausragendes Ereignis, das nach der Arbeit in ein Fest einmündete, jedenfalls die Aufmerksamkeit der Hirten voll in Anspruch nahm, vgl. 1. Sam. 25,2–11; 2. Sam. 13,23f. Jakob konnte keinen besseren Zeitpunkt für seine Flucht wählen. Die Abwesenheit Labans wird überdies von Rahel genutzt, um den Hausgott Labans zu stehlen. Im Hebräischen scheint das hier gebrauchte Wort (*theraphim*) eine Pluralendung aufzuweisen, was in V. 34f. dazu geführt hat, daß eine pluralische Satzkonstruktion verwendet worden ist. Das beruht aber auf einem sprachlichen Irrtum. Die oben gewählte Übersetzung «Hausgott» liefert bereits eine gewisse Interpretation. Es dürfte sich im Zusammenhang unserer Erzählung um eine menschengestaltige Götterfigur handeln, die allerdings kaum Menschengröße erreicht hat, denn nach V. 34f. konnte Rahel die Figur unter ihrem Kamelsattel verbergen. In der Erzählung wird zunächst ohne Wertung von dem Hausgott Labans erzählt, der auch ausdrücklich als Gott (*elohim*) bezeichnet wird, V. 30f. Man versprach sich von der Gegenwart dieses Gottes Schutz, und deswegen wurde er von Rahel gestohlen und mitgeführt. Weiterführende Überlegungen dergestalt, daß der Besitz des Hausgottes Erbansprüche legitimiert, haben sich nicht bewährt. Der Besitz von Hausgöttern ist ein religionsgeschichtlich weit verbreitetes Phänomen. Im Fortgang der Erzählung kommt es dann aber doch zu einer Wertung des Hausgottes im Sinne einer Abwertung, denn das, was Rahel mit ihm macht, läßt keinen allzu großen Respekt vor diesem «Gott» erkennen. In späteren Texten des Alten Testament werden *theraphim* radikal abgelehnt, vgl. 1. Sam. 15,23; 2. Kön. 23,24.

Mit **V. 22** beginnt der umfangreiche dritte Teil der Erzählung. Jetzt geht es um die direkte und entscheidende Konfrontation zwischen Laban und Jakob. Der «dritte Tag» erinnert an 30,36. Drei Tage sind aber auch sonst eine im Alten Testament oft genannte Frist, vgl. 22,4; 40,12f.; 2. Mose 3,18; 5,3; 15,22; Hos. 6,2 u. ö. Der in **V. 23** gewählte Ausdruck «er setzte ihm nach» hat einen bedrohlichen Klang, vgl. Ri. 1,6; Jer. 29,18 u. ö. Laban nimmt bei der Verfolgung auch seine Verwandten mit, das unterstreicht seine Entschlossenheit. Die Verwandten werden im weiteren Verlauf der Erzählung noch eine Rolle spielen, vgl. V. 32.37.54.

Der Gang der Darstellung wird in **V. 24** unterbrochen durch den Bericht von einem Traum, in dem Gott Laban warnt, mit Jakob allzu rüde umzugehen. Die Übersetzung ist an dieser Stelle nicht ganz wörtlich, dürfte das Gemeinte aber richtig wiedergeben. Eine Reaktion Labans auf den Traum wird zunächst nicht mitgeteilt. Auch wird man sagen müssen, daß Laban seinen Neffen dann keineswegs zurückhaltend anspricht, vgl. V. 26ff. Hat die Traumoffenbarung also gar keine Wirkung gehabt? Die Frage übersieht die Funktion, die der Aussage des Verses im Zusammenhang zukommt. Unmittelbar nach dem für Jakob so bedrohlich klingenden V. 23 erfährt der Leser, daß Gott das Geschehen um

Jakob und Laban im Blick hat, daß die Jakob gegebene Zusage bei Gott nicht vergessen ist. Wenn V. 24 ein späterer Zusatz sein sollte, wofür einiges spricht, könnte er auf einer Ebene mit V. 4 liegen, auch wenn die Gottesbezeichnung eine andere ist. In Konsequenz dieser Annahme müßte auch V. 29, zumindest V. 29b, als Zusatz verstanden werden, denn an dieser Stelle wird auf die Traumoffenbarung Bezug genommen. Die Rede Labans würde ohne V. 29 in ihrer Gedankenführung einheitlicher und verständlicher. Daß Gott auch zu einem Nichtisraeliten im Traum spricht und ihn vor bestimmten Handlungen warnt, läßt an 20,3ff. denken, vgl. auch 4. Mose 22ff.

Die Auseinandersetzung zwischen Jakob und Laban (**V. 26–43**) vollzieht sich weitgehend in den Formen des Rechtsstreits. Eine genaue diesbezügliche Analyse des Textes kann hier nicht vorgelegt werden. Aber auf das Wichtigste soll hingewiesen werden. Bereits die ersten Worte Labans führen in diesen Bereich: «Was hast du getan!», so wird eine Beschuldigung eingeleitet. Man sollte in diesem Fall nicht von Anklage reden, denn es fehlt noch ein Forum, vor dem eine Anklage erhoben werden könnte, vgl. zu V. 31. Es handelt sich um eine vorgerichtliche Redeform, die der entsprechenden gerichtlichen Redeform formal weitgehend entspricht. Zu der formelhaft ausgesprochenen Beschuldigung gehört es, daß anschließend die Verfehlung benannt wird, was im Folgenden ausführlich geschieht. Es geht zunächst um die heimliche Flucht Jakobs mit seinen Frauen und Kindern. Laban bezeichnet Jakobs Vorgehen direkt als Diebstahl, V. 27. Aus V. 27b kann geschlossen werden, daß ein Abschied aus dem Familienverband, wenn er ordnungsgemäß vollzogen wurde, festlich begangen wurde. Vielleicht hat es dafür sogar bestimmte Lieder gegeben, wie Gunkel annimmt, «Abschiedslieder fröhlichen Inhalts». Im Alten Testament gibt es dafür allerdings keine Beispiele. Laban schließt diesen Teil seiner Beschuldigungsrede mit dem Satz ab: «Da hast du töricht gehandelt!» Dann nimmt er einen neuen Anlauf, äußert für den zunächst genannten «Diebstahl» sogar ein gewisses Verständnis, um eine zweite Beschuldigung an den Schluß zu stellen und damit als die eigentlich gemeinte zu bezeichnen: «Warum hast du meinen Gott gestohlen?» Auch das ist keine Frage, auf die eine Antwort erwartet wird, sondern wie der Satz «Was hast du getan!» eine vorwurfsvolle Beschuldigung.

Jakobs Antwort (**V. 31–32**) geht auf die erste Beschuldigung mit einer erklärenden und beschwichtigenden Bemerkung ein. Diese Beschuldigung ist damit erledigt. Nicht erledigt ist die zweite, für Laban ja auch wichtigere Beschuldigung: der Diebstahl des Hausgottes. In dieser Angelegenheit hebt Jakob den Streit nun auf die Ebene einer gerichtlichen Auseinandersetzung. Die Verwandten werden als Gerichtsforum angesprochen, und damit wird ein solches Forum installiert. Die Aufforderung Jakobs «vor unseren Verwandten untersuche!» ist so zu verstehen, und ganz eindeutig wird das in V. 37, wenn Jakob sagt: «Lege es hierhin vor meine Verwandten und vor deine Verwandten, damit sie zwischen uns beiden entscheiden!» Juristisch gesprochen erhebt Jakob Anklage gegen Unbekannt, den Dieb des Hausgottes. Er tut das, indem er innerhalb seiner Anklage einen Urteilsvorschlag formuliert, der die ganze Tragweite des in Rede stehenden Vergehens erkennen läßt: «Nicht am Leben bleiben soll der, bei dem du deinen Gott findest.» Ohne es zu wissen, hat Jakob damit über Rahel ein Todesurteil gesprochen, ein Erzählzug, der an Ri. 11,31 und 1. Sam. 14,24ff. erinnert.

In **V. 33–35** folgt dann die Beschreibung der von Jakob geforderten Untersuchung. Die Spannung steigert sich im Laufe der Schilderung schier ins Unerträgliche. Laban durchsucht ein Zelt nach dem anderen, bis er zuletzt das Zelt Rahels betritt.

In **V. 33** sind die Worte «und in das Zelt der beiden Mägde» ein Zusatz, der den erzählerischen Zusammenhang unterbricht; er wurde von einem überkorrekten Bearbeiter eingefügt, der die Zelte der beiden Mägde in der Aufzählung vermißte. In **V. 34** wird noch einmal aufgenommen, was der Leser seit V. 19 weiß: Rahel hat den Hausgott gestohlen. Und dann wird von ihrem kaltblütigen und geschickten Vorgehen erzählt, durch das sie eine Entdeckung des Diebstahls verhindert. Sie setzt alle Mittel ein: große Höflichkeit gegenüber dem Vater ebenso wie den Appell an seine Rücksichtnahme wegen ihrer Menstruation. Neben der erzählerischen Spannung hat die Szene auch einen humoristischen und theologischen Aspekt, denn sie dekuvriert diesen «Gott» als ein wirkungsloses Gebilde, das man stehlen und so respektlos behandeln kann, wie es hier geschieht. So gesehen, gehört dieser Text auch in den Zusammenhang alttestamentlicher Götzenpolemik, die in späteren Texten ausführlich behandelt wird, vgl. z. B. Jes. 44,9–20; 46,1–7. Aber im Vordergrund steht das hier nicht. Für Rahel und vor allem für Laban ist der Hausgott ein wichtiges Objekt, dessen Diebstahl sich lohnt und für dessen Wiederbeschaffung man alles mögliche tut. Rahels Diebstahl wird in der Erzählung nicht bewertet und auch nicht begründet. Will sie auf diese Weise das ihr und ihrer Schwester zugefügte Unrecht (V. 15) bestrafen und ausgleichen? Ausdrücklich gesagt wird das nicht. Deutlich aber ist eins: Der Diebstahl des Hausgottes zeigt, daß die beiden Frauen einen radikalen und endgültigen Bruch mit ihrer Familie vollzogen haben und nun ganz zu ihrer neuen Familie gehören. Aktiv ist dabei allein Rahel. Auch das kann zur Erklärung des Umstands herangezogen werden, daß Rahel in dieser Geschichte immer vor Lea genannt wird, vgl. V. 4.14. Rahel erweist sich als echte Tochter des verschlagenen Laban, «Blut von seinem Blut», sagt Gunkel. Am Schluß wird die Erfolglosigkeit der Suche Labans ausdrücklich festgestellt, V. 35b.

Nach diesem Mißerfolg Labans hat sich Jakobs Situation in der Rechtsauseinandersetzung grundlegend verändert. Die Beschuldigung Labans ist in sich zusammengebrochen, jetzt geht Jakob zum Gegenangriff über. Er tut es auf eine für diese Situation charakteristische Weise. Jakob beginnt mit entrüsteten Fragen nach der Verfehlung, die Laban ihm vorzuwerfen hat, V. 36, ganz ähnlich wie David es im Blick auf Sauls Vorgehen gegen ihn tut, vgl. 1. Sam. 20,1. Jakob verlangt einen Rechtsentscheid, der ihn Laban gegenüber ins Recht setzt, vgl. den bereits angesprochenen V. 37. Schließlich geht er als ein zu Unrecht Beschuldigter zum Gegenstoß gegen seinen Beschuldiger vor. Auch das ist ein häufig zu beobachtender Vorgang bei Rechtsauseinandersetzungen.

An der langen Rede Jakobs **(V. 36–42)** ist den Auslegern immer schon der fast dichterische Stil aufgefallen. In V. 36.38.39 ist sogar eine rhythmische Gestaltung zu erkennen. So wird auch sprachlich zum Ausdruck gebracht, daß

hier der Höhepunkt der Auseinandersetzung zwischen Jakob und Laban erreicht ist. Jakob gibt eine ausführliche Beschreibung der Zeit, die er bei Laban
verbracht hat. Er stellt seine Mühen und Erfolge heraus und konfrontiert sie
mit den Schikanen Labans: «Zehnmal hat er meinen Lohn geändert». Das ist
sicher nicht wörtlich zu verstehen, sondern bedeutet soviel wie «immer wieder», vgl. 4. Mose 14,22. In der Rede Jakobs werden einige Bestimmungen des
Hirtenrechts angesprochen. Der Hirt hatte offenbar das Recht, gelegentlich
einen Bock der Herde zum eigenen Bedarf zu verwenden. Jakob sagt, daß er
von diesem Recht keinen Gebrauch gemacht hat, V. 38. Bei Schädigung der
Herde durch höhere Gewalt, d. h. konkret vor allem durch Raubtiere, brauchte
der Hirt gegenüber dem Eigentümer für den Schaden nicht aufzukommen,
wenn er die Sachlage beweisen konnte, vgl. 2. Mose 22,10–13; Am. 3,12. Dieses
auch in altorientalischen Gesetzen festgelegte Recht des Hirten hat Laban
dem Jakob vorenthalten, **V. 39.**
Wie bei seiner Rede an die Frauen kommt Jakob zum Schluß auf Gott und
sein Wirken zu sprechen. Es war allein der Beistand Gottes, der ihn durch all
die Widrigkeiten geführt hat und dem allein er seinen Reichtum verdankt,
V. 42. Der Anfang des Verses erinnert an das Danklied Ps. 124,1ff. Zur Vorstellung des «Vätergottes», die in V. 42 aufgegriffen wird, vgl. oben S. 38. V. 42
wirkt mit seinen drei Gottesbezeichnungen allerdings überladen. Wahrscheinlich hat es ursprünglich nur geheißen «der Gott meines Vaters», d. h. Isaaks.
Die beiden anderen Bezeichnungen «der Gott Abrahams und der Schrecken
Isaaks» sind Ergänzungen, veranlaßt durch die spätere genealogische Verknüpfung der Väter. Der auffallende Ausdruck «der Schrecken Isaaks» dürfte
aus V. 53 übernommen sein.
V. 43–32,1 berichten von einem Vertrag zwischen Laban und Jakob. **V. 43** ist
ein Übergangsvers, der weder organisch zum Vorhergehenden noch zum Folgenden gehört. Man ist überrascht, Laban sagen zu hören, die Töchter seien
seine Töchter und deren Kinder seine Kinder und auch die Tiere gehörten
ihm. Gab es nicht ganz andere Abmachungen zwischen Laban und Jakob? Laban scheint hier von einem anderen Eherecht auszugehen, als es die übrige
Erzählung tut. Aus dem Alten Orient ist die sog. Beena-Ehe bekannt, auf die
es auch im Alten Testament einige Hinweise gibt, vgl. Ri. 8,31; 14. Die Beena-
Ehe ist dadurch charakterisiert, daß die Frau ihren Familienverband nicht verläßt, daß sie vielmehr unter der Verfügungsgewalt ihres Vaters verbleibt. Nach
diesem Eheverständnis hätte Laban recht mit dem, was er nach V. 43 sagt. So
liest sich dieser Satz als ein letztes Argument des schlauen Laban. Aber er
weiß, daß er damit nicht durchkommt, und so macht er schließlich den Vorschlag, daß beide als gleichberechtigte Partner einen Vertrag miteinander ab-
schließen, um so ihren Streit endgültig zu beenden.
Der Bericht über den Vertrag ist in der vorliegenden Form äußerst kompliziert. Gunkel meint, «die Quellenscheidung ist besonders schwierig», und
v. Rad konstatiert einen «sehr holprigen» Text. Es gibt in der Tat zahlreiche
Doppelungen und Unklarheiten. So ist z. B. von der Errichtung eines Malsteins (einer Massebe, vgl. dazu oben S. 61) und eines Steinhaufens die Rede,
die Errichtung wird zum einen Jakob, V. 45, zum anderen Laban (V. 51) zugeschrieben, von einer Mahlzeit ist in V. 46 und V. 54 die Rede, der Name Gilead

wird in V. 47 und V. 48 erklärt. Es gibt zahlreiche Versuche, durch Textände-
rungen oder Textinterpretationen die genannten Spannungen aufzulösen, wobei auch hier die Quellenscheidung als Erklärungsmodell kaum in Frage
kommt. Das alles soll hier jedoch nicht eingehend erörtert werden. Nicht un-
beachtet aber kann die entscheidende inhaltliche Spannung bleiben, die der
Text enthält, von der bisher noch nicht die Rede gewesen ist. Sie betrifft den
Inhalt des Vertrages, der einerseits als ein Grenzvertrag geradezu «völker-
rechtlichen» Charakter hat (V. 52) und der andererseits als ein familienrechtli-
cher Vertrag beschrieben wird, V. 50. In diesem Fall sind Harmonisierungsver-
suche ausgeschlossen, hier ist eindeutig von zwei verschiedenartigen Sachver-
halten die Rede.

Es ist kaum ein Zweifel daran möglich, daß der «völkerrechtliche» Vertrag die
ältere Überlieferung darstellt, zumal sachlich keine direkte Beziehung zu den
Ereignissen der Kap. 29–31 besteht. Zu dieser Überlieferung gehört die Namenserklärung des Wortes Gilead. Daß sie in V. 47 in doppelter Weise, nämlich auf Aramäisch und Hebräisch, erfolgt, ist eigenartig. Der Vers, der sich
auch aus anderen Gründen als sekundär erweist, ist der Zusatz eines überge-
nauen Ergänzers, der den Aramäer Laban gern aramäisch sprechen lassen
wollte. Die Überlieferung vom Gileadvertrag – erhalten etwa in
V. 46.48.51–53 – hält eine alte Grenzabmachung fest, die zwischen Aramäern
und Israeliten, nun festgemacht an Jakob und Laban, im ostjordanischen Gebiet getroffen und beschworen worden war. Sie findet ihr Ziel in **V. 53a**. Die
Aussage dieses auf sehr alter Überlieferung beruhenden Verses ist für die
Vorstellung vom Vätergott besonders erhellend, vgl. dazu auch oben S. 38.
Hier zeigt sich nämlich, daß jede nomadische Gruppe je ihren Gott verehrte,
denn hier ist die Rede vom Gott Abrahams und vom Gott Nahors, die nicht als
Einheit verstanden wurden, wie die Pluralform des Verbums zeigt. Das ist in
zahlreichen Übersetzungen durch eine singularische Verbform unkenntlich
gemacht (z. B. Zürcher Bibel, Lutherbibel). Ein erster Versuch, den theologisch später als schwierig empfundenen Plural richtigzustellen, könnte in dem
Zusatz «der Gott ihres Vaters» gesehen werden, denn dieser Zusatz faßt beide
Gottheiten ausdrücklich als eine zusammen. Die Übersetzung dieses Zusatzes
fehlt in der Zürcher Bibel. In **V. 53b** wird noch eine weitere Gottesbezeichnung gebraucht: der viel diskutierte Ausdruck «Schrecken Isaaks». Trotz vielfältig unternommener Versuche, andere Übersetzungen und damit dann auch
andere Bedeutungen zu begründen, bleibt die traditionelle Übersetzung doch
die wahrscheinlichste. Es handelt sich um eine sehr altertümliche Bezeichnung
des Vätergottes, die nur hier und in V. 42 vorkommt und die in der Bezeichnung der «Starke Jakobs» (49,24) eine gewisse Parallele hat. Wahrscheinlich
ist diese Gottesbezeichnung auch in dem Personennamen Zelophhad erhalten,
vgl. 4. Mose 26,33; Jos. 17,3 u. ö. Die Gottesbezeichnung erinnert an ein Offen-
barungserlebnis, das Isaak in Schrecken versetzt hat, das aber gerade dadurch
seine Bindung an diesen Gott begründet hat (A. Alt), oder es ist der Schrecken
gemeint, der von diesem Gott ausgeht und über die Feinde Isaaks kommt (H.
P. Müller).

Die Überlieferung von einem alten Grenzabkommen, die vorher gewiß selbständig tradiert wurde, ist in Kap. 31 mit einer familienrechtlichen Abmachung

verbunden worden, die erzählerisch den eigentlichen Abschluß der Jakob-La-
ban-Geschichte bildet. Auch in diesem Fall wird eine Ortsätiologie in die Erzählung eingefügt. Es geht um den Ort Mizpa. Neben dem bekannteren ben-
jaminitischen Mizpa gab es auch im Ostjordanland ein Heiligtum dieses Namens, das z. B. in den Jephtaüberlieferungen eine Rolle spielt (Ri. 10,17;
11,11.34). Dieses Mizpa ist in **V. 49** gemeint. Der Name erinnert daran, daß
Jahwe über dem Vertrag zwischen Laban und Jakob «wacht». Die Abmachung
selbst **(V. 50)** kann man als nachträglich geschlossenen Ehevertrag bezeichnen.
Derartige Eheverträge sind aus dem altorientalischen Umfeld des Alten Testaments bestens bekannt. In diesem Fall geht es um zwei Bestimmungen. Zunächst wird allgemeines Wohlverhalten des Ehemannes seinen beiden Frauen
gegenüber verlangt, und zweitens verbietet die Abmachung Jakob die Heirat
mit weiteren Hauptfrauen, durch die Lea und Rahel zurückgesetzt würden.
Der in **V. 53b** erwähnte Schwur Jakobs dürfte zu dem familienrechtlichen Vertrag gehören. Er enthält die Verpflichtung Jakobs, die getroffene Vereinba-
rung einzuhalten.
Der Vertragsabschluß wird mit einer Opferfeier besiegelt, **V. 54.** Das Schlachtopfer ist ein Gemeinschaftsopfer, an dem die Mahlgenossen, aber als unsicht-
barer Mahlgenosse auch die Gottheit teilnimmt. Es handelt sich um einen in
gleicher Weise festlichen wie verpflichtenden Akt. Ob dazu auch die gemeinsame Übernachtung an heiliger Stätte gehört hat, muß wegen fehlender Paral-
lelstellen offenbleiben. Es ist auch möglich, daß es sich bei dieser Notiz um eine erzählerische Vorbereitung auf die Verabschiedung am anderen Morgen
handelt. Was Laban vermißt und beklagt hatte, vgl. V. 27f., das wird ihm jetzt
gewährt. Er kann sich in aller Form von seinen Töchtern und Enkeln verabschieden.
Der Streit ist geschlichtet. Jakobs zwanzigjähriger Aufenthalt in der Fremde ist
zu Ende. Die Zeit war gekennzeichnet von menschlichen Intrigen und Schikanen, von Mühen und Entbehrungen, von Erfolg und Mißerfolg. Bei alledem
bleibt aber nicht ungesagt, daß Jakobs Weg in der Fremde ein von Gott ge-
führter und behüteter Weg gewesen ist, wie es vor allem V. 42 festhält und wie
es auch sonst immer wieder in z. T. später eingefügten Versen zum Ausdruck
gebracht wird.

32,2–22   Jakobs Vorbereitungen für sein Zusammentreffen mit Esau

**2 Auch Jakob hatte sich auf den Weg gemacht, da begegneten ihm Engel Got-
tes. 3 Als Jakob sie sah, sagte er: «Hier ist ein Heerlager Gottes.» Und er
nannte den Ort Mahanajim (d. h. Doppellager).
4 Dann schickte Jakob Boten vor sich her zu seinem Bruder Esau in das Land
Seir, in das Gebiet Edoms, 5 und gebot ihnen: «So sollt ihr zu meinem Herrn
Esau sagen: So spricht dein Knecht Jakob: Bei Laban habe ich mich aufgehalten und bin (dort) bis jetzt geblieben. 6 Ich habe es zu Rindern, Eseln, Schafen und Ziegen, Knechten und Mägden gebracht und sende nun Nachricht,
um es meinem Herrn mitzuteilen, damit ich Gnade finde in deinen Augen.» 7
Die Boten kehrten zu Jakob zurück und sagten: «Wir sind zu deinem Bruder**

Esau gekommen, auch er zieht dir entgegen, und vierhundert Mann sind bei ihm.» 8 Da fürchtete sich Jakob sehr, und er bekam Angst. Er teilte die Leute, die bei ihm waren, ebenso die Schafe und Ziegen, die Rinder und Kamele, in zwei Lager; 9 denn er dachte: Wenn Esau zu dem einen Lager kommt und es schlägt, so kann doch das andere Lager entrinnen.

10 Und Jakob betete: «Gott meines Vaters Abraham und Gott meines Vaters Isaak, Jahwe, der zu mir gesagt hat: Kehre zurück in deine Heimat und zu deiner Verwandtschaft; ich will dir Gutes tun! 11 Ich bin zu gering aller Gnadenerweisungen und aller Treue, die du deinem Knecht erwiesen hast. Denn (nur) mit meinem Stab habe ich diesen Jordan überschritten, aber jetzt bin ich zu zwei Lagern angewachsen. 12 Errette mich doch aus der Hand meines Bruders, aus der Hand Esaus, denn ich fürchte mich vor ihm, daß er kommt und mich totschlägt, die Mütter über den Kindern[14]. 13 Du hast doch selbst gesagt: Ich will dir gewiß Gutes tun und deine Nachkommen (zahlreich) machen wie den Sand des Meeres, den man vor Menge nicht zählen kann.» 14 Und er blieb dort in jener Nacht.

Dann nahm er von dem, was ihm zugekommen war, ein Geschenk für seinen Bruder Esau: 15 zweihundert Ziegen und zwanzig Böcke, zweihundert Mutterschafe und zwanzig Widder, 16 dreißig säugende Kamele mit ihren Jungen, vierzig Kühe und zehn Stiere, zwanzig Eselinnen und zehn Eselhengste. 17 Und er übergab sie seinen Knechten, jede Herde besonders, und sagte zu seinen Knechten: «Zieht vor mir her und laßt einen Abstand zwischen den einzelnen Herden.» 18 Und dem ersten befahl er: «Wenn mein Bruder Esau auf dich trifft und dich fragt: «Zu wem gehörst du, wohin ziehst du und wem gehören diese (Tiere) da vor dir?», 19 so antworte: «Sie gehören deinem Knecht Jakob. Es ist ein Geschenk, das meinem Herrn Esau gesandt ist. Und siehe, er selbst (kommt) auch hinter uns her.» 20 Und ebenso gebot er auch dem zweiten und dritten und allen, die hinter den Herden herzogen: «So sollt ihr zu Esau sprechen, wenn ihr auf ihn stoßt. 21 Ihr sollt auch sagen: «Siehe, dein Knecht Jakob (kommt) hinter uns her.» Denn er dachte: Ich will ihn mit dem Geschenk, das vor mir herzieht, versöhnen, erst danach will ich ihn selbst sehen; vielleicht nimmt er mich gnädig auf. 22 So zog das Geschenk vor ihm her, während er selbst in jener Nacht im Lager blieb.

Die Rückkehr in die Heimat ist für Jakob mit einem großen Problem belastet: Wie wird sich Esau ihm gegenüber verhalten? Haben die zwanzig Jahre in der Fremde ausgereicht, um den Zorn des Bruders zu besänftigen? Nicht ohne Grund macht sich Jakob große Sorgen. Unsere Erzählung berichtet von vielfältigen Maßnahmen Jakobs, die er ergreift, um sein Zusammentreffen mit Esau zu überstehen. Auch jetzt zeigt sich Jakob als ein kluger Mann, der die ihm gegebenen Möglichkeiten optimal ausschöpft.

Bevor dies alles erzählt wird, berichten V. 2–3[15] von einer Begegnung mit den «Engeln Gottes», die Jakob auf dem Wege widerfahren ist. Dieser Bericht ist

---

[14] Dies ist eine sprichwörtliche Redensart, vgl. Hos. 10,14.
[15] Gegenüber der Zürcher Bibel verschieben sich in diesem Kapitel die Verszahlen, vgl. Anmerkung 13.

in mancherlei Hinsicht auffallend. Von den «Engeln Gottes» (Plural) war zuletzt in Kap. 28 die Rede. Daß zwischen diesen beiden Erzählungen eine Beziehung besteht, haben die Ausleger oft festgestellt. Wie in der Heiligtumslegende von Kap. 28 geht auch hier von den Engeln keine Botschaft aus, sie sagen nichts, sie wirken lediglich durch ihre Anwesenheit. Es ist kaum richtig, sie als Schutzengel zu verstehen. Schutz und Beistand Gottes werden in den Vätererzählungen immer wieder ausdrücklich zugesagt, das muß nicht sozusagen zwischen den Zeilen gelesen werden. Es ist die durch die Engel Gottes erlebte Anwesenheit Gottes, die Jakob erfährt und die nicht näher interpretiert wird. Es wird nichts davon gesagt, daß er durch die Erscheinung in Furcht und Schrecken versetzt worden wäre, wie auf der anderen Seite aber auch nicht die Rede davon ist, daß er Trost und Ermutigung erfahren hätte. Noch bleibt seine Furcht vor Esau und verlangt seine volle Aufmerksamkeit. Aber er weiß jetzt, daß die Engel Gottes an seinem Weg zurück in die Heimat ihren Ort, wörtlich ihr «Lager», haben. Mit Hilfe dieses Wortes wird in V. 3 der Ortsname Mahanajim erklärt. Das Wort «Lager» spielt auch in dem folgenden Erzählabschnitt eine Rolle, vgl. V. 8.9.22. Der Begriff ist eine erzählerische Klammer, durch die die beiden Abschnitte der Erzählung zu einer Einheit zusammengebunden werden. Trotzdem ist es möglich, und wohl auch wahrscheinlich, daß V. 2–3 eine ursprünglich selbständige Tradition, nämlich eine Ortsnamensätiologie, widerspiegeln. Wie sich aus dem Vorkommen des Wortes «Lager» in V. 4–22 ergibt, hat das Wort im Zusammenhang von Kap. 32 keinen kriegerischen Klang im Sinne von «Heerlager».

Mahanajim, das vermutlich im Ostjordanland südlich des Jabbok lag, hat in der Geschichte Israels noch mehrfach eine Rolle gespielt. Es war eine Zeitlang die Stadt, in der Sauls Nachfolger residierte, 2. Sam. 2,8ff., war der Zufluchtsort Davids während des Absalomaufstandes, 2. Sam. 17,24ff., und war der Vorort einer der sog. Gaue Salomos, 1. Kön. 4,14. Von einem Heiligtum von Mahanajim ist an all diesen Stellen nicht die Rede. Mit Bethel ist Mahanajim also nicht vergleichbar.

Der folgende Erzählabschnitt besteht inhaltlich gesehen aus zwei Teilen, abgesehen von dem Gebet Jakobs, V. 10–13, das gesondert zu sehen ist. In beiden Erzählteilen geht es um Vorbereitungen Jakobs mit dem Ziel, das Zusammentreffen mit Esau möglichst gut zu überstehen. Das legte bei den Auslegern häufig die Annahme von zwei sachlich parallel laufenden Quellen nahe. So wurde V. 4–14a gern dem Jahwisten, V. 14b–22 dem Elohisten zugeschrieben. Zu einer derartigen Analyse bietet die Erzählung aber keinen Anlaß. Von wirklicher Parallelität kann keine Rede sein, vielmehr handelt es sich um verschiedene Maßnahmen Jakobs, die sich gegenseitig nicht ausschließen, sondern im Sinne von Steigerung zu verstehen sind. Abgesehen vom Gebet Jakobs handelt es sich um eine zielstrebig fortschreitende Erzählung; die retardierenden Züge erhöhen die erzählerische Spannung.

Die Erzählung setzt mit **V. 4** ohne weitere Vorbereitung recht unvermittelt ein. Jakob schickt Boten zu Esau, um seine Ankunft zu melden. Die beiden Ortsangaben des Verses sind sachliche Parallelen, die aber ohne Schwierigkeiten nebeneinander stehen können. Beide Bezeichnungen meinen das Gebiet der

Edomiter, als deren Stammvater Esau gilt, vgl. oben zu 25,25. Daß Esau bereits jetzt in diesem Gebiet lebend vorgestellt wird, bringt für das Verständnis der Erzählung eine gewisse Schwierigkeit. Hier kommt die stammesgeschichtliche Funktion Esaus zum Ausdruck, die ansonsten für die Erzählung nicht bestimmend ist. Nach dem priesterschriftlichen Bericht erfolgt die Übersiedlung Esaus in das edomitische Gebiet erst später, vgl. 36,6–8.

V. 4–6 sind ein charakteristisches Beispiel für eine Botensendung, mit deren Hilfe man in einer Zeit, als Botschaften noch nicht schriftlich überbracht wurden, eine Nachricht in wörtlicher Formulierung übermitteln konnte. Durch die sog. Botenformel «so spricht NN» wird der Empfänger einer Botschaft unmittelbar dem Absender konfrontiert. Im Alten Testament hat die Botenformel ihre größte Bedeutung im Zusammenhang der prophetischen Verkündigung. Die Formel «so spricht Jahwe» qualifiziert den Propheten als Boten Gottes.

Jakob kündigt dem älteren Bruder seine Rückkehr an. Er erwähnt seinen Aufenthalt bei Laban, geht aber mit keinem Wort auf den Anlaß für sein langes Fortsein ein. Er verbindet seine Mitteilung mit einem Hinweis auf den inzwischen erworbenen Reichtum. Das kann man als eine erste noch sehr versteckte Anspielung auf Geschenke verstehen, auf die Esau wird rechnen können. Die Aufzählung seines Besitzes erinnert an 30,43, die dort genannten Kamele fehlen hier, vgl. aber V. 8.16, dafür sind über 30,43 hinaus Rinder genannt. Die Botschaft Jakobs findet ihr Ziel in V. 6b: Er möchte Gnade finden in den Augen des Bruders, den er seinen «Herrn» nennt. Damit nimmt Jakob eine Haltung ein, die sicher nicht allein damit zu erklären ist, daß er dem älteren Bruder den ihm gebührenden Respekt entgegenbringt. Seine demutsvolle Haltung signalisiert seine Schuldanerkenntnis und enthält unausgesprochen die Bitte um Vergebung.

Die Erzählung nimmt dann einen schnellen Fortgang, **V. 7–9.14a**. Die Boten kehren zurück. Sie überbringen keine Antwort Esaus, berichten aber, daß Esau Jakob entgegenkommt und daß er vierhundert Mann bei sich hat. Das wird nicht weiter interpretiert, wodurch sich die erzählerische Spannung erhöht. In Jakobs Augen aber sind die vierhundert Mann Esaus auf jeden Fall höchst bedrohlich. Er gerät in große Furcht. Das wird in **V. 8a** doppelt ausgedrückt, was ganz gewiß nicht im Sinne der Literarkritik als Dublette verstanden werden darf, sondern Verstärkung bedeutet. Jakob wäre nicht Jakob, wenn er jetzt von Angst gelähmt tatenlos nur auf das kommende Unheil warten würde. Er teilt die Karawane in zwei «Lager», um auf diese Weise vielleicht wenigstens die Hälfte seines Besitzes vor Esau zu retten. Es wird nicht gesagt, was mit den Frauen und Kindern geschieht, von ihnen wird in V. 23 und 33,1–2 die Rede sein. So vorbereitet, verbringt Jakob die Nacht, **V. 14a**.

In **V. 14b–22** wird dann von einer weiteren, gegenüber dem bisher Berichteten deutlich gesteigerten Vorbereitung Jakobs auf das Zusammentreffen mit Esau berichtet. Ging es bisher darum, einen Teil des Besitzes zu retten, so zielt die neue Aktion darauf, Esau umzustimmen und ihn von seinen bedrohlichen Absichten abzubringen. Was bereits in V. 6b zum Ausdruck kam, erfährt jetzt eine Steigerung: Jakob demütigt sich vor dem Bruder, er übermittelt ihm Geschenke, wie man es Höhergestellten gegenüber tut, vor allem wenn man sich vor ihnen fürchtet oder sie sich gewogen machen will, vgl. 43,11; 1. Sam. 25,27; 2. Kön. 5,15; 8,9. Bei der wirklichen Begegnung der Brüder wird Jakobs untertänige Haltung Esau gegenüber dann mit den Worten Jakobs noch entschiedener zum Ausdruck gebracht, vgl. 33,10. In **V. 15–16** wird zunächst der Gesamtumfang des Geschenks aufgelistet, das dann später in drei Schüben nacheinander auf den Weg gebracht wird. Mit 550 Tieren handelt es sich wahrlich um eine gewaltige Gabe. Eine ähnliche Aufzählung von Viehbesitz steht in Hi. 1,3, allerdings mit noch größeren Zahlen. Hinter der Erzählung steht offenbar die Meinung, daß Jakob nicht seinen gesamten Besitz eingesetzt hat, der also noch erheblich größer vorgestellt wird. So interpretieren diese Angaben die Notiz von 30,43. Daß jeweils erheblich mehr weibliche als männliche Tiere geschickt werden, entspricht den Gegebenheiten und Erfordernissen der Viehzucht, wobei das Verhältnis von Männchen und Weibchen bei den einzelnen Tierarten unterschiedlich ist.

Jakob gibt den Knechten, die in gehörigem Abstand voneinander losziehen sollen, um bei Esau immer wieder erneut Überraschung auszulösen, genaue Anweisungen für das, was sie Esau sagen sollen. Insofern sind auch sie Boten. Am Ende der Botschaft steht jeweils der Hinweis auf Jakob. So wird Esau der Bruder dreimal angekündigt, bevor er ihn dann leibhaftig vor sich hat. Die Absicht des Vorgehens wird schließlich in **V. 21b** in einem Selbstgespräch Jakobs noch einmal ausdrücklich festgestellt. Wenn es dort heißt: «Ich will ihn versöhnen»[16], so bekennt sich Jakob damit ausdrücklich zu der auf ihm lastenden Schuld. Das ist bisher in dieser Eindeutigkeit noch nicht ausgesprochen worden. Erst dies aber ermöglicht einen Neubeginn im Verhältnis der beiden Brüder.

Von dem Gebet Jakobs **(V. 10–13)** war bisher noch nicht die Rede. Es ist das einzige wirkliche Gebet, das von einem der Erzväter überliefert worden ist. In seiner vorliegenden Form dürfte es kein ursprünglicher Bestandteil der Erzählung sein. Das muß aber nicht für das gesamte Gebet gelten. V. 12, der eigentliche Gebetsruf und als solcher Zentrum auch der jetzt vorliegenden Gebetsfassung, paßt genau in die Situation der Erzählung und ist im Anschluß an V. 8a gut vorstellbar (Westermann). Kurz vor dem Zusammentreffen mit Esau befindet sich Jakob in einer wirklichen Notsituation, mehr als das in den zurückliegenden zwanzig Jahren je der Fall gewesen wäre. In dieser Situation akuter Lebensbedrohung – so deutet Jakob das Herankommen Esaus – ist der an Gott gerichtete Hilferuf die allein angemessene Reaktion des alttestamentlichen Menschen. Dazu bedarf es keines besonderen Ortes. Die Erzählung gibt jedenfalls keinen Hinweis auf ein Heiligtum, an dem Jakob gebetet hätte. Die Not allein legitimiert zum Gebet. Man pflegt derartige Gebete als «freie Laiengebete» zu bezeichnen. Auf die Bitte folgt in V. 12b die Schilderung der Not. Natürlich muß auch der Adressat des Hilfeschreis genannt werden. Das ist in V. 12 nicht der Fall. Der Gebetsadressat ist aus V. 10 zu entnehmen, wo der Text überfüllt wirkt. Das unverbunden nachgestellte «Jahwe» dürfte eine spätere Ergänzung sein. Ursprünglich könnte die Anrufung des «Vätergottes», vielleicht in der einfachen Bezeichnung «Gott meines Vaters», den Hilferuf eingeleitet haben.

---

[16] Wörtlich heißt es «ich will sein Angesicht bedecken», damit er die Schuld nicht mehr sieht.

Der kurze Gebetsruf Jakobs ist dann erweitert worden zu dem ausführlichen Gebet von **V. 10–13**. In diesem Gebet geht es über die Bitte hinaus um Rückschau und Dank. Das Gebet markiert auf diese Weise ebenfalls die Situation Jakobs, aber nicht ausschließlich seine Bedrohung durch den Bruder als vielmehr die Situation eines Mannes, der nach langen Jahren in der Fremde nun reich gesegnet heimkehrt und dafür Gott Dank sagt, vgl. bes. V. 11. Das Gebet gehört in die Situation der Lebenswende. Bezeichnend ist, daß an zwei Stellen auf vorher erfolgte Gottesreden Bezug genommen wird, diese sogar zitiert werden, vgl. V. 10 und 13. Auch wenn es sich nicht um wörtlich exakte Zitate handelt, sind die Bezugstellen doch eindeutig. Die Aufforderung zur Rückkehr in die Heimat und eine damit verbundene göttliche Zusage findet sich in 31,3 und etwas anders in 31,13. Die Mehrungsverheißung weist zurück auf 28,14f. Bei all diesen Stellen handelt es sich um theologisch interpretierende Zusätze zu den jeweiligen Erzählungen. Ob sie einer einheitlichen Interpretationsschicht zuzuweisen sind und wie diese zeitlich und theologisch zu definieren wäre, muß hier offenbleiben. In diesem Zusammenhang sei auf eine auffallende Formulierung in V. 11 hingewiesen, nämlich auf den Ausdruck «diesen Jordan überschreiten», der sonst nur in deuteronomistischen Texten vorkommt, vgl. 5. Mose 3,27; 31,2; Jos. 1,2.11; 4,22. Nicht ganz so eindeutig, aber doch auch bemerkenswert ist die Formulierung: «Ich will dir Gutes tun», V. 10 und V. 13, die in den Verheißungen an die Erzväter sonst nicht gebraucht wird. Da ist vom Segnen oder Mehren die Rede, vgl. aber 5. Mose 28,63; 30,5. Da auch die Ortslage von Mahanajim keinen direkten Ausblick auf den Jordan zuläßt und es im vorliegenden Zusammenhang um die Überschreitung des Jabbok und nicht des Jordan geht, spricht einiges dafür, in diesem Abschnitt einen deuteronomistischen Text zu vermuten, d. h. einen Text, der erst in exilischer Zeit formuliert worden ist. Wenn das richtig ist, würde Jakobs Geschick hier in gewisser Weise das Geschick des Volkes Israel abbilden, indem auf die Vertreibung aus dem Land und die Rückkehr in das Land angespielt wäre. Das Gebet Jakobs hätte dann eine weiterreichende Bedeutung, ohne daß seine Bedeutung für die Jakobsüberlieferung selbst aufgegeben werden müßte. G. v. Rad hat unter anderen literarischen Voraussetzungen von der «programmatischen Bedeutung» des Gebetes «für das Ganze der Jakobsgeschichte» gesprochen. Daran ist festzuhalten. Jakobs vergangene Geschichte klingt hier ebenso an wie die von Gott ihm verheißene Zukunft. Indem sich der Beter Jakob am Ende des Gebets an die Verheißung erinnert und sie Gott vor Augen hält, gewinnt er die Zuversicht, dem Zusammentreffen mit Esau mit Vertrauen entgegenzugehen.

32,23–33   Jakobs Kampf am Jabbok

23 Noch in der gleichen Nacht stand er auf, nahm seine beiden Frauen, seine beiden Mägde und seine elf Kinder und überschritt die Furt des Jabbok. 24 Er nahm sie, brachte sie über den Fluß, und auch <all> seine Habe brachte er hinüber. 25 Jakob blieb allein zurück. Da rang ein Mann mit ihm, bis die Morgenröte anbrach. 26 Als er sah, daß er ihn nicht überwältigen konnte,

schlug er auf seine Hüftpfanne, so daß sich die Hüftpfanne Jakobs ausrenkte,
als er mit ihm rang. 27 Und er sagte: «Laß mich los, denn die Morgenröte ist
angebrochen!» Er aber antwortete: «Ich lasse dich nicht los, außer wenn du
mich segnest.» 28 Er fragte ihn: «Wie heißt du?» Er antwortete: «Jakob». 29
Darauf sagte er: «Du sollst nicht mehr Jakob heißen, sondern Israel, denn du
hast mit Gott und mit Menschen gekämpft und bist Sieger geblieben.» 30 Und
Jakob fragte (ihn) und sagte: «Nenne (mir) doch deinen Namen!» Er aber
sagte: «Warum fragst du nach meinem Namen?» Und er segnete ihn dort. 31
Und Jakob nannte den Ort Pniel, denn (so sagte er:) «Ich habe Gott von Angesicht zu Angesicht gesehen und bin am Leben geblieben.» 32 Es ging ihm
aber die Sonne auf, als er an Pnuel vorüberging, und er hinkte an seiner Hüfte. 33 Darum essen die Israeliten bis auf den heutigen Tag den Hüftnerv
nicht, der über der Hüftpfanne liegt, weil er die Hüftpfanne Jakobs am Hüftnerv geschlagen hatte.

Die Geschichte von Jakobs Kampf am Jabbok unterbricht den erzählerischen
Zusammenhang. Jakob hatte sich auf sein Zusammentreffen mit Esau vorbe-
reitet, und man erwartet unmittelbar anschließend die Schilderung eben dieser
Begegnung, aber von ihr wird erst in Kap. 33 erzählt. Ursprünglich wird der
Erzählfluß einmal so gewesen sein. Im vorliegenden Erzählablauf ist der Leser
völlig überrascht durch das in V. 23–33 Berichtete, so wie es auch für Jakob als
etwas völlig Überraschendes geschildert wird. Gerade das will die Erzählkomposition bewirken.
Die Erzählung selbst weist keine allzu großen literarischen Probleme auf. Die
Annahme von zwei Quellen innerhalb der Erzählung ist heute weitgehend
aufgegeben. Aber es ist mit Texterweiterungen zu rechnen. Über ihr Ausmaß
wird kontrovers geurteilt. Einigermaßen einmütig sind die Ausleger in der
Meinung, daß V. 33 ein Zusatz ist, der eine bestimmte Speisesitte erklärt. Inhaltlich gehört zu diesem Zusatz auch V. 26b. Dieser Versteil erweist sich im
umgebenden Kontext recht deutlich als Hinzufügung, durch die die Erzählung
nicht weitergeführt, aber V. 33 vorbereitet wird. Sehr viel problematischer ist
die Situation bei V. 28f., der zweiten Ätiologie der Erzählung. Gehören auch
diese Verse einer jüngeren Bearbeitungsschicht an, wie oft angenommen
wird? Sicher ist die Erzählung von dem geheimnisvollen nächtlichen Überfall
ohne diese Namensätiologie vorstellbar und sogar in sich eindeutiger. Andererseits sind die beiden Verse für die Erzählung als Jakobserzählung unver-
zichtbar. Eine ursprünglich anonym umlaufende Erzählung vom «Kampf am
Jabbok», deren Existenz wir vermuten können, hatte diese beiden Verse noch
nicht, zu der Erzählung «Jakobs Kampf am Jabbok» aber gehörten sie von Anfang an hinzu.
Eine Verstehensschwierigkeit ergibt sich innerhalb der ersten Verse. Einerseits wird gesagt, daß Jakob die Furt des Jabbok überschritten habe, V. 23, andererseits, daß er den gesamten Troß über den Fluß gebracht habe, selbst aber
zurückgeblieben sei, V. 24–25a. Es sind verschiedene Lösungsmöglichkeiten
dieser Schwierigkeit erwogen worden. Wenn man V. 23 als eine zusammenfas-
sende Beschreibung des Gesamtvorgangs versteht, der im Folgenden dann im
einzelnen ausgeführt wird, bedarf es keiner literarkritischen Operation. Zu

beachten ist allerdings, daß nur in den einleitenden Versen (V. 23–25a) von der Familie Jakobs die Rede ist. Die eigentliche Erzählung handelt von ihm «allein», V. 25a. Durch diese einleitenden Verse wird die ursprünglich selbständig erzählte Begebenheit in den Zusammenhang der Jakobsgeschichte hineingestellt.

Die vorliegende Erzählung muß auf zwei Erzählebenen gedeutet werden, auf der Ebene einer selbständigen Erzählung und auf der Ebene als Jakobserzählung. Die zweite Ebene, die gleichzeitig die Ebene des jahwistischen Erzählwerks ist, ist die exegetisch ungleich gewichtigere, zumal in sie die ursprüngliche Einzelerzählung aufgenommen worden ist. Diese bleibt deshalb in vielem unklar und geheimnisvoll. Aber das gehört zu ihrem Wesen und darf auf keinen Fall weginterpretiert werden. Es ist die Erzählung von einem geheimnisvollen nächtlichen Überfall durch ein dämonisches oder göttliches Wesen, das einen Reisenden bedroht.

In den Auslegungen dieser Geschichte ist die Frage, woher dieser Stoff stammt, ein vielverhandeltes Problem. Natürlich liegt die Annahme einer ursprünglich kanaanäischen Lokaltradition nahe, die hier aufgenommen worden ist. Aber es gibt keine Parallelen aus dem kanaanäischen Bereich. Auch wäre die hier zutage tretende Gottesvorstellung für kanaanäisches Denken ganz ungewöhnlich. So ist der Erzählstoff israelitischem Denken vielleicht doch näher (Hermisson), als man das früher gemeinhin angenommen hat. Zum Vergleich ist von den Auslegern immer schon auf eine andere Erzählung hingewiesen worden, auf Jahwes nächtlichen Überfall auf Mose, 2. Mose 4,24–26, die in mancherlei Aspekten dem Geschehnis am Jabbok ähnlich ist, wobei in der Erzählung selbst Mose gar nicht genannt wird (anders in fast allen Übersetzungen) und es unklar bleibt, wem der Angriff gilt. Auch hier geschieht der Angriff in der Nacht, er gilt einem, der sich auf der Reise befindet, und er hat lebensbedrohliches Ausmaß. Das wird in 2. Mose 4,24, anders als in der vorliegenden Erzählung, ausdrücklich gesagt, ist für V. 23–33 aber unausgesprochen auch gemeint, denn bei diesem Kampf geht es ja wahrlich nicht um eine sportliche Auseinandersetzung. Es geht um Lebensbedrohung und um Überwindung dieser Lebensbedrohung.

Aber wer ist es, der dem Reisenden so bedrohlich entgegentritt? Die alte Erzählung läßt das zunächst ganz im Ungewissen. Am Beginn des Kampfberichts wird von dem Gegner als von einem «Mann» gesprochen. Man könnte das Wort hier auch mit «jemand» übersetzen, V. 25. Erst später – V. 28f. müssen zunächst unberücksichtigt bleiben – redet Jakob von seinem Gegenspieler als von «Gott», V. 31. Zwei Dinge sind für Jakobs Widerpart charakteristisch. Zum einen: Seine Kraft ist an die Nacht gebunden, bei heraufziehender Morgenröte muß er seine Wirksamkeit beenden, V. 27. Aus der Religionswissenschaft sind für dieses Phänomen mancherlei Parallelen beizubringen. Zum anderen: Er hat die Fähigkeit, einen Segen auszuteilen. Es ist ein Segen, der vom Segensempfänger geradezu erkämpft werden muß. Doch sollen diese Hinweise auf den alten Erzählstoff genügen. Wir haben uns der Geschichte nun in der Form zu stellen, wie sie im jahwistischen Erzählwerk überliefert worden ist.

V. 23 verknüpft mit seiner Zeitangabe die folgende Erzählung eng mit der vorhergehenden. Jakob hat, wenn man die beiden Angaben miteinander liest, keine Atempause. Er trifft alle Vorbereitungen für die bevorstehende Begegnung mit dem Bruder. Dazu muß der Jabbok überschritten werden. Das ist für eine so große Schar von Menschen und Vieh eine schwierige und gefahrvolle Unternehmung. Der Jabbok, heute *nahr ez-zerqa* («blauer Fluß») genannt, ist einer der östlichen Nebenflüsse des Jordan. Der alttestamentliche Name Jabbok, dessen Etymologie unsicher ist, erinnert in seiner hebräischen Klangfarbe an das in V. 25b und V. 26 benutzte, im Alten Testament nur hier vorkommende Wort «ringen» (*'bq*). Diese Anspielung wird zwar im Text nicht ausdrücklich aufgegriffen, dürfte für hebräische Ohren aber doch unüberhörbar sein. Der Jabbok ist der Fluß des Ringkampfes. Warum Jakob die gefährliche Flußüberschreitung in der Nacht vornimmt, kann man gewiß fragen. Wollte er wenigstens dabei von Esau ungestört bleiben? Ausdrücklich wird noch einmal die gesamte Familie Jakobs genannt: seine beiden Frauen, seine beiden Mägde und seine elf Kinder. Bei letzteren fehlt Dina, gewiß nicht deshalb, weil die Tochter nicht erwähnenswert wäre, sondern weil Dina erst nachträglich der Jakobserzählung eingefügt worden ist, vgl. oben zu 30,21. **V. 24** betont die Mühe Jakobs, die ihm die Flußüberquerung gemacht hat. Man sieht ihn geradezu nach getanem Werk erschöpft vor sich. Allein ist er noch diesseits des Flusses, **V. 25a**.

Und dann folgt in **V. 25b** der geheimnisvolle Satz: «Da rang ein Mann mit ihm, bis die Morgenröte anbrach.» Was hier geschieht, geschieht völlig überraschend und ist für den Betroffenen in höchstem Maße bedrohlich. Es geschieht in der Nacht und in der Einsamkeit, beides ist für das Geschehnis konstitutiv. Es gibt keinen Zeugen. Die nächsten Menschen sind von den beiden Kämpfern durch den Fluß getrennt.

Normalerweise endet ein Ringkampf mit einem Sieger und einem Besiegten. Die naheliegende Frage, wer aus diesem Kampf als Sieger hervorgegangen ist und wer besiegt wurde, findet keine eindeutige Antwort. Es gibt Erzählzüge, die Jakob als den Sieger erscheinen lassen, und andere, die dem widersprechen. Am deutlichsten ist die Aussage «du bist Sieger geblieben» innerhalb der Namensätiologie des V. 29. Auch der erste Satz von V. 26 weist in diese Richtung: Der Angreifer erkennt, daß er Jakob nicht überwältigen kann. Schließlich muß er Jakob bitten, ihn loszulassen, V. 27. Auf der anderen Seite aber vermag der Angreifer, Jakob durch einen Schlag auf die Hüfte schwer zu schädigen, V. 26. Hier scheint der Angreifer dem Angegriffenen deutlich überlegen zu sein. Auch verweigert er seine Namenskundgabe, was er als eindeutig Besiegter sicher nicht könnte, V. 30. Die offensichtlich bestehende Spannung innerhalb der Erzählung hat man gern durch die Annahme zu erklären versucht, daß die ursprüngliche Erzählung tatsächlich von einem Sieg Jakobs über den geheimnisvollen Angreifer zu berichten wußte, vgl. Hos. 12,5, daß aber diese Aussage später abgemildert wurde, indem man die Überlegenheit des nun als Gott verstandenen Kämpfers betonte. Ob dies eine zutreffende Beschreibung der Entstehungsgeschichte der Erzählung ist, muß offenbleiben. Wichtiger ist, daß die jetzt vorliegende Erzählung gerade durch diese Ambivalenz geprägt ist, daß nicht zuletzt darin ihre Besonderheit und Bedeutung liegt.

Der eigentliche Kampfbericht füllt nur eineinhalb Verse, **V. 25b – 26.** Er bleibt absolut unkonkret, ist aber bei all seiner Kürze geprägt von der eben beschriebenen Spannung. Keiner der beiden Kämpfer kann den anderen überwältigen. Aber jeder gewinnt auf seine Weise Macht über den anderen, indem der eine den anderen an der Hüfte verletzt und dieser den Kontrahenten trotzdem festzuhalten vermag. Das alles geschieht in der Dunkelheit der Nacht. Es gehört zu den besonders urtümlichen Elementen der Erzählung, daß der ungenannte Angreifer bei Anbruch der Morgenröte verschwinden muß. In den Sagen und Märchen der Völker gibt es dafür viele Parallelen. Aber hier kann der Ungenannte nicht einfach fortgehen, so wie er gekommen ist. Die beiden Kämpfer sind nun in eigenartiger Weise aufeinander angewiesen und aneinander gebunden. Sie müssen einander bitten und gewähren einander ihre Bitten.

Jakob fordert von dem Angreifer als Bedingung seiner Loslassung einen Segen, **V. 27.** Damit fällt das zweite Leitwort der Erzählung, der erste Erzählteil war durch das Wort «kämpfen» geprägt. Daß damit innerhalb der Jakobserzählung auf Kap. 27 zurückgeblickt wird, ist unverkennbar. Auch dort ging es um den Segen, aber es war ein betrügerisch erschlichener Segen, der zwar ein gültiger Segen war, dem aber doch das Odium dieses fatalen Betrugs anhing. Jetzt empfängt Jakob einen neuen, einen in schwerem Kampf errungenen Segen. Jakob ist der Mann des Segens. Der Segen prägt sein Leben.

Die Erteilung des Segens geschieht nicht in unmittelbarem Anschluß an die geäußerte Bitte. Dazwischen steht in der jetzt vorliegenden Gestaltung der Erzählung die Diskussion um die Namen der beiden am Geschehen Beteiligten. Es muß in diesem Zusammenhang erinnert werden an die große Bedeutung, die nach alttestamentlichem Verständnis dem Namen einer Person zukommt. Das gilt in besonderem Maß für die Vätererzählungen und nicht zuletzt für den Gottesnamen des Alten Testaments, vgl. z. B. 2. Mose 3,14; Ps. 8,2.10. Am Namen einer Person hängt ihr Wesen. Der Name ist nicht «Schall und Rauch» (Goethe), er kann nicht wie eine Etikette beliebig ausgewechselt werden. Namensänderungen sind Akte von höchster Bedeutung, vgl. 17,5.15, aber auch 2. Kön. 23,34; 24,17. So ist es auch hier.

Der Segnende muß den Namen des Segensempfängers kennen, denn der Segen wird einer bestimmten Person zugesprochen. So fragt der blinde Isaak nach dem Namen dessen, den er zu segnen vorhat, 27,18. So fragt hier der Unbekannte nach dem Namen dessen, der den Segen begehrt, **V. 28.** In einem weiteren Sinn kann man diese beiden Stellen durchaus aufeinander beziehen. Dieses Mal antwortet Jakob mit seinem Namen: «Jakob». Es ist der Name, der im Sinn der Jakobsgeschichte einen höchst problematischen Klang hat, vgl. 25,26; 27,36. Diesen Namen soll Jakob nun hinter sich lassen und damit all das Dunkle, mit dem seine Geschichte belastet ist.

Die in **V. 29** dargebotene Deutung des Namens Israel hält philologischen Anforderungen nicht stand und steht insofern in einer Reihe mit vielen anderen Namensdeutungen der Vätergeschichten, vgl. dazu grundsätzlich oben S. 20. Die philologisch zutreffende Bedeutung des Namens Israel ist umstritten. Mögliche Deutungen sind «Gott möge streiten» oder «Gott möge herrschen». In der Namensdeutung von V. 29 aber ist Gott – und dafür gibt es keine Parallelen in alttestamentlichen Satznamen – nicht Subjekt, sondern Objekt. Jakob wird durch den Namen Israel als der gesehen, der mit Gott gerungen hat. Was aber bedeutet es, daß er «mit Gott und mit Menschen» gekämpft hat? Dieser Ausdruck ist viel verhandelt worden. Daß der Kampf mit Menschen die Auseinandersetzungen Jakobs mit Esau und Laban im Auge hat, wie es gelegentlich gesagt worden ist, ist sehr unwahrscheinlich. Vielmehr dürfte es sich um eine Redewendung handeln, die durch die Nennung eines Gegensatzpaares eine Ganzheit ausdrückt (Merismus), wie es auch in Ri. 9,9.13 der Fall ist. Es braucht kaum ausdrücklich festgestellt zu werden, daß die Namensänderung wie die Namensdeutung aus einer Zeit stammen, in der es Israel längst gab und in der Jakob als sein Stammvater gesehen wurde. Israel ist nach dieser Deutung ein Ehrenname des Stammvaters. Es ist auch nicht so, daß in den folgenden Erzählungen der Name Israel an die Stelle des Namens Jakob träte. Es wird weiterhin von Jakob erzählt. Die Namensänderung wird dann später in 35,10 ein zweites Mal erwähnt. Diese Doppelüberlieferung ist in der Zusammenfügung der beiden Pentateuchquellen J und P begründet.

Danach fragt Jakob nun seinerseits den Gegner nach seinem Namen, aber der gibt dieses Geheimnis nicht preis, **V. 30**. Die Verweigerung der Namenskundgabe wird in Ri. 13,18 mit denselben Worten ausgesprochen. Es handelt sich um einen Erzählzug, der auch über das Alte Testament hinaus oft belegt ist. Am bekanntesten dürfte das Märchen vom Rumpelstilzchen sein mit dem Satz: «Ach wie gut, daß keiner weiß, daß ich Rumpelstilzchen heiß!» Die Kenntnis des Namens verleiht Macht über den Namensträger. Deshalb fürchten Dämonen und ähnliche Wesen die Preisgabe des Namens. Aber das gilt nicht nur für solche Wesen. In Ri. 13,17−18 ist es der «Engel Jahwes», der dem Manoah die Kundgabe seines Namens verweigert, und in unserer Geschichte ist es zwar jener unbekannte Angreifer, der seinen Namen nicht nennen will, aber es wird im Laufe der Erzählung doch zunehmend deutlicher, daß es letztlich Gott selbst ist, der hier dem Jakob begegnet ist.

In **V. 31** mündet die Erzählung ein in eine Erklärung des Ortsnamens Pnuel. Bereits im letzten Satz von V. 30 wird diese Ortsätiologie durch das Wort «dort» vorbereitet, das jetzt sachlich aufgenommen wird. Als Zielpunkt der Erzählung ist V. 31 auffallend, denn die Erzählung selbst gibt zu dieser Namensdeutung kaum Anlaß. Die oft geäußerte Vermutung, daß die Erzählung ursprünglich eine Erklärung des Flußnamens Jabbok geboten hat – Jabbok als Fluß des Ringkampfes, vgl. oben –, hat einiges für sich. Jetzt aber läuft die Erzählung auf eine Erklärung des Ortsnamens Pnuel hinaus. Der Ort hat in unserem Text zwei verschiedene Bezeichnungen, die zweite ist die normalerweise gebrauchte. Wenn beim ersten Vorkommen des Ortsnamens statt des Vokals u ein i steht, so erklärt sich das durch den auf diese Weise besser hergestellten Anklang an das hebräische Wort für Angesicht (*panim*). Der Ortsname wird hier also als «Gottesgesicht» erklärt. Pnuel wird in der Regel mit einem der heutigen *tulul ed-dahab* («Goldhügel») gleichgesetzt, d. h. mit einer Ortslage im unteren Jabboktal im Bereich der Stelle, wo sich das Tal vor seinem Austritt in die Jordanebene noch einmal verengt.

Der Ort wird im Alten Testament noch zweimal erwähnt, einmal im Zusammenhang des Kriegszugs Gideons gegen die Midianiter (Ri. 8,8f.17) und – historisch bedeutsamer – als zeitweiliger Residenzort Jerobeams, 1. Kön. 12,25.

Es spricht einiges dafür, daß Pnuel bei dem in 1. Kön. 14,25 erwähnten Palästinafeldzug des Pharao Schoschenk zerstört wurde. Das könnte eine Erklärung dafür sein, daß Pnuel im Alten Testament später nicht mehr erwähnt wird. An keiner der genannten Stellen wird auf die Erzählung von Jakobs Kampf am Jabbok Bezug genommen. Pnuel erscheint im Alten Testament nicht als Kultort, und deshalb ist 32,22–33 auch nicht als Kultätiologie zu bezeichnen.

Die Namensdeutung in **V. 31b** formuliert einen Grundsatz, der für das Alte Testament insgesamt charakteristisch ist, vgl. bes. 2. Mose 33,20; Ri. 6,22; 13,22; Jes. 6,5; Jer. 30,21: Wer Gott gesehen hat, muß sterben. Dieser theologische Grundsatz ist geprägt von dem Wissen der für den Menschen unerreichbaren, ja tödlich wirkenden Majestät Gottes. Daß die Erzählung selbst den Ausspruch Jakobs nicht nahelegt, war schon gesagt. Zu beachten aber ist, daß Jakob jetzt zum ersten Mal das Erlebnis auch insofern deutet, als er den geheimnisvollen «Mann» nun als Gott bezeichnet. Damit erschließt sich die eigentliche Tiefe der Erzählung.

Sie findet in **V. 32** einen eigenartigen Abschluß. Wenn hier gesagt wird, daß ihm die Sonne aufging, so ist das mehr als lediglich eine Zeitangabe. Die Sonne hat nach dem Erlebnis dieser furchtbaren Nacht eine neue Qualität für Jakob gewonnen. Er kann nach der erlebten Gefahr mit neuer Zuversicht in den neuen Tag und das neu geschenkte Leben hinausgehen, aber – und das ist die zweite Aussage des Verses – «er hinkt an seiner Hüfte». Es ist nicht ausdrücklich gesagt, aber doch wohl gemeint, daß diese schmerzhafte Beeinträchtigung keine vorübergehende, sondern eine bleibende ist, eine bleibende Erinnerung an diese Begegnung.

Die Erzählung von Jakobs Kampf am Jabbok ist im heutigen Text und in der heutigen Textgestaltung ein Teil der Jakobsgeschichte. Die Erzählung ist eingeordnet unmittelbar vor das erwartete und befürchtete Zusammentreffen mit dem Bruder. Statt auf ihn trifft Jakob zunächst auf einen anderen, noch gefährlicheren Gegner. Für das jahwistische Erzählwerk leidet es keinen Zweifel, daß der unheimliche Widerpart niemand anders als Gott selbst ist, der hier Jakob entgegentritt, unmittelbar vor der Rückkehr in die Heimat. Jakob, der wegen des betrügerisch ergaunerten Segens Heimat und Familie verlassen mußte, kehrt jetzt in die Heimat zurück als ein erneut Gesegneter, aber gleichzeitig als ein bleibend an seinem Körper Gezeichneter. Er kehrt zurück als einer, der einen neuen Namen trägt, der ihn als den Stammvater des Volkes Israel ausweist. In dem Geschehnis am Jabbok erkennt sich auch das Volk Israel selbst wieder. In diesem Sinn greift der Prophet Hosea unsere Erzählung auf, vgl. Hos. 12,4f. Es bleibt fraglich, in welcher Form Hosea die Geschichte gekannt hat, möglicherweise in einer anderen Gestaltung, als sie uns jetzt in den Jakobsgeschichten des ersten Mosebuches überliefert ist. Bei Hosea ist der Stoff in die prophetische Anklage gegen Israel = Jakob hineingenommen. Der Kampf Jakobs erscheint bei Hosea im Zusammenhang der Schuldgeschichte Israels.

Die Erzählung vom Kampf am Jabbok gehört zu den Texten, die für das Gottesverständnis des Alten Testaments wichtig sind, gewiß nicht in dem Sinn, daß hier ein abschließendes und hinreichendes Gottesbild vermittelt würde, aber doch so, daß wesentliche Züge des alttestamentlichen Gottesbildes zutage treten, ganz unbeschadet der Tatsache, daß das Geschehen selbst singulär ist und in einer archaischen Vorstellungswelt wurzelt. Das ist kein Gott, der allmächtig und unwandelbar als letzter Urgrund des Seins im Transzendenten verharrt, es ist ein Gott, der dem Menschen spürbar begegnet, ihm sogar feindlich gegenüber auftritt und ihm Wunden beibringt. In ähnlicher Weise können die Propheten in gewagten Bildern von Gott reden. Hosea sagt im Namen Jahwes: «Ich bin wie Eiter für Ephraim, wie Fäulnis für das Haus Judas», Hos. 5,12. An anderer Stelle heißt es: «So wurde ich für sie zum Löwen, wie ein Panther laure ich am Wege. Ich falle sie an wie eine Bärin, die der Jungen beraubt ist, und zerreiße den Verschluß ihres Herzens», Hos. 13,7f. Aber die Erfahrung des Bedrohlichen ist ja nicht das einzige, was hinter dieser Geschichte an Gotteserkenntnis aufleuchtet. Dieser Gott ist und bleibt zwar der letztlich Überlegene, aber er läßt sich den Segen abringen und beendet diesen Kampf so, daß der Mensch durch diese Begegnung zwar gezeichnet ist, aber doch als der für immer Gesegnete in sein Leben zurückkehrt.

33,1–20   Die Begegnung der Brüder. Jakob in Sukkot und Sichem

1 Als Jakob seine Augen erhob, da sah er Esau herankommen, und bei ihm waren vierhundert Mann. Dann verteilte er die Kinder auf Lea und Rahel und die beiden Mägde. 2 Er stellte die Mägde und ihre Kinder an die Spitze, dahinter Lea und ihre Kinder, aber Rahel und Joseph (stellte er) ans Ende. 3 Er selbst aber ging vor ihnen her und verneigte sich siebenmal zur Erde, bis er seinen Bruder erreichte. 4 Esau aber lief ihm entgegen, umarmte ihn, fiel ihm um den Hals und küßte ihn, und sie weinten. 5 Als er dann seine Augen erhob und die Frauen und Kinder sah, fragte er: «Wer sind diese da bei dir?» Er antwortete: «Es sind die Kinder, die Gott deinem Knecht gnädig geschenkt hat.» 6 Dann traten die Mägde mit ihren Kindern herzu und verneigten sich. 7 Auch Lea mit ihren Kindern trat herzu, und sie verneigten sich. Danach traten Joseph und Rahel herzu und verneigten sich. 8 Und er sagte: «Was wolltest du denn mit diesem ganzen Lager, dem ich begegnet bin?» Er antwortete: «Ich wollte Gnade finden in den Augen meines Herrn.» 9 Darauf sagte Esau: «Ich habe genug! Mein Bruder, behalte, was du hast!» 10 Jakob erwiderte: «Ach nein! Wenn ich Gnade in deinen Augen gefunden habe, so nimm mein Geschenk aus meiner Hand an, denn ich habe ja dein Angesicht so gesehen, wie man das Angesicht Gottes sieht, und du hast mich freundlich empfangen. 11 Nimm doch meine Segensgabe an, die dir gebracht worden ist, denn Gott ist mir gnädig gewesen, und ich habe alles, was ich brauche.» So nötigte er ihn, bis er es annahm.
12 Dann sagte er: «Wir wollen aufbrechen und weiterziehen, ich will neben dir herziehen.» 13 Er aber erwiderte ihm: «Mein Herr weiß doch, daß die Kinder noch zart sind und mir die säugenden Schafe, Ziegen und Rinder anvertraut sind. Würde man sie auch nur einen Tag überanstrengen, so gingen alle Tiere zugrunde. 14 Mein Herr möge doch seinem Knecht vorausziehen, aber ich will gemächlich weiterziehen nach dem Schritt der Herde vor mir und

nach dem Schritt der Kinder, bis ich zu meinem Herrn nach Seir komme.» 15
Darauf sagte Esau: «Ich will doch wenigstens einige von den Leuten, die bei
mir sind, bei dir lassen.» Aber er sagte: «Wozu das? Möchte ich nur Gnade
finden in den Augen meines Herrn!» 16 So kehrte Esau an jenem Tag auf seinem Weg nach Seir zurück.

17 Jakob aber war nach Sukkot aufgebrochen, und er baute sich (dort) ein
Haus. Für sein Vieh aber hatte er Hütten gemacht. Darum nannte er den Ort
Sukkot (d. h. Hütten). 18 Dann kam Jakob friedfertig zur Stadt Sichems, die
im Lande Kanaan liegt, als er von Paddan-Aram kam, und lagerte vor der
Stadt. 19 Und er kaufte das Grundstück, auf dem er sein Zelt aufgeschlagen
hatte, für hundert Kesita von den Söhnen Hamors, des Vaters Sichems. 20
Dort errichtete er einen Altar und nannte ihn «El ist der Gott Israels».

Die Erzählung von der Begegnung der beiden Brüder führt den großen, mit
Kap. 27 beginnenden Erzählbogen an sein Ende. Jakob hatte einst wegen seines Betrugs aus Furcht vor der Rache des Bruders Heimat und Familie verlassen müssen. Jetzt wird von seiner Rückkehr, vor allem aber von seinem Zusammentreffen mit Esau und der Versöhnung der beiden Brüder erzählt. Diese Erzählung findet mit V. 16 ihren Abschluß. Angefügt sind in V. 17–20 noch
einige Ergänzungen.

V. 1–16 stellen einen in sich geschlossenen, einheitlichen Erzählzusammenhang dar, der von den meisten Auslegern mit Recht dem Jahwisten zugeordnet
wird. Gelegentlich werden einige elohistische Verse oder Versteile ausgesondert, vor allem wegen des an drei Stellen vorkommenden Begriffs «Gott» (*elohim*, V. 5.10.11), aber dazu besteht trotz dieses Sprachgebrauchs kein Anlaß.
Die Schilderung ist in einem breiten, ausführlichen Erzählstil gehalten, wodurch ein signifikanter Unterschied zu der vorangehenden Erzählung gegeben
ist. Hier liegt auch keine dem Jahwisten vorgegebene Erzählung zugrunde. Es
wird erzählfreudig und spannend berichtet, wie sich die über zwanzig Jahre
angestaute Spannung gelöst hat.

Der Erzähler gönnt Jakob keine Ruhe. Unmittelbar im Anschluß an seinen
Kampf am Fluß sieht sich Jakob der gefürchteten Begegnung mit dem Bruder
gegenüber. Was seine Boten ihm berichtet hatten und was ihn in große Angst
versetzt hatte, 32,7f., das sieht er jetzt leibhaftig vor sich: Esau und mit ihm
vierhundert Mann, **V. 1**. Auch jetzt erscheint ihm dieses große Aufgebot als
kein gutes Zeichen. Was er dann tut, ist ein letzter Versuch von Schadensbe-
grenzung. Noch einmal erweist er seine Entschlußkraft und Aktivität. Er stellt
die Frauen und Kinder so auf, daß Esau zunächst auf die beiden Mägde und
ihre Kinder, dann auf Lea und ihre Kinder und erst zuletzt auf die geliebte
Rahel und Joseph trifft. Letzterer ist der einzige, der von den Kindern namentlich genannt wird, **V. 2**. Dies alles entspringt noch völlig der Furcht Jakobs vor
Esau. Wenn dann später diese Reihenfolge der Frauen und Kinder bei der
Begrüßung Esaus beibehalten wird, so zeigt das besonders eindrücklich den
auf kurzem Raum geschilderten Umschlag der Situation.
Jakob stellt sich an die Spitze der Reihe, **V. 3**. Das hat ihm ein Lob Gunkels
eingetragen, der darin einen Hinweis auf den Mut Jakobs erkennen will. Aber

das ist für die Erzählung wohl kaum der ausschlaggebende Gesichtspunkt. Für die im folgenden geschilderte Begrüßung war eine andere Reihenfolge gar nicht möglich. Die Begrüßung der beiden Brüder erfolgt in zwei ganz verschiedenen Vorgängen. Betrachten wir zunächst Jakob. Er nähert sich dem Bruder, indem er sich siebenmal mit dem Gesicht zur Erde niederbückt. So trat im Alten Orient der Vasall seinem Herrn gegenüber. In den Amarnabriefen, die in einem aus dem 14. Jahrh. v. Chr. stammenden ägyptischen Briefarchiv gefunden worden sind, findet sich häufig eine Formulierung wie diese: «Zu den Füßen des Königs, meines Herrn, der Sonne vom Himmel, werfe ich mich siebenmal und abermal siebenmal nieder», hier gesagt von einem palästinischen Kleinkönig zum ägyptischen Pharao. Es ist gewiß richtig, wenn in den Auslegungen ein solcher Text als Vergleich zu Jakobs Verhalten herangezogen wird. Im Alten Testament wird ein siebenmaliges Verneigen nur in V. 3 erwähnt, einmaliges Verneigen, das ebenfalls tiefe Ehrerbietung ausdrückt, ist oft bezeugt, vgl. 18,2; 19,1; 2. Mose 18,7; 2. Sam. 9,6. Jakob demütigt sich vor dem älteren Bruder in einer Weise, die kaum überboten werden kann. Dazu gehört auch, daß die Mägde und Frauen mit ihren Kindern nacheinander herzutreten und sich vor Esau verneigen.

Am Ende der Aufzählung **(V. 7)** fällt die ungewöhnliche Reihenfolge Joseph – Rahel auf. Einige der alten Übersetzungen haben die beiden Namen ausgetauscht und damit die erwartete Ordnung hergestellt. In jüdischen Auslegungen wird gelegentlich tiefsinnig über die Voranstellung Josephs nachgedacht: Der kleine Joseph habe sich tapfer vor seine schöne Mutter gestellt, um sie vor Esau zu schützen (vgl. Jacob). Doch paßt eine solche Überlegung kaum zum Charakter der Szene. Wenn eine Erklärung für die auffallende Reihenfolge überhaupt möglich ist, dann sollte sie sich auf Rahel beziehen. Rahel bedeutet für Jakob das höchste Gut, deshalb tritt sie als letzte vor Esau.

Ganz anders begrüßt Esau den heimkehrenden Bruder, V. 4. Er tut es mit der größten Herzlichkeit, so wie man einen nahen Verwandten willkommen heißt. Dazu gehört bereits als wichtiges Element, daß er dem Bruder entgegenläuft, vgl. 18,2; 24,17; 29,13. Auch alles andere, was Esau danach tut, ist von ähnlichen Situationen her geläufig: Umarmen (29,13; 48,10), um den Hals fallen (45,14; 46,29), Küssen (29,11.13; 45,15; 48,10; 2. Mose 4,27; 18,7; 2. Sam. 20,9; Luk. 22,48, Röm. 16,16 u. ö.), Weinen (29,11; 45,14f.; 46,29). An keiner Stelle des Alten Testaments aber steht das alles, wie hier, beieinander, wird von einer so herzlichen und intensiven Begrüßung erzählt wie von dieser. Am nächsten kommt ihr die Begrüßung Benjamins und der anderen Brüder durch Joseph, 45,14f. Den Massoreten, den jüdischen Gelehrten, die in den ersten Jahrhunderten n. Chr. den hebräischen Text bearbeitet haben, schien das, was in V. 4 steht, zuviel zu sein. Sie haben zum Wort «küssen» die Notiz geschrieben, daß das Wort zu streichen sei, was man gewiß nicht tun sollte. Ebensowenig ist es angebracht, den V. 4 durch Aufteilung auf zwei Quellen verständlicher zu machen. Nein, mit Bedacht wird so erzählt, wie es hier geschieht. Gegen alle Erwartung erfährt Jakob eine überschwengliche Aufnahme durch den Bruder, in der sich die ihm gewährte Vergebung ausspricht. Jakob darf sich jetzt wieder voll angenommen zu Hause fühlen. Wie ist dieser «neue» und «andere» Esau zu erklären? Diese in den Auslegungen nicht selten gestellte

Frage geht am Wesen der Erzählung vorbei, der es nicht um charakterliche Entwicklungen der handelnden Personen geht. Die Erzählkomposition darf nicht übersehen werden. Jakob tritt als der von Gott erneut Gesegnete (32,30) dem Bruder gegenüber. Nachdem er den nächtlichen Kampf bestanden hat und zum Segensträger geworden ist, ist auch das Verhältnis zum Bruder auf ein neues Fundament gestellt. Daß die Begegnungsszene in enger Verbindung mit der vorangehenden Erzählung gesehen werden muß, wird in V. 10 unübersehbar deutlich durch Jakobs Worte: «Ich habe dein Angesicht so gesehen, wie man das Angesicht Gottes sieht», vgl. 32,31.

Auf die Begrüßung folgt in **V. 8–11** die Verhandlung um das Geschenk Jakobs – in V. 11 steht dafür das Wort «Segensgabe». Die Verwendung dieses Wortes dürfte im Zusammenhang der Jakobserzählung wohlüberlegt sein. Wie Jakob für Laban Segen bedeutete (30,27.30), so soll jetzt Esau an dem Segen, der Jakob zuteil geworden ist, Anteil bekommen. Umständlich wird geschildert, wie Esau sich zunächst weigert, überhaupt ein Geschenk anzunehmen, und wie Jakob keine Ruhe gibt, bis Esau schließlich doch zur Annahme des Geschenks bereit ist. Wieweit die Weigerung Esaus ernstgemeint ist oder nur der Konvention entspricht, kann man gewiß fragen. Daß Jakob aber unbedingt darauf beharrt, daß Esau sein Geschenk annimmt, ist gut verständlich. Die Annahme des Geschenks macht deutlich, daß der Konflikt endgültig aus der Welt geschafft ist. Auch bei diesem Gespräch bleibt es bei der seit der Begrüßungsszene bestehenden Rollenverteilung der Brüder. Jakob befleißigt sich demütigster Redeweise. Er nennt Esau seinen «Herrn», V. 8.13.14, sich selbst seinen «Knecht» (V. 14) und vergleicht Esau sogar mit Gott, V. 10, vgl. 2. Sam. 14,17; Esau aber redet Jakob als «Bruder» an, V. 9.

Die Erzählung könnte hier zu Ende sein. Es wäre ein rundum gutes Ende, ohne daß der geringste Schatten auf das Verhältnis der beiden Brüder fiele. Es folgt in **V. 12–16** aber noch eine Art Nachtrag, der dann doch das so harmonisch aussehende Bild etwas beeinträchtigt. In diesen Versen erscheint Esau zunehmend als Stammvater Edoms, denn es wird wie in 32,4 von Seir als seinem Gebiet gesprochen. Das mag der erzählerische Anlaß dafür sein, daß schließlich jeder der Brüder wieder seines Weges geht. Esau hatte das im Sinn der Erzählung offenbar anders gewollt, aber Jakob tut alles, um die Verbindung mit Esau wieder zu lösen, die ihm unheimlich erscheint. Er erklärt dazu weitschweifig die Unbeweglichkeit seiner Karawane (V. 13) und schreckt auch vor der falschen Ankündigung, daß er Esau nach Seir nachfolgen will, nicht zurück, V. 14. Daß Esau von vornherein gewußt hat, «daß das nicht ernst gemeint ist» (Westermann), wird man kaum sagen können. Warum bietet er Jakob dann noch eine Schutzmannschaft an, die dieser aber auch nicht haben will, V. 15? Auch bei dieser für das jahwistische Erzählwerk letzten Begegnung der Brüder agiert Jakob mit überlegter Schlauheit. Er bleibt letztlich Esau überlegen, wobei die Erzählung in diesem Fall keine moralischen Ansprüche an Jakob stellt, sein Verhalten jedenfalls in keiner Weise mißbilligt.

In **V. 17–20** folgt ein Nachtrag über Jakobs Wohnorte in Sukkot und Sichem. Er gehört nicht mehr zur vorangegangenen Erzählung. Gelegentlich wird V. 17 als Abschluß dieser Erzählung interpretiert. Dagegen sträubt sich aber die sprachliche Gestaltung des Urtextes, die in den Übersetzungen nicht immer deutlich genug zum Ausdruck gebracht wird (z. B. Zürcher Bibel, Westermann). Es handelt sich um Nachrichten nicht mehr genau zu definierender Herkunft, die an dieser Stelle recht passend eingefügt worden sind. Der in V. 18f. genannte Name «Sichem» bereitet zudem die folgende Erzählung vor. Daß es sich bei der «Stadt Sichems» sachlich um die «Stadt Sichem» handelt, ist nicht zu bezweifeln. Die Übersetzung «Stadt Sichems» entspricht der üblichen hebräischen Syntax, die Übersetzung «Stadt Sichem» wäre ungewöhnlich, wenn auch nicht ganz ausgeschlossen. Was die quellenmäßige Zuordnung der Verse angeht, so dürfte das meiste zu J gehören. Lediglich im ersten Teil von V. 18 ist eine priesterschriftliche Notiz aufgenommen. Eindeutiger Hinweis darauf ist der für diese Quelle typische Ortsname Paddan-Aram, vielleicht auch die Bezeichnung «Land Kanaan».

Der in **V. 17** genannte Ort Sukkot wird heute recht einmütig im östlichen Jordangraben im Mündungsgebiet des Jabbok nördlich des Flusses lokalisiert. Pnuel – Sukkot – Sichem ergibt für Jakob eine gut nachvollziehbare Wanderstrecke, zu der das in V. 14 genannte Seir in keiner Weise passen würde. Auffallend ist die Angabe, daß sich Jakob in Sukkot ein Haus gebaut hat, was ja bedeutet, daß er seine Nomadenexistenz aufgegeben hat und in Sukkot ansässig geworden ist. Es könnte ein Hinweis darauf sein, daß in diesem Gebiet bestimmte präisraelitische Gruppen gesiedelt haben. Es wäre allerdings der einzige so deutbare Hinweis auf Sukkot, der im vorliegenden Zusammenhang noch dadurch an Gewicht verliert, als sogleich in V. 18 vom Weiterziehen Jakobs die Rede ist. V. 17 und 18–20 stehen von daher in einer gewissen Spannung zueinander. Deshalb ist auch eine andere Erklärung von V. 17 zu bedenken. Sie geht davon aus, daß als sachliches Zentrum der Versaussage die Namensätiologie des Ortes Sukkot anzusehen ist. Hat Jakob für seine Tiere *sukkot* «Hütten», d. h. durch Zweige abgedeckte Ställe hergerichtet, so ergibt sich daraus, daß er für sich selbst ein Haus gebaut hat (Gunkel). Sukkot wird im Alten Testament gelegentlich erwähnt, z. B. in Ri. 8,5ff. und 1. Kön. 7,46. Aus Ri. 8,5ff. ist zu entnehmen, daß der Ort während der Richterzeit von einer nichtisraelitischen Bevölkerung bewohnt war.

V. 18–20 berichten davon, daß Jakob von Sukkot nach Sichem weitergezogen ist. Dazu mußte er das *wadi far'a* hinaufziehen, bis er die etwa 40 Kilometer Luftlinie entfernte Stadt Sichem erreichte. Die Verse enthalten zahlreiche exegetische Probleme, auf die hier nur kurz hingewiesen werden kann. Bereits die Septuaginta, die vorchristliche griechische Übersetzung des Alten Testaments, hat in V. 18 das hebräische Wort *schalem* als Ortsname verstanden. Dem haben sich moderne Exegeten angeschlossen mit der Überlegung, daß für das ursprüngliche Sichem ein in der Nähe von Sichem gelegener Ort Schalem eingesetzt wurde zu einer Zeit, als Sichem selbst zerstört war. Noch weiter geht der Versuch, *schalem* mit Jerusalem gleichzusetzen (vgl. 14,18) und als eine spätere Glosse zu deuten, durch die Jakob mit Jerusalem in Beziehung gesetzt werden sollte (Blum). Wahrscheinlicher ist wohl doch das traditionelle Verständnis des Wortes *schalem* als Adverb, das allerdings auf verschiedene Weise übersetzt wird: «wohlbehalten», «unversehrt» oder «friedfertig». Im ersten Fall – so die meisten Übersetzungen – könnte man einen Rückbezug auf

28,21 feststellen, im anderen Fall ergäbe sich eine Beziehung zu 34,21, und das dürfte die richtige Deutung sein. Unsere Verse haben ja unter anderem die Funktion, das ansonsten isoliert stehende Kap. 34 vorzubereiten. Dazu gehört der Hinweis auf die Friedfertigkeit Jakobs.

Sichem, zwischen dem Berg Ebal im Norden und dem Berg Garizim im Süden gelegen, war durch seine verkehrstechnische und damit auch strategische Lage das unbestrittene Zentrum Mittelpalästinas. A. Alt hat die Stadt «die ungekrönte Königin von Palästina» genannt. Der *tell balata*, 1,5 Kilometer südöstlich der heutigen Stadt Nablus zu finden, ist als das alte Sichem eindeutig identifiziert. Bereits lange vor der Erzväterzeit wird die kanaanäische Stadt Sichem in zeitgenössischen Quellen als eine politisch bedeutende Stadt genannt. Älteste Keramikfunde werden sogar bis ins 4. Jahrt. v. Chr. datiert. Die erste alttestamentliche Erwähnung ist in 12,6f., wo davon erzählt wird, daß bereits Abraham nach Sichem gekommen ist, dort eine Gotteserscheinung erlebt und daraufhin einen Altar für Jahwe gebaut hat. Auf diesen am Anfang der jahwistischen Vätererzählungen stehenden Bericht wird in V. 18–20 kein Bezug genommen.

Abgesehen von Kap. 34 und 35,4 wird Sichem im Alten Testament noch verschiedentlich erwähnt. Genannt seien Ri. 8,31; 9,1ff. im Zusammenhang des Versuchs des Abimelech, eines kanaanäisch-israelitischen Mischlings, in Sichem ein Königtum zu installieren, Jos. 24, der sog. Landtag von Sichem, und 1. Kön. 12,1.25, zwei Angaben, die die Bedeutung Sichems beim Übergang der Königswürde auf Jerobeam, den ersten israelitischen König nach der sog. Reichsteilung, belegen. Aus alledem ergibt sich, daß Sichem eine für die Geschichte Israels vor allem in ihrer Frühzeit wichtige Stadt gewesen ist.

V. 18 berichtet davon, daß Jakob nach Sichem kam. Nicht nur die aus P stammende Einfügung (vgl. dazu oben), sondern auch der sonstige Inhalt des Verses lassen V. 18ff. gegenüber V. 17 als selbständige Größe erscheinen, obwohl im Sinne der Komposition ein Reiseweg Jakobs von Pnuel über Sukkot nach Sichem dargestellt wird. Die Eigenständigkeit gegenüber V. 17 besteht darin, daß Jakob jetzt wieder als Nomade beschrieben wird. Er lagert mit seinen Herden vor der Stadt, wie es für den Nomaden üblich ist. Dort hat er sein Zelt aufgeschlagen, V. 19.

Dann berichtet **V. 19** unvermittelt vom Kauf eines Grundstücks durch Jakob. Das ist hier sicher auch als Hinweis auf die «Friedfertigkeit» Jakobs zu verstehen: Er zahlt für das Land offenbar einen angemessenen Preis. Der Landkauf Jakobs läßt an zwei andere im Alten Testament erzählte Landkäufe denken, bei denen ebenfalls der vom Käufer bezahlte Kaufpreis genannt ist, an Abrahams Kauf der Grabhöhle Machpela (23,15) und an Davids Kauf der Tenne des Arauna, 2. Sam. 24,24, siehe weiterhin 1. Kön. 16,24; Jer. 32,9. Nach den Berichten von Kap. 23 und 2. Sam. 24 wird das Kaufgeschäft jeweils nach Verhandlungen perfekt gemacht. Hier ist von Verhandlungen nicht die Rede, es wird lediglich der Kaufpreis genannt, einhundert Kesita (Zürcher Bibel schreibt «Taler»). Empfänger des Kaufpreises sind die Einwohner Sichems. Kesita ist ein im Alten Testament lediglich an drei Stellen (V. 19; Jos. 24,32; Hi. 42,11) erwähntes altes Zahlungsmittel unbekannten Wertes. Mit keinem Wort wird in V. 19 etwas davon gesagt, warum Jakob das Landstück gekauft hat. Es ist jedenfalls keine Rede davon, daß das gekaufte Land als Grabstätte dienen sollte. Erst in einem späteren Text wird festgestellt, daß hier die Gebeine Josephs beigesetzt worden sind, Jos. 24,32. Auch brauchte Jakob das Landstück nicht deshalb zu kaufen, weil er auf ihm eine Massebe errichten bzw. einen Altar bauen wollte. In den Vätererzählungen wird häufig von der Errichtung von Masseben oder vom Bau von Altären erzählt (vgl. die unten angegebenen Stellen), aber dazu bedurfte es niemals eines Landkaufs. Es ist eigenartig, daß nach Apg. 7,16 nicht Jakob, sondern Abraham das Grundstück bei Sichem gekauft hat und daß dort Jakob mit seinen Söhnen begraben sein soll. Beide Angaben sind mit den alttestamentlichen Angaben nicht zu vereinbaren.

In **V. 20** ist zunächst die seltsame Formulierung «er errichtete einen Altar» zu beachten. An keiner anderen Stelle wird das Wort «errichten», wofür man auch «aufrichten» sagen könnte, mit dem Objekt «Altar» verbunden. Das wäre auch nicht sachgemäß. Einen Altar «baut» man, vgl. 12,7; 13,18; 26,25; 35,7; «errichtet» oder «aufgerichtet» wird ein Malstein (Massebe), vgl. 35,14.20; mit Verwendung anderer hebräischer Verben 28,18.22; 31,45. Die Zürcher Bibel hat die Schwierigkeit so gelöst, daß sie zum Wort «errichten» einen Malstein hinzugefügt und dem Altar das sachlich gebotene «bauen» zugeordnet hat mit dem Ergebnis, daß Jakob in Sichem sowohl einen Malstein aufgerichtet wie einen Altar gebaut hat. Aber damit wird dem Jakob wohl doch zuviel zugemutet. Man muß sich entscheiden zwischen Altar und Malstein. Wie kann das geschehen? Eine naheliegende und oft geäußerte Erklärung besagt, daß an die Stelle des ursprünglich dort stehenden Wortes «Massebe» das Wort «Altar» geschrieben wurde zu einer Zeit, als Masseben der theologischen Kritik anheimgefallen waren, vgl. 3. Mose 26,1; 5. Mose 16,22; 1. Kön. 14,23; Hos. 10,1f. u. ö. Das ist einsichtig. Es bleibt allerdings unerklärt, warum eine derartige Textbereinigung nur hier und nicht auch an anderen Stellen, bes. wäre an Kap. 28 zu denken, erfolgt ist.

Der Name des Altars enthält schließlich noch ein exegetisches Problem. Zwei Übersetzungen sind möglich: «(Ein mächtiger) Gott ist der Gott Israels» oder «El ist der Gott Israels». Im ersten Fall steht «Israel» im Sinn von 32,29 für «Jakob», und der Name des Altars ist ein Bekenntnis zur Macht des Gottes Jakobs, der Jakob durch alle Gefährdungen bis zu diesem Ort gnädig geführt hat. Die andere Übersetzung versteht «Israel» nicht als Personennamen, sondern als Bezeichnung einer Menschengruppe, die nicht unbedingt schon mit dem späteren Volk Israel gleichzusetzen ist, sich aber auch von Jakob herleitet und möglicherweise mit dem «Israel» der Merenptahstele identisch sein könnte. Auf dieser Siegesstele des Pharao Merenptah, die etwa aus dem Jahre 1208 v. Chr. stammt, ist zum ersten und einzigen Mal in einem altägyptischen Dokument der Name Israel erwähnt, wobei es sich noch nicht um das spätere Israel, das Volk Jahwes, handeln kann. Der Altarname besagt dann, daß die hier mit dem Namen Israel bezeichnete Jakobgruppe die kanaanäische Hauptgottheit El für sich als Gottheit anerkannt und sich zu ihr bekannt hat. Nach dieser wahrscheinlich zutreffenden Deutung des Altarnamens handelt es sich hier um einen für die frühe Religionsgeschichte Israels bedeutsamen Text, womit die eigentliche Jakobsgeschichte einen gewichtigen Abschluß erreicht hat.

34,1–31   Die Vergewaltigung Dinas und ihre Folgen

1 Dina, die Tochter Leas, die sie dem Jakob geboren hatte, ging einmal aus, um die Töchter des Landes kennenzulernen. 2 Als Sichem, der Sohn des Hiwiters Hamor, des Landesfürsten sie sah, ergriff er sie, schlief mit ihr und tat ihr so Gewalt an. 3 Aber sein Herz hing an Dina, der Tochter Jakobs, und er liebte das Mädchen und redete dem Mädchen freundlich zu.

4 Und Sichem sagte zu seinem Vater Hamor: «Gewinne mir doch dieses Mädchen zur Frau!» 5 Jakob hatte zwar erfahren, daß er seine Tochter Dina geschändet hatte, aber da seine Söhne bei seinem Vieh auf dem Felde waren, schwieg Jakob still, bis sie heimkamen. 6 Da ging Hamor, Sichems Vater, zu Jakob hinaus, um mit ihm zu reden. 7 Als nun die Söhne Jakobs vom Felde heimkamen und es hörten, ergrimmten die Männer und wurden sehr zornig, denn er hatte eine Schandtat in Israel begangen dadurch, daß er mit der Tochter Jakobs geschlafen hatte. So etwas durfte nicht geschehen! 8 Hamor aber redete mit ihnen und sagte: «Mein Sohn Sichem hängt mit ganzem Herzen an eurer Tochter[17]. Gebt sie ihm doch zur Frau! 9 Verschwägert euch mit uns, gebt uns eure Töchter und nehmt euch unsere Töchter; 10 bleibt bei uns wohnen, das Land soll für euch offenstehen, bleibt da, durchzieht das Land und werdet in ihm ansässig!» 11 Und Sichem sagte zu ihrem Vater und zu ihren Brüdern: «Möchte ich doch Gnade vor euch finden! Was ihr von mir fordert, will ich geben. 12 Verlangt von mir ruhig ein sehr hohes Brautgeld und Geschenke; ich will geben, was ihr von mir fordert: nur gebt mir das Mädchen zur Frau!» 13 Darauf antworteten die Söhne Jakobs Sichem und seinem Vater Hamor, <und sie redeten voller Arglist>, weil er ihre Schwester Dina geschändet hatte. 14 Sie sagten zu ihnen: «Wir können das nicht tun, daß wir unsere Schwester einem unbeschnittenen Mann geben, denn das gilt unter uns als Schande. 15 Nur unter der Bedingung wollen wir eurer Bitte entsprechen, daß ihr werdet wie wir, indem sich bei euch alles Männliche beschneiden läßt. 16 Dann wollen wir euch unsere Töchter geben und uns eure Töchter nehmen, wir wollen bei euch wohnen und zu einem Volk werden. 17 Wenn ihr aber nicht auf uns hört und euch beschneiden laßt, dann werden wir unsere Tochter nehmen und werden weiterziehen.» 18 Ihre Worte gefielen Hamor und Sichem, dem Sohn Hamors. 19 Der junge Mann zögerte nicht, so zu tun, denn er hatte an der Tochter Jakobs Gefallen gefunden, und er war der Angesehenste in der Familie seines Vaters. 20 So gingen Hamor und sein Sohn Sichem zum Tor ihrer Stadt und redeten zu den Männern ihrer Stadt folgendermaßen: 21 «Diese Männer sind uns gegenüber friedfertig gesinnt; sie mögen im Lande bleiben und es durchziehen. Das Land ist ja weit genug für sie. Wir wollen uns ihre Töchter zu Frauen nehmen und ihnen unsere Töchter geben. 22 Jedoch wollen die Männer nur unter der Bedingung darin einwilligen, bei uns zu bleiben und (mit uns) zu einem Volk zu werden, daß sich unter uns alles Männliche beschneiden läßt, so wie sie beschnitten sind. 23 Uns gehören

---

[17] «Eure Tochter» ist eine auffallende Formulierung. Das hebräische Wort *bat* «Tochter» hat gelegentlich einen weiteren Bedeutungsspielraum im Sinn von «junge Frau», vgl. auch V. 17.

ja dann ihre Herden, ihr Besitz und all ihr Vieh. Wir wollen doch ihrer Bitte entsprechen, damit sie bei uns wohnen bleiben.» 24 Da hörten alle, die zum Tor seiner Stadt aus- und eingingen, auf Hamor und seinen Sohn Sichem, und sie ließen sich beschneiden, alles Männliche, alle, die zum Tor seiner Stadt aus- und eingingen.

25 Am dritten Tag, als sie Wundfieber hatten, ergriffen die beiden Söhne Jakobs, Simeon und Levi, die Brüder Dinas, ihr Schwert, drangen ungefährdet in die Stadt ein und töteten alles Männliche. 26 Auch Hamor und seinen Sohn Sichem töteten sie mit der Schärfe des Schwertes, holten Dina aus dem Hause Sichems und gingen davon. 27 Die Söhne Jakobs aber fielen über die Erschlagenen[18] her und plünderten die Stadt, weil sie ihre Schwester geschändet hatten. 28 Ihre Schafe und Ziegen, Rinder und Esel und was in der Stadt und auf dem Felde war, nahmen sie weg. 29 All ihre Habe, all ihre Kinder und Frauen führten sie weg und plünderten alles, was in den Häusern war.

30 Da sagte Jakob zu Simeon und Levi: «Ihr bringt mich ins Unglück, weil ihr mich bei den Bewohnern des Landes, den Kanaanäern und Perisitern, verhaßt macht. Ich habe doch nur wenig Leute. Wenn sie sich gegen mich zusammentun, werden sie mich schlagen, und ich werde samt meiner Familie vernichtet.» 31 Sie antworteten: «Durfte er unsere Schwester wie eine Hure behandeln?»

Die Erzählung von der Vergewaltigung Dinas und den darauf folgenden Ereignissen ist durch die letzten Verse von Kap. 33 vorbereitet, in denen davon berichtet wird, daß Jakob bei seiner Rückkehr von Laban auch nach Sichem gekommen ist, und in denen mit Hamor und Sichem zwei für die Erzählung wichtige Personen genannt werden. Kap. 34 gehört im engeren Sinn nicht zur Jakobsgeschichte, was sich nicht nur daran zeigt, daß Jakob in diesem Kapitel nur eine untergeordnete Rolle spielt. Stoff und Thematik der Erzählung sind von den vorangehenden Geschichten stark unterschieden. Auch kommt Dina – man sollte sie nicht die Hauptperson nennen, da sie nur als Objekt in Erscheinung tritt – in der Jakobsgeschichte ursprünglich nicht vor, vgl. 32,23. In 30,21 ist die Erwähnung Dinas eine Einfügung zur Vorbereitung auf Kap. 34.

Später wird Dina nur noch in einer Aufzählung genannt, 46,15. Es ist nicht verwunderlich, daß sich gerade um die in den Erzvätererzählungen nur wenig erwähnte Dina eine rege Phantasie entwickelt hat, zumal es sich um die einzige Tochter eines Erzvaters handelt, von der die Überlieferung weiß. So wird in jüdischen Auslegungen gemutmaßt, daß Dina die in 46,10 erwähnte Kanaanäerin gewesen ist, die Simeon einen Sohn Saul geboren hat, oder daß Dina die Frau Hiobs war oder daß Asenat, die Frau Josephs, eine Tochter der nach Ägypten verschlagenen Dina war, 41,45.
Daß die Erzählung nicht einheitlich ist, sondern zahlreiche Doppelungen und Spannungen aufweist, ist allgemein anerkannt. Vor allem werden die folgen-

---

[18] An dieser Stelle wird der Text oft geändert, so daß sich die Übersetzung «die Kranken» statt «die Erschlagenen» ergibt, so auch die Zürcher Bibel. Aber diese Textänderung ist nicht nötig, vgl. die Auslegung.

den Doppelungen festgestellt: Die Werbung um Dina in V. 8–10 und V. 11–12; das Eingehen auf die gestellte Bedingung in V. 18–19 und in V. 23; der Überfall in V. 25–26 und V. 27–29. So ergibt sich die Frage nach der Entstehung der vorliegenden Erzählung.

Die Lösung des Problems wird in zwei Richtungen gesucht. Auf der einen Seite rechnet man mit zwei einmal selbständig gewesenen Erzählungen. Dabci könnte angenommen werden, daß diese Einzelerzählungen bereits schriftlich formuliert vorlagen (literarkritische Lösung) oder daß die Erzählungen mündlich überliefert worden sind (überlieferungsgeschichtliche Lösung). Letzteres ist eindrücklich von Westermann vertreten worden. Er postuliert eine ältere, kürzere Familienerzählung, eine jüngere, ausführlichere Stammeserzählung und schließlich die Verbindung der beiden Erzählungen durch einen späteren Verfasser zu der jetzt vorliegenden Erzählung. Das andere Modell rechnet mit einer Grunderzählung, die durch Zusätze erweitert worden ist (redaktionsgeschichtliche Lösung). Noth nimmt als Ergänzungen an: V. 4.6.8–10.15–17. 20–23.27–28 und das Vorkommen von Hamor in V. 13a.18.24.26. Letzteres sind vier Stellen, an denen jeweils Hamor und Sichem nebeneinander genannt sind. Diese zuletzt beschriebene Lösung dürfte im Grundsatz die zutreffende sein, auch wenn man an der einen oder anderen Stelle geringfügig anders entscheiden kann. Es ergibt sich dann, daß die Erzählung von der Vergewaltigung Dinas und ihren Folgen zunächst wirklich so etwas wie eine Familiengeschichte gewesen ist. Sie handelt von einem Mädchen, das von einem Angehörigen eines anderen Volkes vergewaltigt worden ist, und der Bestrafung dieser Tat durch die Brüder des Mädchens. Die Erzählung gewinnt dadurch eine besondere Dramatik, daß der Übeltäter, Sichem, das Mädchen liebgewinnt und alles daran setzt, sie rechtmäßig zur Frau zu gewinnen, womit sein Vergehen im Grunde bereinigt und aus der Welt geschafft sein könnte. Die Brüder aber, scheinbar auf Sichems Wunsch eingehend, stellen die Forderung, daß sich Sichem und seine männlichen Verwandten beschneiden lassen. Dann nehmen sie, die kurzfristige Handlungsunfähigkeit Sichems und seiner Familie hinterlistig ausnutzend, grausame Rache für das Vergehen. Diese als «Familiengeschichte» tradierte Erzählung ist dann vom jahwistischen Erzähler in sein Werk aufgenommen worden, wobei der Bezugsrahmen der Erzählung erheblich ausgeweitet wurde. Es geht jetzt nicht mehr nur um Einzelpersonen; das Geschehen tangiert die Beziehung zwischen den Nachkommen Jakobs und den kanaanäischen Ureinwohnern des Landes. Dazu gab die Person des Täters Anlaß. In V. 2 wird gesagt, daß Sichem der Sohn des «Landesfürsten» mit Namen Hamor gewesen ist. So kann er die kanaanäische Bevölkerung, speziell die Bevölkerung der Stadt Sichem und ihres Einflußbereichs, repräsentieren.

Eine Gliederung der umfangreichen Erzählung, zumal in ihrer durch Hinzufügungen erweiterten Form, ist schwierig. Zwischen V. 24 und V. 25 liegt ein deutlicher Einschnitt. Mit V. 25 beginnt die Schilderung dessen, was man im Sinn der Akteure die Bestrafung nennen könnte. Voran geht die komplizierte Vorgeschichte dieses Ereignisses, die sich zwischen verschiedenen Personen abspielt. Dieser umfangreiche Erzählabschnitt wird vornehmlich durch Verhandlungen bestimmt, bei denen es um die ordnungsgemäße Verheiratung

Dinas, aber auch um ein friedliches Konnubium verschiedener Volksgruppen geht. Eingeleitet wird das Kapitel durch eine Exposition, einen kurzen Bericht über den entscheidenden, das Geschehen auslösenden Vorgang, V. 1–3. Abgeschlossen wird es durch eine das Geschehen wertende Äußerung Jakobs und eine Antwort der angesprochenen Söhne, Simeon und Levi, V. 30–31. Dieser Erzählabschluß stellt aber ein Problem dar. Gunkel hat festgestellt: «Hiermit aber kann die Erzählung unmöglich zu Ende sein; es ist in sich undenkbar und ohne jede Analogie, daß eine Erzählung mit einer Befürchtung, 30, und einer Frage, 31, schlösse.» Deshalb haben die Ausleger versucht, auf verschiedene Weise den verlorenen Schluß der Erzählung zu rekonstruieren. Das Problem läßt sich aber besser anders lösen, nämlich durch die Annahme, daß V. 30–31 ursprünglich gar nicht zu dieser Erzählung gehörten, die mit V. 29 einen klaren Abschluß erreicht hat und der mit V. 30–31 eine spätere Erweiterung angefügt worden ist.

V. 1 stellt die Erzählung in den Zusammenhang der Jakobsgeschichte. Als Tochter Leas gehört Dina zu den Kindern Jakobs. Nicht ausdrücklich gesagt, aber vorausgesetzt ist, daß Jakob in der Nähe von Sichem sein Lager aufgeschlagen hat, vgl. 33,18–20. Die in der Erzählung genannte Stadt (vgl. V. 20.24.25.27.28) ist zweifellos die Stadt Sichem, sie wird in Kap. 34 allerdings nie mit Namen genannt. Fast rührend wirkt, was von Dina in diesem Vers erzählt wird. Sie geht aus dem Lager heraus, «um die Töchter des Landes kennenzulernen». Es liegt kein Anlaß vor, darin eine «Mißbilligung» ausgedrückt zu sehen, um dann festzustellen: «Was dabei herauskam, lehrt der Fortgang» (Jacob). Nein, die Erzählung ist in ihrem Gesamttenor in keiner Weise fremdenfeindlich eingestellt. Dina sehnt sich nach Kontakten, wie das junge Menschen immer tun. Über ihr Alter ist viel spekuliert worden, ohne daß es dafür einen wirklichen Anhaltspunkt gäbe, aber sie ist natürlich noch jung. Vielleicht kann man sogar sagen, auch wenn darin eine gewisse Überinterpretation liegen mag, ein Mädchen, das nur unter Brüdern aufwächst, hält halt gern nach Freundinnen Ausschau.

Aber dann kommt es ganz anders. Dina wird bei ihrem Ausflug von einem Kanaanäer gesehen und vergewaltigt, **V. 2**. Der Täter ist nicht irgendwer, es ist Sichem, der Sohn Hamors, der als «Fürst des Landes» bezeichnet wird. Das mit «Fürst» übersetzte Wort kommt in den Vätererzählungen noch dreimal vor, 17,20; 23,6; 25,16. Die Deutung des Wortes ist schwierig. Auf jeden Fall handelt es sich – in 23,6 ist die Sachlage eine andere – um eine im Sozialgefüge herausgehobene, einflußreiche Person. Das ist für den Fortgang der Erzählung entscheidend. Hamor und sein Sohn Sichem, der sogar den Namen der Stadt trägt, sind die schlechthin bestimmenden Personen in Sichem.

Um die folgenden Geschehnisse beurteilen zu können, ist ein kurzer Blick auf das Verbrechen der Vergewaltigung und seine rechtliche Beurteilung im Alten Testament nötig. Die Vergewaltigung einer verlobten oder verheirateten Frau – rechtlich wird das nicht unterschieden – gilt dem alttestamentlichen Recht als Ehebruch und wird mit der Todesstrafe geahndet, 5. Mose 22,25–27. Die Vergewaltigung eines unverlobten Mädchens – dieser Fall liegt in V. 1–3 offensichtlich vor – wird mit einer dem Brautpreis entsprechenden Geldzahlung geahndet. Auch muß der Mann bereit sein, das Mädchen zur Frau zu nehmen, 2. Mose 22,15f.; Zürcher Bibel V. 16f. In 5. Mose 22,29 wird darüber hinaus noch festgelegt, daß eine solche Frau von ihrem Mann nicht entlassen werden darf. Das heißt, gewiß wird auch die Vergewaltigung eines unverlobten Mädchens im Alten Testament als schweres Delikt bewertet. Aber es ist ein Delikt, das auf vernünftige Weise gesühnt und wiedergutgemacht werden kann. Diese Rechtsbestimmungen können sicher nicht einfach auf die Nomadenexistenz übertragen werden. Da mag man durchaus ein anderes Rechts- bzw. Unrechtsbewußtsein gehabt haben. Aber für die Zeit des Jahwisten wird man das Vergehen und seine Ahndung doch nicht völlig losgelöst von diesen alttestamentlichen Rechtssätzen sehen dürfen.

Mit **V. 3** nimmt die Erzählung einen im Grunde unerwarteten Fortgang. Nachdem Sichem mit dem Mädchen geschlafen hat, wird er ihrer nicht überdrüssig, sondern beginnt, sie von Herzen zu lieben. Es gibt eine andere alttestamentliche Vergewaltigungsgeschichte, die in dieser Hinsicht einen ganz anderen Verlauf nimmt: die Vergewaltigung der Tamar durch Amnon, 2. Sam. 13,1–22. Wir achten jetzt nicht darauf, daß Amnon – anders als Sichem – lange und wohlüberlegte Vorbereitungen für seine Untat getroffen hat, auch nicht darauf, daß erzählt wird, wie sich Tamar gegen die Zudringlichkeit ihres Halbbruders gewehrt hat. Das mag Dina ja auch getan haben. Wichtig ist, wie sich die Täter jeweils nach ihrer Tat verhalten. Das sieht bei Amnon völlig anders aus als bei Sichem, denn in 2. Sam. 13,15 heißt es: «Dann aber faßte Amnon einen tiefen Widerwillen gegen sie, so daß sein Widerwille größer war als die Liebe, die er zu ihr gehabt hatte. Und Amnon sprach zu ihr: Mach, daß du fortkommst!» Es mag sein, daß Amnons Reaktion lebenswahrer ist als die Sichems. Dieser bemüht sich jedenfalls nach Kräften darum, den angerichteten Schaden zu heilen. Denn er tut nun das von sich aus, was das alttestamentliche Recht als Sanktion für einen derartigen Übeltäter vorsieht. Er will Dina heiraten.

In dem folgenden Erzählabschnitt **(V. 4–12)** sind Grunderzählung und Ergänzung besonders gut voneinander abzuheben. Zur Grunderzählung gehören **V. 5. 7. 11–12**. Die Aufmerksamkeit wird zunächst auf die Familie Jakobs gelenkt, in der Jakob nicht, wie in den vorangehenden Erzählungen, der allein bestimmende Patriarch ist. Die Söhne Jakobs ergreifen die Initiative. Ausdrücklich wird gesagt, daß Jakob nichts tut, bis sie vom Felde heimgekommen sind, **V. 5**. Als sie dann von dem Geschehen hören, geraten sie in grimmigen Zorn, **V. 7a**. Dazu bedarf es im Grunde keiner Erklärung. Die an der Schwester begangene Untat läßt kaum eine andere Reaktion zu. Deshalb ist die in **V. 7b** angefügte Begründung für den Zorn der Brüder im Grunde überflüssig. Hier ist eine formelhafte Wendung für schweren Frevel, der sich vornehmlich auf den sexuellen Bereich bezieht, aufgenommen: «eine Schandtat (in Israel) begehen», 5. Mose 22,21; Ri. 19,23ff.; 20,6; Jos. 7,15 u. ö. Auch der abschließende Satz des Verses hat formelhaften Charakter. Die beiden Begründungen – ganz abgesehen davon, daß das Wort «Israel» hier ein Anachronismus ist und Sichem kein Israelit ist – sind stilistisch ungeschickt miteinander verbunden. Das ist ganz anders in 2. Sam. 13,12, wo diese beiden Sätze ebenfalls nebenein-

ander stehen. Die häufig geäußerte Vermutung, daß V. 7b von einem späteren
Bearbeiter aus 2. Sam. 13,12 übernommen und hier eingetragen worden ist, hat
viel für sich. Dem Geschehen ist damit auch eine religiöse Würdigung zuteil
geworden.

Mit **V. 11** erscheint Sichem wieder auf der Bildfläche der Erzählung. Er wendet
sich mit seiner Bitte, Dina heiraten zu dürfen, an Jakob, der hier «ihr Vater»
genannt wird, und an die Brüder. Es ist auffallend, daß in diesem Zusammenhang auch die Brüder genannt und angesprochen werden. Das erklärt sich aus
der besonderen Bedeutung, die den Söhnen Jakobs in dieser Erzählung insgesamt zugeschrieben wird. Sichem – er entstammt ja einer wohlhabenden Familie – ist bereit, jeden Preis für Dina zu bezahlen. Er nennt das «Brautgeld»
(vgl. 29,15–30) und «Geschenke», womit so etwas wie die aus dem babylonischen Eherecht bekannte «Eheschenkung» gemeint sein könnte, die der Frau
vom Ehemann zu ihrer materiellen Sicherstellung überlassen wurde, vgl. Co-
dex Hammurapi §§ 159–161.171b–172. Im Alten Testament gibt allenfalls
24,53 auf diese Gepflogenheit einen Hinweis. Sichem geht mit seinem Angebot
also sehr weit und – das ist im Zusammenhang sicher besonders zu beachten –
bezieht auch Dina selbst als Empfängerin von Ehegeschenken in seinen Vorschlag mit ein. Er tut alles nur mögliche, um Dina als seine Ehefrau zu gewinnen.

Die Ergänzung, es handelt sich um **V. 4.6.8–10**, unterscheidet sich in zweifa-
cher Hinsicht von der Grundschicht. Erstens: Die Brautwerbung wird hier vom
Vater des Mannes vollzogen, wie es üblich war, vgl. 24,2ff.; 38,6; Ri. 14,2. Zweitens: Die angestrebte Heirat wird von Hamor über das Einzelereignis hinaus-
gehend als Beginn eines Konnubiums zwischen den Leuten von Sichem und
der Großfamilie Jakobs und – daraus folgend – als Angebot für eine Seßhaft-
werdung der Jakobsleute im Umfeld der Stadt ins Auge gefaßt, **V. 9–10**. Das
Ziel des Ganzen wird in V. 22 mit den Worten beschrieben, daß die Sichemiten
mit den Jakobsleuten «zu einem Volk werden» sollen. Was hier von Hamor
angestrebt wird, entspricht einem Vorgang, wie er sich in der Geschichte Palästinas vielfältig ereignet hat. Nomadische Gruppen gingen langsam zur Seßhaftigkeit über. Soweit das im Einflußbereich kanaanäischer Stadtstaaten geschah, bedurfte es des Übereinkommens mit den Urbewohnern. Das wurde in
der Regel auf friedliche Weise erzielt, ganz so wie es hier dargestellt wird.

Bei der dann geschilderten Verhandlung **(V. 13–19)** spielt Jakob keine Rolle
mehr. Seine Söhne haben das Heft in die Hand genommen. Gleich zu Beginn
wird festgestellt, daß sie «voller Arglist» vorgehen. Sie sind nicht an einer guten Lösung interessiert, auch wenn es zunächst so aussieht. Sie machen den
beiden Bittstellern einen überraschenden Vorschlag. Geld und Gut, das Sichem reichlich für Dina angeboten hatte, wollen sie nicht haben. Sie wollen
und können ihre Schwester nicht einem unbeschnittenen Mann geben, und –
hier kommt wieder die Ergänzung zum Zuge – für ein Zusammenwachsen der
beiden Völkerschaften ist es nötig, daß man in einer so wichtigen Angelegenheit nicht voneinander unterschieden ist. Es ist deutlich, daß hier die geforder-
te Beschneidung einen völlig anderen Sinn hat als in dem priesterschriftlichen
Kap. 17. Das gilt unbeschadet der Tatsache, daß bestimmte Formulierungen an
Kap. 17 erinnern, z. B. «alles Männliche», vgl. V. 15.22.24.25 mit 17,10.12.23.

Die Übereinstimmung ist das Ergebnis einer späteren Redaktionsarbeit, denn diese Formulierung kommt in der Grunderzählung ebenso vor wie in der Ergänzungsschicht. In Kap. 17,10–14 ist die Beschneidung Bundeszeichen, das an jedem männlichen Nachkommen Abrahams am achten Lebenstag vollzogen werden soll, 17,12; 3. Mose 12,3. Durch die Beschneidung wird in gleicher Weise Gottes Treue wie Israels Verpflichtung zum Ausdruck gebracht. Diese für das Judentum bis heute gültige theologische Bedeutung der Beschneidung hat sich erst zur Zeit des babylonischen Exils entwickelt, als die Exilierten in einer Umgebung lebten, in der man die Beschneidung nicht kannte, diese also als Unterscheidungsmerkmal innerhalb der fremden Umgebung dienen konnte. Die Beschneidung selbst ist viel älter und war weit verbreitet, vgl. Jer. 9,24f.; Zürcher Bibel V. 25f. Ursprünglich war die Beschneidung ein Pubertätsritus, der nicht am Kleinkind, sondern am Jüngling an der Schwelle zur Mannbarkeit vollzogen wurde. In unserer Erzählung hat die Beschneidung keine religiöse Bedeutung in dem Sinne, daß mit ihrem Vollzug die Anerkenntnis Jahwes, des Gottes Abrahams, Isaaks und Jakobs, verbunden wäre. Sie ist nicht mehr als eine nicht näher begründete Volkssitte.

Anders als in anderen kanaanäischen Städten gab es in Sichem keinen Stadtkönig, sondern eine aristokratische Stadtführung zahlreicher Familien. Der Vorschlag der Söhne Jakobs konnte also nicht einfach von Hamor und Sichem angenommen und durchgeführt werden. Er mußte von den Honoratioren der Stadt gebilligt werden. Deshalb sehen sich Hamor und Sichem genötigt, ihr Anliegen den «Männern der Stadt» vorzutragen. Das geschieht im «Tor der Stadt», dem Verhandlungs- und Gerichtsplatz palästinischer Städte, **V. 20–24.** Höchst geschickt bringen Hamor und Sichem ihr Anliegen vor. Vom eigentlichen Anlaß der Sache, von Dina, ist keine Rede. Die Rede ist von einem generellen Konnubium mit den Jakobsleuten. Dieses anzustreben wird als ein großer wirtschaftlicher Vorteil für die Sichemiten dargestellt, da sie auf diese Weise an dem großen Reichtum der Jakobsleute Anteil gewinnen werden. Dagegen bedeutet die Beschneidung gewiß ein geringes Übel, dem man unter diesen Bedingungen gern sich zu unterziehen bereit sein sollte. B. Jacob bemerkt dazu: «Das ist schon eine Messe wert», in offensichtlicher Anspielung auf das bekannte Wort Heinrichs IV.

Es folgt der kurze, aber inhaltsschwere zweite Teil der Erzählung, **V. 25–29.** Der Vertrauensbruch der Söhne Jakobs an den Sichemiten, die sich gerade darauf eingestellt hatten, mit ihnen in ein vertrauensvolles Lebensverhältnis einzutreten, ist biblisch beispiellos. Die geschilderte Brutalität schreit zum Himmel. Zum ersten Mal werden innerhalb der Erzählung zwei der Söhne Jakobs aus der Gruppe der Brüder hervorgehoben und mit Namen genannt: Simeon und Levi, **V. 25–26,** vgl. auch V. 30. Sie sind als Söhne Leas die direkten Brüder Dinas, vgl. 29,33–34; 30,21. Zu dieser Gruppe der Söhne Jakobs gehören allerdings auch noch andere. So hat die Hervorhebung von Simeon und Levi letztlich doch einen anderen Grund, vgl. dazu unten. Am dritten Tag, als das Wundfieber der Beschnittenen seinen Höhepunkt hat und sie deshalb kampfunfähig sind, machen sich Simeon und Levi an ihr blutiges Werk: Alle männlichen Einwohner von Sichem werden umgebracht, wobei Hamor und Sichem besonders erwähnt werden.

Viel verhandelt ist die Frage, ob in **V. 27–28** ein Parallelbericht zu V. 25–26.29 vorliegt, der möglicherweise zu der Ergänzungsschicht zu zählen ist, oder ob die Verse als Fortsetzung von V. 25–26 zu verstehen sind. Im ersten Fall ist die in Anmerkung 18 erwähnte Textänderung notwendig, denn der Parallelbericht muß ja auch von der Tötung der Sichemiten erzählen, was im ersten Satz von V. 27 geschehen würde. Die Textänderung erübrigt sich aber, wenn man erkennt, daß in V. 27–28 die Darstellung fortgesetzt wird. Die Tötung der kampfunfähigen Sichemiten wird allein von Simeon und Levi erzählt, die insofern die eigentlichen Akteure der Untat gewesen sind. Die (übrigen) Söhne Jakobs treten erst in Aktion, nachdem Simeon und Levi ihr grausames Werk vollendet und die Stadt verlassen haben. Jetzt dringen sie in die Stadt ein, die der Verteidiger beraubt ist, und nehmen alles, was sich ihnen anbietet, als Beute, einschließlich der Frauen und Kinder.

Eine erste Bewertung des Geschehens bieten die später der Erzählung hinzugefügten **V. 30–31**. Woher diese Verse stammen, ist schwer auszumachen. Daß sie zu einer deuteronomistischen Bearbeitungsschicht gehören (Blum), ist unwahrscheinlich. Die sprachlichen Indizien dafür sind recht schwach, und inhaltlich weht hier gerade kein deuteronomistischer Geist. In deuteronomistisch bestimmten Versen würde ein rigoroses Vorgehen gegen Kanaanäer kaum getadelt werden, vgl. 5. Mose 7,1–11. Das aber geschieht hier, wenn auch recht verhalten, denn nicht die Tat als solche wird von Jakob verurteilt, vielmehr wird ihre mögliche Auswirkung beklagt.

Es ist nunmehr die Frage nach der Gesamtdeutung dieser so sehr aus dem Rahmen der Jakobsgeschichte herausfallenden Erzählung zu stellen. Dabei ist auf jeden Fall zu beachten, daß in ihr die beiden Jakobsöhne Simeon und Levi eine herausragende Rolle spielen, was erzählerisch dadurch motiviert wird, daß sie Vollbrüder Dinas sind. Aber Simeon und Levi haben eine weitergehende Bedeutung. Sie gelten wie die anderen Söhne Jakobs auch als Stammväter von Stämmen, sie repräsentieren diese Stämme. Es besteht kein Zweifel daran, daß bei der Frage nach der Intention der Erzählung dieses entscheidend zu berücksichtigen ist. Dabei kann die Frage nach dem Ursprung des Levitentums in diesem Zusammenhang unerörtert bleiben. Auch wenn es historisch gar keinen Stamm Levi gegeben haben sollte, geht die hier zu beachtende Tradition und Vorstellung von einem Stamm Levi aus.

Es gibt zwei erwähnenswerte Deutungsmodelle. Nach dem ersten Deutungsmodell enthält die Erzählung Hinweise auf die Frühgeschichte, vielleicht sagt man besser Vorgeschichte, der Stämme Simeon und Levi, die in Mittelpalästina einmal ihren Wirkungsbereich hatten, und zwar in der Zeit des Übergangs von der nomadischen Lebensweise zur Seßhaftigkeit, aber letztlich dort nicht Fuß fassen konnten. Es geht nach diesem Verständnis um geschichtliche Vorgänge, die hier auf die Ebene des Geschicks von Einzelpersonen gehoben worden sind. So sieht es v. Rad, der in Konsequenz dieser Sicht feststellt, daß es sich in Kap. 34 um «keine irgendwie ätiologisch bestimmte Sage» handelt. Genau das ist die Meinung des anderen Deutungsmodells, für das die Erzählung eine Ätiologie ist, d. h. also eine Erzählung, die einen bestimmten Sachverhalt erklären und deuten will und als solche gerade keine Auskunft über

historische Ereignisse gibt (Blum u. a.). Was soll in Kap. 34 erklärt werden? Es
geht um die Besonderheit der Stämme Simeon und Levi, die beide kein auf-
weisbares und benennbares Stammesgebiet besaßen.

Diese letztlich wohl zutreffende Deutung der Erzählung erhält ihre stärkste
Stütze durch den Hinweis auf das, was im sog. Jakobsegen über Simeon und
Levi gesagt wird, 49,5−7. Daß eine sachliche Nähe zwischen beiden Texten besteht, ist unübersehbar. Es zeigt sich schon daran, daß innerhalb der Sprüche
von Kap. 49 nur einmal zwei Namen in einem Spruch zusammengefaßt sind,
nämlich Simeon und Levi, die auch in Kap. 34 zusammen genannt sind. Über
Simeon und Levi wird ein Fluch ausgesprochen: «Verflucht sei ihr Zorn, daß
er so stark, und ihr Grimm, daß er so heftig war. Ich will sie zerteilen in Jakob,
will sie zerstreuen in Israel», 49,7. Die vorangestellte Begründung für diesen
Fluch kulminiert in dem Satz: «Denn in ihrem Zorn haben sie Männer getötet
und in ihrem Mutwillen Stiere gelähmt». Der zuletzt genannte Frevel an Stie-
ren findet in Kap. 34 keinen Anhaltspunkt, alles andere aber entspricht dem,
was in Kap. 34 erzählt ist. Nach dem Fluchwort 49,5−7 sind Simeon und Levi in
ihrem Zorn zu weit gegangen und haben dafür die in 49,7 bezeichnete Strafe
empfangen. Kap. 34 erzählt die Geschichte dieses Zorns und geht auch insofern mit 49,5−7 konform, als der Zorn der beiden nun wahrlich nicht verherr-
licht oder gefeiert wird, sondern als ein Zorn dargestellt wird, der alles Maß
übersteigt. Das geschieht nicht mit wertenden Urteilen – nur das Wort «voller
Arglist» (V. 13) spricht eine direkte Wertung aus –, sondern ergibt sich aus
dem Gang der Erzählung selbst, einer Erzählung, die letztlich vor der geschilderten Handlungsweise erschaudern läßt.

Bei dieser Wertung des Erzählten ist es nicht immer geblieben. Im Buch Judit,
das wahrscheinlich aus der Zeit des Makkabäeraufstands stammt, kann man
im Gebet der Judit eine ausgesprochene Verherrlichung der Tat Simeons lesen, 9,2−4. Es ist zu bedenken, daß das Buch Judit in einer Zeit äußerster Bedrängnis Israels durch fremde Mächte entstanden ist. In einer solchen Zeit
konnte diese so gar nicht fremdenfeindliche Erzählung offenbar nur mit einer
radikalen Umkehrung ihrer Aussage aufgenommen werden.

35,1−29   Ereignisse auf dem Weg Jakobs zwischen Sichem und Bethel. Die Liste der Söhne Jakobs. Isaaks Tod und Begräbnis

**1 Gott sagte zu Jakob: «Mache dich auf, zieh hinauf nach Bethel, bleibe dort
und baue dort dem Gott, der dir erschienen ist, als du vor deinem Bruder
Esau flohst, einen Altar.» 2 Da sagte Jakob zu seiner Familie und zu allen, die
bei ihm waren: «Schafft die fremden Götter[19] weg, die unter euch sind, reinigt
euch und wechselt eure Kleider! 3 Wir wollen uns aufmachen und hinaufziehen nach Bethel. Dort will ich dem Gott, der mich zur Zeit meiner Bedrängnis erhört hat und mit mir war auf dem Weg, den ich gegangen bin, einen Altar bauen.» 4 Da gaben sie Jakob alle fremden Götter, die sie bei sich hatten,
und die Ringe, die sie an ihren Ohren trugen, und Jakob vergrub sie unter der**

---

[19] Gemeint sind Götterbilder.

Terebinthe, die bei Sichem steht. 5 Dann brachen sie auf. Es kam aber ein
Schrecken Gottes über die Städte rings um sie her, so daß sie die Söhne Jakobs nicht verfolgten. 6 So kam Jakob nach Lus im Land Kanaan – das ist
Bethel –, er und alle Leute, die bei ihm waren. 7 Und er baute dort einen Altar, und er nannte die (Kult)Stätte «Gott ist (in) Bethel», denn dort hatte sich
Gott ihm offenbart[20], als er vor seinem Bruder floh.
8 Es starb aber Debora, die Amme Rebekkas, und sie wurde unterhalb von
Bethel unter der Eiche begraben, und er gab ihr den Namen «Klageeiche».
9 Gott erschien Jakob noch einmal, als er von Paddan-Aram kam, und segnete ihn. 10 Und Gott sagte zu ihm: «Dein Name ist Jakob, aber du sollst nicht
mehr Jakob heißen, sondern Israel soll dein Name sein.» Und er nannte ihn
Israel. 11 Weiter sagte Gott zu ihm: «Ich bin El Schaddaj, sei fruchtbar und
mehre dich! Ein Volk, ja eine Schar von Völkern soll von dir kommen, und
Könige sollen aus deinen Lenden hervorgehen. 12 Das Land, das ich Abraham und Isaak gegeben habe, dir gebe ich es, und deiner Nachkommenschaft
nach dir gebe ich das Land.» 13 Dann fuhr Gott auf von ihm an der (Kult)-
Stätte, an der er mit ihm geredet hatte. 14 Jakob errichtete einen Malstein an
der (Kult)Stätte, an der er mit ihm geredet hatte, ein steinernes Mal, er goß
ein Trankopfer darüber und schüttete Öl darauf. 15 Und Jakob nannte die
(Kult)Stätte, an der Gott mit ihm geredet hatte, Bethel.
16 Dann brachen sie von Bethel auf. Als sie etwa noch eine Meile[21] bis Ephrat
hatten, gebar Rahel, aber die Geburt machte ihr schwer zu schaffen. 17 Als
sie nun eine so schwere Geburt hatte, sagte die Hebamme zu ihr: «Fürchte
dich nicht! Auch diesmal hast du einen Sohn.» 18 Als ihr nun ihr Lebensatem
entfloh, denn sie lag im Sterben, da nannte sie ihn Ben-Oni (d. h. Sohn meines
Schmerzes). Sein Vater aber nannte ihn Bin-Jamin (d. h. Sohn des Glücks).
19 So starb Rahel, und sie wurde am Weg nach Ephrat begraben; das ist Bethlehem. 20 Und Jakob errichtete auf ihrem Grab einen Malstein. Das ist der
Malstein des Rahelgrabes bis auf den heutigen Tag. 21 Dann zog Israel weiter, und er schlug sein Zelt jenseits von Migdal-Eder auf.
22 Als sich Israel in dieser Gegend aufhielt, ging Ruben hin und schlief mit
Bilha, der Nebenfrau seines Vaters. Israel aber hörte davon[22].
Die Söhne Jakobs waren zwölf: 23 Die Söhne Leas: Ruben, der Erstgeborene
Jakobs, Simeon, Levi, Juda, Issachar und Sebulon. 24 Die Söhne Rahels: Joseph und Benjamin. 25 Die Söhne Bilhas, der Magd Rahels: Dan und Naphta-
li. 26 Die Söhne Silpas, der Magd Leas: Gad und Ascher. Das sind die Söhne
Jakobs, die ihm in Paddan-Aram geboren wurden.

---

[20] Im hebräischen Text steht an dieser Stelle eine pluralische Verbform. Es ist deshalb nicht auszuschließen, daß *elohim* (Gott) hier im Anschluß an 28,12 «göttliche Wesen» bedeutet. Andererseits
aber gibt es gelegentlich auch Belegstellen für pluralische Verbformen bei *elohim* bei eindeutig sin-
gularischer Bedeutung des Wortes, vgl. 20,13 und dazu die Anmerkung bei Zimmerli.

[21] Es handelt sich um ein Wegemaß, das eine Entfernung bezeichnet, die in etwa zwei Stunden zu-
rückgelegt werden kann (Vogt).

[22] An dieser Stelle ist in der Handschrift, die unserer hebräischen Bibelausgabe zugrunde liegt, eine
Lücke gelassen. Vielleicht sollte damit auf die Möglichkeit eines Textausfalls hingewiesen werden.
Zahlreiche Ausleger, auch die Zürcher Bibel, nehmen einen Textausfall an, den man mit der grie-
chischen Übersetzung des Alten Testaments, der Septuaginta, dann etwa so wiederherstellen könnte: «Und es mißfiel ihm». Der überlieferte hebräische Text ist aber durchaus verständlich und
braucht nicht ergänzt zu werden.

27 Jakob kam zu seinem Vater Isaak nach Mamre, nach Kirjat-Arba, das ist Hebron, wo sich Abraham und Isaak als Fremdlinge aufgehalten hatten. 28 Isaak aber wurde 180 Jahre alt. 29 Dann verschied Isaak, er starb und wurde zu seinen Stammesgenossen versammelt, alt und lebenssatt, und seine Söhne Esau und Jakob begruben ihn.

Kap. 35 besteht aus mehreren Abschnitten und Textteilen mit recht verschiedenen Inhalten. Auch im Blick auf die literarische Schichtung ist das Kapitel nicht einheitlich. Hier begegnen nach größerem Abstand zum ersten Mal wieder umfangreichere zur Priesterschrift gehörende Textabschnitte. Unter den Auslegern besteht weitgehend darüber Einvernehmen, daß die folgenden Verse P zuzuordnen sind: V. 6.9–13.15.22b–29. Das soll mit einigen Hinweisen begründet werden. Nachdem bereits vorher von Bethel die Rede gewesen ist, fällt in V. 6 der alte Ortsname Lus auf – «das ist Bethel», ist späteres Interpretament. Auch die Angabe «im Land Kanaan» ist priesterschriftlicher Sprachgebrauch. V. 6 ist Einleitung zu der Erscheinungsszene, V. 9–13, zu der meistens auch noch V. 15 gerechnet wird. Daß dieser in sich geschlossene Abschnitt zu P gehört, ist allein schon durch die für diese Quelle charakteristischen Namen Paddan-Aram und El-Schaddaj zu erweisen. Andererseits muß V. 14 aus sachlichen Gründen aus diesem Zusammenhang herausgenommen werden. Die Errichtung einer Massebe und die erwähnten kultischen Handlungen sind für P theologisch nicht denkbar. Genauso eindeutig ist die priesterschriftliche Herkunft für den Abschluß des Kapitels, V. 22b–29. Auch hier gibt der Ortsname Paddan-Aram den entscheidenden Hinweis. Die abschließenden Verse (V. 27–29) sind wegen der Verwendung bestimmter Ausdrücke, des Feststellens des Lebensalters und des sonstigen Inhalts ebenfalls P zuzuordnen. Der verbleibende Rest des Kapitels ist literarkritisch schwieriger zu beurteilen. Die entsprechenden Erwägungen müssen jeweils im Zusammenhang der Auslegung angestellt werden.

Der erste Sinnabschnitt des Kapitels umfaßt V. 1–5.7. Als eine kurze Sondertradition kann noch V. 8 hinzugenommen werden. Dieser Text wird weitgehend dem Elohisten zugeschrieben. Als Begründung dafür wird auf die in diesem Abschnitt gebrauchte Gottesbezeichnung verwiesen, ein Argument, das allerdings nur für V. 1 und allenfalls für V. 5 Gewicht haben könnte. V. 7 ist diesbezüglich anders zu beurteilen. Vor allem aber erkennt man in dem, was hier berichtet wird, gern eine direkte Anknüpfung an Kap. 28, speziell an 28,20–22, denn hier werde die Erfüllung des Gelübdes, von dem dort die Rede ist, mitgeteilt. Aber das ist nicht der Fall. Mit keinem Wort wird auf das Gelübde Bezug genommen, auch ist der Bau eines «Gotteshauses» (28,22) etwas anderes als der Bau eines Altars, V. 1.3.7, und schließlich müßte doch auch die Abgabe des Zehnten erwähnt werden, wenn hier die Erfüllung des Gelübdes erzählt würde. Kap. 28 und Kap. 35 sind innerhalb der Jakobserzählung die stärksten Stützen für die Annahme eines elohistischen Erzählfadens. Wenn diese beiden Stützen sich als nicht tragfähig erweisen, ergibt sich, daß in der Jakobserzählung kein elohistischer Textanteil vorliegt. Das ist das literarkritische Ergebnis der hier vorgelegten Auslegung.

So bleibt die Frage nach der literarischen Herkunft der Verse offen. Schon oft ist auf die deuteronomistischen Bezüge dieses Textes hingewiesen worden. Der erste Abschnitt von Kap. 35 ist nach Sprachgebrauch und Inhalt ein deuteronomistischer Text (Blum u. a.). Der Grundgedanke deuteronomistischer Theologie, die in der Exilszeit geprägt wurde, kann darin gesehen werden, daß es für Israel keine anderen Götter gibt und geben darf als allein den, der sich Israel offenbart hat und der Israel geführt und beschützt hat. Dieser Grundgedanke bestimmt auch diesen Text. Sprachlich ist vor allem der Ausdruck «fremde Götter» signifikant, vgl. 5. Mose 31,16 und die deuteronomistischen Texte Jos. 24,23; Ri. 10,16; 1. Sam. 7,3. Darüber hinaus aber ist bedeutsam, daß an den drei zuletzt genannten Belegstellen wie in V. 2 vom «Entfernen» oder «Wegschaffen» der fremden Götter die Rede ist – im Hebräischen wird an allen Stellen das gleiche Wort gebraucht. Der Hinweis auf 1. Sam. 7 ist darüber hinaus noch aus einem anderen Grund wichtig. An beiden Stellen folgt auf das Wegschaffen der fremden Götter ein spektakuläres, rettendes Eingreifen Gottes zugunsten Jakobs und seiner Familie bzw. zugunsten Israels, zu Jos. 24 vgl. unten. Das helfende Eingreifen Gottes ist die Folge des zuvor geschilderten Gehorsams. Damit erweist sich die Zugehörigkeit von V. 5 zur vorliegenden Erzählung. V. 5 darf nicht, wie es häufig geschieht, aus dem vorliegenden Zusammenhang herausgenommen und als Abschluß von Kap. 34 verstanden werden.

Anders als es in 31,10–13 der Fall ist, wird hier nicht ein deuteronomistischer Abschnitt in eine vorliegende Erzählung eingefügt, vielmehr wird eine neue Erzählung gestaltet. Ihr literarischer Ort und ihr Inhalt zeigen, daß sie das Ende der Jakobsgeschichte darstellen soll. Für die deuteronomistischen Verfasser war wichtig, was der Erzvater Jakob, der auch für sie der Erzvater Israels ist, am Ende seines langen Aufenthaltes in der Fremde getan hat. Dabei ist die Erzählung deutlich in die Jakobsgeschichte eingefügt. Es wird dreimal (V. 2.3.7) Bezug genommen auf das, was vorher geschehen ist. Durch den Verweis auf die Bethelerzählung von Kap. 28 wird ein großer erzählerischer Bogen gespannt von dem Ort, an dem Jakob zum letzten Mal im Land Kanaan ein denkwürdiges Erlebnis hatte, bis zu dem Ort, an dem nunmehr seine endgültige Rückkehr in das Land erfolgt. Die Erzählung hat einerseits ihre Bedeutung im großen Rahmen der Jakobsgeschichte, sie ist andererseits als direkte Fortsetzung der vorangehenden Erzählung gestaltet. Sie setzt also eine Textform der Jakobsgeschichte voraus, zu der Kap. 34 bereits hinzugehörte.

Die Aufforderung, von der **V. 1** erzählt, erreicht Jakob im Umfeld von Sichem. Was sich dort ereignet hatte, schloß ein Bleiben Jakobs in dieser Gegend ohnehin aus, vgl. 34,30. Die Anrede Gottes erfolgt völlig unvermittelt. Von einer Traumoffenbarung ist keine Rede. Nicht einmal wird wie im priesterschriftlichen V. 9 gesagt, daß Gott Jakob erschienen sei. Es bleibt beim reinen Gotteswort, das unmittelbar von Jakob befolgt wird. Nach der Aufforderung «mache dich auf» enthält die Anrede drei Imperative: «zieh hinauf», «bleibe dort» und «baue dort einen Altar». Vor allem der erste Befehl ist für eine bestimmte Deutung der Erzählung von Bedeutung. Das hebräische Wort, das wir in der Regel mit «hinaufziehen» übersetzen, hat an einigen Stellen geradezu eine technische Bedeutung im Sinn von «pilgern», «eine Wallfahrt durchführen», vgl. 2. Mose 34,24; 1. Sam. 1,3; Ps. 122,4; Jer. 31,6. Das könnte auch hier gemeint sein. Es kommen noch andere Erwägungen hinzu: die in V. 2 angesprochenen Reinigungsriten, die Tatsache, daß in e i n e r Erzählung zwei kultisch relevante Orte eine Rolle spielen, die für einen Tagesmarsch passende Entfernung zwischen diesen beiden Orten. Sie haben zu der oft vertretenen These geführt, daß im Hintergrund der Erzählung eine «Wallfahrt von Sichem nach Bethel» (Alt) zu erkennen ist. Danach handelt es sich hier nicht um ein einmaliges, sondern um ein oft wiederholtes kultisches Ereignis, um einen «regelmäßig geübten Brauch im alten Israel» (v. Rad). Aber diese Erklärung verträgt sich kaum mit der festgestellten deuteronomistischen Herkunft der Erzählung. Auch verweisen die vorgebrachten Argumente keineswegs eindeutig auf eine regelmäßig durchgeführte Wallfahrt. So ist z. B. für das Wort «hinaufziehen» die oben erwähnte technische Bedeutung auf jeden Fall die Ausnahme, viel häufiger wird das Wort ohne diese spezifische Bedeutung gebraucht. Das dürfte auch hier der Fall sein. Schließlich ist eine derartige, regelmäßig durchgeführte Wallfahrt mit der hier geschilderten Intention der Vernichtung von fremdländischen Kultgegenständen in vordeuteronomischer Zeit kaum vorstellbar.

Der zweite Imperativ «bleibe dort» ist nicht in dem Sinn zu verstehen, daß Jakob in Bethel endgültig Wohnung nehmen soll. Im Sinn des Gesamtkapitels ist Bethel zwar eine entscheidende Station auf dem Rückweg Jakobs – das wird auf diese Weise deutlich gemacht –, aber doch eine Durchgangsstation, von der aus sein Weg weitergeht, vgl. V. 16. In **V. 1b** erfolgt dann erstmalig der bereits erwähnte Rückbezug auf die Bethelerzählung von Kap. 28. Daß es sich um einen Rückbezug auf diese Erzählung handelt, leidet keinen Zweifel, wenn auch ein Altarbau in Bethel durch Kap. 28 nicht gedeckt ist.

Nachdem Jakob die göttliche Aufforderung zum Aufbruch nach Bethel gehört hat, würde man erwarten, daß unmittelbar darauf die Ausführung des Befehls erzählt wird. Aber davon ist erst in V. 5 die Rede. Vorher berichten **V. 2–4** von einer auffallenden Handlungsweise Jakobs, die in dem göttlichen Befehl nicht ausdrücklich angesprochen ist. Trotzdem handelt es sich bei V. 2–4 nicht um eine selbständige Erzähleinheit ohne Beziehung zum näheren Kontext. Vor dem Aufbruch nach Bethel sollen die «fremden Götter» weggeschafft werden. Was ist damit gemeint? Im Zusammenhang der Jakobsgeschichte kann man an den Hausgott Labans denken, den Rahel ihrem Vater gestohlen hat, vgl. 31,19. Dieser Hinweis findet sich in fast allen Kommentaren. Er dürfte auch richtig sein, reicht aber nicht aus. Denn im Ausführungsbericht V. 4 ist nicht nur davon die Rede, daß die Angehörigen des Familienverbandes zahlreiche Gegenstände bei sich haben, es werden darüber hinaus speziell Ohrringe genannt. Nach dem Zusammenhang handelt es sich bei diesen Ringen nicht lediglich um Schmuckgegenstände, sondern um Schmuckstücke mit religiösem Charakter. Die Verfasser des Textes gehen davon aus, daß es sich bei einem so langandauernden Aufenthalt in der Fremde, wie er von Jakob berichtet wird, gar nicht vermeiden läßt, daß man größere oder kleinere Kultgegenstände fremdländischer Herkunft erworben hat und diese nun mit sich führt. Vor der endgültigen Rückkehr ins Land der Verheißung hat Jakob vorbildlich gehandelt, indem er sich von diesen verabscheuungswürdigen Dingen getrennt hat.

Wie das geschehen sollte, darauf gibt die in V. 2 mitgeteilte Aufforderung Jakobs «schafft die fremden Götter weg» zunächst keinen Hinweis. Bei der Schilderung der Ausführung aber heißt es dann in **V. 4**, daß Jakob die ihm übergebenen Gegenstände unter einer bestimmten Terebinthe bei Sichem vergraben hat. Das ist ein Vorgang, für den es keine alttestamentliche Parallele gibt, und so stellt sich die Frage, wie diese eigenartige Handlungsweise zu erklären ist. Im Alten Orient ist das Vergraben von Götterbildern, Votivgaben oder anderen Kultgegenständen an heiligen Orten archäologisch oft zu belegen (Keel). Solches Vergraben war geprägt vom Respekt gegenüber den vergrabenen Gegenständen, die man nicht einfach wegwerfen wollte, wenn sie, aus welchen Gründen auch immer, kultisch nicht mehr verwendbar waren, so wie etwa auch unbrauchbar gewordene Torarollen nicht weggeworfen, sondern in einer Geniza verborgen wurden. Es ist die Frage, ob dieser religionsgeschichtlich häufig belegte Vorgang zur Erklärung von V. 4 dienen kann. Wenn man von der Annahme ausgeht, daß es sich in V. 1–5 um einen einheitlich deuteronomistischen Text handelt, und dafür spricht insgesamt alles, dann kann der von den deuteronomistischen Theologen hier aufgegriffene Vorgang von ihnen nicht in seinem ursprünglichen Sinn verstanden sein. Für sie ist das Vergraben der fremden Götter kein Vorgang, der den «Respekt» vor diesen «Göttern» zum Ausdruck bringt, sondern es bedeutet ihre Vernichtung und Unschädlichmachung, ganz so, wie es in der ausschmückenden Darstellung des Jubiläenbuches beschrieben wird: «Und sie demolierten die fremden Götter und was an ihren Ohren und was an ihren Nacken war, und den Götzen, den Rahel von ihrem Vater Laban gestohlen hatte. Und sie gab alles Jakob, und er verbrannte ihn und zerstieß ihn und vernichtete ihn und verbarg (ihn) unter der Eiche, die im Land der Sichemiter ist», Jubiläenbuch 31,2, nach der Übersetzung von K. Berger.

Durch das Wegschaffen der fremden Götter trennt sich Jakob zusammen mit seiner Familie von der heidnischen Vergangenheit, was durch die beiden in V. 2 erwähnten Reinigungsakte noch unterstrichen wird. Wie die Reinigung konkret vollzogen werden soll, wird nicht gesagt. Wahrscheinlich ist an Waschungen zu denken, möglicherweise auch an sexuelle Askese, vgl. 2. Mose 19,15b in Verbindung mit 2. Mose 19,10. Das Wechseln der Kleider ebenso wie das Waschen der Kleider (vgl. 2. Mose 19,10.14) ist ein in der Religionsgeschichte weitverbreiteter Brauch. An den Kleidern haftet die Vergangenheit. Wenn sie gewaschen oder wenn sie gewechselt werden, ist damit der Weg frei in eine neue, durch Vergangenes nicht belastete Zukunft. Das wird auch hier zum Ausdruck gebracht.

Die in V. 1–7 geschilderte Begebenheit hat eine auffallende Parallele in dem Bericht von Jos. 24. Auch dort geht es darum, «fremde Götter» zu entfernen, Jos. 24,23, nachdem vorher noch radikaler, als es hier der Fall ist, gesagt war, daß die Väter früher «anderen Göttern gedient haben», Jos. 24,2. Beide Begebenheiten sind in Sichem lokalisiert. Wie 35,1–7 schildert auch Jos. 24 den Übergang in eine neue Lebensphase, nämlich nach vollzogener Landnahme des Volkes den Übergang zum endgültigen Bleiben des Volkes im Lande. In beiden Berichten verbindet sich damit eine radikale Abkehr von den religiösen Bindungen der Vergangenheit. Da es sich in beiden Fällen um deuteronomistische Texte handelt – für Jos. 24 wird das heute kaum noch bestritten –, kann man beide Begebenheiten aufeinander beziehen und mit Blum in 35,1 – 7 «so etwas wie eine Generalprobe für Jos. 24» bzw. «dessen beispielhafte Antizipation» sehen.

V. 5, der wie schon gesagt ein Bestandteil des deuteronomistischen Textes ist, verbindet die geschilderte Episode mit Kap. 34. Schon in 34,30 innerhalb des später angefügten Erzählabschlusses ist die Befürchtung ausgedrückt, daß die Untat von Sichem für Jakob böse Folgen haben könnte. Das wird auch hier vorausgesetzt. Aber Jakob und seine Familie stehen nach erfolgter Beseitigung der Fremdgötter unter dem besonderen Schutz Gottes, der einen «Gottesschrecken» über die kanaanäischen Städte kommen läßt und sie dadurch an einer Verfolgung Jakobs hindert. Die an dieser Stelle gebrauchte Formulierung «Schrecken Gottes» kommt nur hier vor. Die gemeinte Sache ist nicht singulär, wie allein schon der Hinweis auf 1. Sam. 7,10 zeigt, vgl. aber auch 2. Mose 23,27; Jos. 24,12 u. ö. Es geht darum, daß Gott durch eine gewaltige Machtdemonstration – in 1. Sam. 7,10 ist es ein Gewitter – die Feinde Israels erschrickt und dadurch Israel Rettung vor den Feinden verschafft.

Mit **V. 7** erreicht die Erzählung ihr Ende. Was Gott Jakob befohlen hat, wird von ihm ausgeführt. Jakob baut Gott in Bethel einen Altar. Daß V. 1 und V. 7 aufeinander bezogen sind, ist unverkennbar, auch wenn die Wortwahl nicht völlig parallel ist. Am auffallendsten ist in V. 7 die Namengebung der Kultstätte. Schon die alten Übersetzungen hatten hier Schwierigkeiten. Sie lassen weitgehend das Äquivalent für «Gott» aus, so daß sich die Übersetzung ergibt, «er nannte die (Kult)Stätte Bethel», so auch zahlreiche moderne Übersetzungen. Aber dazu muß man den hebräischen Text ändern, und überdies ist von Bethel ja schon die Rede gewesen, so daß eine derartige Namengebung zu spät kommt. Der hebräische Ausdruck kann auf doppelte Weise übersetzt werden: «Gott von Bethel» oder «Gott ist (in) Bethel». Wahrscheinlicher ist die zweite Übersetzungsmöglichkeit. Dann aber ist der Ausdruck kein Name für die Kultstätte im strengen Sinn, sondern eine Beschreibung der Bedeutung des Wesens dieser Kultstätte, an die sich dann der folgende Satz gut anschließt.

Angefügt ist eine Sondertradition über den Tod und das Begräbnis der Debora, **V. 8**. Diese Tradition hat ihren Haftpunkt am Namen eines in der Nähe von Bethel befindlichen Baums. Der Name des Baums wird auf Jakob zurückgeführt und mit einem Ereignis bei seiner Rückkehr erklärt. Von Debora wird in den Jakobserzählungen nur an dieser Stelle erzählt. Dabei wird Debora als Amme Rebekkas bezeichnet, was nicht nur die Frage provoziert, wie alt die Amme der Mutter Jakobs wohl geworden ist. Es stellt sich auch die Frage, wie sie überhaupt in den Familienverband Jakobs gekommen ist, da sie doch zur Familie Isaaks und Rebekkas gehört hat, nicht aber zu Jakobs Familie. B. Jacob zitiert jüdische Ausleger, die meinen, die Amme sei der von Rebekka dem Jakob in Aussicht gestellte Bote gewesen, vgl. 27,45. Aber das ist doch zu spekulativ. Einige Ausleger haben die These vertreten, es sei hier ursprünglich von der Amme Rahels die Rede gewesen. Weil aber in 24,59 eine mit Namen nicht genannte Amme Rebekkas erwähnt wird, von einer Amme Rahels aber ansonsten nichts verlautet, sei aus der Amme Rahels die Amme Rebekkas

geworden. Beweisbar ist diese beachtenswerte Vermutung nicht. Entscheidend
für die in V. 8 aufgenommene Tradition scheint der Name Debora («Biene»)
zu sein. In Ri. 4,5 wird von der Prophetin Debora und einer nach ihr benannten Palme ebenfalls in der Nähe von Bethel berichtet. So hat sich dieser Frau-
enname mit bemerkenswerten Bäumen in der Gegend von Bethel verbunden,
einmal als Amme Rebekkas (oder Rahels?), zum anderen als «Prophetin».

Im Zentrum des Kapitels steht der zur Priesterschrift gehörende Abschnitt
V. 6.9–13.15. Nach 26,34–35; 27,46–28,9 folgt hier erstmalig innerhalb der Jakobserzählung wieder ein größerer priesterschriftlicher Text. In ihm wird neben anderem von zwei Ereignissen berichtet, von denen im Verlauf der Jakobserzählungen bereits die Rede war, so daß hier also zwei sog. Dubletten vorliegen. Es handelt sich zum einen um die Umbenennung Jakobs in Israel, V. 10,
vgl. 32,29, zum anderen um die Benennung des Ortes Bethel, V. 15, vgl. 28,19.
Es fällt auf, daß in beiden Fällen keine Begründung für den jeweiligen Namen
gegeben wird, wie das an den Vergleichsstellen der Fall ist.
Für **V. 10** ist erwogen worden, ob der Vers überhaupt in den ursprünglichen
priesterschriftlichen Zusammenhang paßt und nicht besser als spätere Hinzufügung anzusehen ist. Für diese Überlegung gibt es vor allem zwei Gründe.
Auffallend ist, daß die Selbstvorstellung Gottes (V. 11) nicht am Anfang steht
und es hier eines erneuten Redeeinsatzes bedarf. Auch wird der neue Name
Jakobs keineswegs von nun an konsequent verwendet, wie man es von P erwarten könnte. Bereits in V. 22b und V. 27.29 benutzt P den alten Namen Jakob. Diese «Inkonsequenz», die ja nicht nur für P gilt, sondern ab 32,29 für die
Redaktion des 1. Mosebuches überhaupt, zeigt, daß es mit den Namen «Jakob» und «Israel» eine besondere Bewandtnis hat. Jeder dieser beiden Namen
hat nach wie vor seinen besonderen Klang. Wenn P am Ende von Kap. 35 trotz
der in V. 10 mitgeteilten Namensänderung wieder von Jakob spricht, so geschieht das deshalb, weil Jakob hier im Zusammenhang der Familie erscheint,
was besonders am Nebeneinander von Esau und Jakob zu erkennen ist. Auf
diese Weise können gewiß nicht alle Vorkommen der Namen Jakob oder Israel nach 32,29 erklärt werden, da bleibt vieles rätselhaft, für P aber könnte die
Erklärung in dieser Richtung gesucht werden. In ähnlicher Weise könnte auch
die Abfolge von V. 10 und V. 11 zu verstehen sein. Normalerweise gehört die
Selbstvorstellung an den Anfang einer Gottesrede, vgl. 17,1. Hier aber ist es
für P wichtig, daß Jakob zu Israel geworden ist, bevor die auf das Volk Israel
zielende Verheißungsrede an ihn ergeht.
Nach der Umbenennung folgt in **V. 11** die Selbstvorstellung Gottes. El Schaddaj ist bei P die charakteristische Gottesbezeichnung für die Väterzeit, vgl.
oben zu 28,3. Es folgt eine Mehrungsverheißung, eingeleitet durch die Aufforderung «sei fruchtbar und mehre dich», was nicht nur an 1,28, sondern auch an
28,3 erinnert. Daß die genannte Aufforderung an einen Mann ergeht, der nach
der Darstellung des großen Textzusammenhangs bereits erstaunlich viele
Kinder hat, zeigt deutlich, daß hier mit P eine andere Quelle aufgenommen
worden ist, die von den Kindern Jakobs noch nichts erzählt hat. Eine Landverheißung beschließt in V. 12 die Gottesrede, auch dafür gibt es in 28,2–4 in
der Segensverheißung für Jakob eine Parallele. So ist für P der Aufenthalt Ja-

kobs in Paddan-Aram durch zwei aufeinander bezogene Verheißungen gerahmt. Der Aufenthalt in der Fremde, von dem P ansonsten praktisch nichts berichtet, ist durch diese beiden Verheißungsreden qualifiziert, der Aufenthalt selbst hat bei P kein Eigengewicht.

Für den gesamten priesterschriftlichen Abschnitt ist die Parallelität zu Kap. 17 aber der entscheidende Gesichtspunkt. Die Parallelität betrifft Aufbau und Inhalt. Anfang und Schluß der Erscheinungsszenen entsprechen sich, vgl. 17,1 mit V. 9 und 17,22 mit V. 13. Inhaltlich geht es in beiden Texten weitgehend um die gleichen Sachverhalte: Selbstvorstellung Gottes, Namensänderung des Verheißungsempfängers, Verheißung von Nachkommenschaft und Landbesitz. Nur vom Bund ist in V. 9–13 nicht die Rede. Er ist mit Abraham endgültig geschlossen und bedarf keiner Wiederholung. Das bedeutet: Für P wird das, was Abraham verheißen war, nun auch Jakob, dem eigentlichen Stammvater Israels zugesagt. Isaak tritt für P noch mehr in den Hintergrund, als es schon für das jahwistische Erzählwerk festzustellen ist. Man kann so weit gehen zu sagen, daß für P Isaak lediglich als «genealogische Überleitung von Abraham auf Jakob» Bedeutung hat, ansonsten aber «ein wesenloses Schemen» ist (Holzinger).

Für die Theologie der Priesterschrift ist es bezeichnend, daß zu Beginn der Szene das «Erscheinen Gottes» berichtet wird und an ihrem Ende das «Auffahren Gottes». Der Erscheinungsort ist eben wirklich Erscheinungsort und nicht ein Ort, an dem Gott ständig wohnt. Deshalb verwundert es nicht, daß die priesterschriftliche Benennung des Ortes Bethel (V. 15) ohne Erklärung bleibt. Bethel ist für P der Ort, an dem Gott mit Jakob geredet hat, eine weitergehende Bedeutung hat Bethel für P nicht.

Das Verständnis von **V. 14** ist schwierig. Daß der Vers nicht zu P gehören kann, war schon gesagt. Die Annahme eines quellenmäßig nicht sicher bestimmbaren Einzelverses ist problematisch, aber trotzdem erwägenswert, denn in diesem Kapitel sind auch sonst mancherlei Einzelnachrichten zusammengestellt. Es fällt auf, daß die Geschehensabfolge in V. 14 und 15 genau dieselbe ist wie in 28,18 und 19. So ist denkbar, daß die Benennung des Ortes Bethel durch Jakob die Notiz von der Errichtung des Malsteins angezogen hat. Sie ist gegenüber 28,18 erweitert durch die Erwähnung eines Trankopfers. Das Trankopfer wird im Alten Testament normalerweise nur in Verbindung mit anderen Opfern als Zusatzopfer erwähnt, hier ist es ein selbständiges Opfer. Es handelt sich um die einzige Erwähnung dieser Opferart innerhalb der Vätererzählungen.

V. 16–20 erzählen von einer weiteren Episode auf dem Heimweg Jakobs. Die Verse dürften jahwistischer Herkunft sein. Es kann sich aber auch um eine eigenständige Sondertradition handeln, die hier in das buntscheckige Schlußkapitel der Jakobstradition eingefügt worden ist.

Von Bethel aufbrechend zieht Jakob weiter nach Süden. Ephrat ist ein zwischen Bethel und Rama im ephraimitisch-benjaminitischen Grenzgebiet gelegener Ort. Diese Lokalisation ist durch 1. Sam. 10,2 und Jer. 31,15 gesichert. Die durch die Glosse in **V. 19b** vorgenommene Gleichsetzung von Ephrat und Bethlehem ist sachlich falsch und führt in eine völlig andere Gegend im Süden von Jerusalem.

Das kurze Erzählstück berichtet von einer letzten wichtigen Begebenheit der Familiengeschichte Jakobs, von der Geburt seines letzten Sohnes und vom Tod seiner geliebten Frau Rahel. Die Geburt überfällt Rahel plötzlich, nicht etwa auf einem vorher ins Auge gefaßten Rastplatz. Der Ort Ephrat ist in greifbarer Nähe – da geschieht das Ereignis, bei dem Trauer und Freude so nah beieinander sind. Rahel hat eine schwere Geburt, bei der sie schließlich sogar ihr Leben verliert. In der schweren Stunde ist eine «Hebamme» bei ihr, wobei es sich nicht um eine berufsmäßige Hebamme handelt, sondern um eine erfahrene Frau, die ihr beisteht. Eine derartige Geburtshelferin hatte neben den praktischen Verrichtungen, die bei einer Geburt nötig sind, auch bestimmte andere Aufgaben zu erfüllen. Sie erkannte als erste das Geschlecht des Kindes und teilte dieses wichtige Faktum der gebärenden Mutter mit, vgl. 1. Sam. 4,20. Bei Zwillingsgeburten stellte sie fest, welches Kind zuerst geboren worden war, 38,28. Nicht zuletzt aber spricht die Geburtshelferin der Gebärenden Trost und Mut zu. Das geschieht hier mit der geprägten Formulierung «Fürchte dich nicht!», die im Alten Testament in verschiedenen Zusammenhängen vorkommt. Für unseren Fall legt sich der Vergleich mit 1. Sam. 4,20 nahe, wo nicht nur die Formel, sondern auch die Begründung in vergleichbarer Situation noch einmal belegt ist. Die Geburt eines Sohnes bedeutet für eine israelitische Frau in besonderer Weise Lebenserfüllung. Bei Rahel gilt das in verstärktem Maße. Der Name ihres ersten Sohnes spricht bereits den Wunsch nach einem zweiten Sohn aus, 30,24.

Die Namengebung bringt dann noch ein unerwartetes Problem, **V. 18.** Rahel gibt dem Sohn einen Namen, der ihre Not zum Ausdruck bringt und wohl auch schon auf ihren Tod hindeutet. Mit einem solchen Namen wäre der Namensträger ein Leben lang belastet, denn der Name hat für das Leben eine prägende Bedeutung. Und genau deshalb verkehrt Jakob diesen bedrückenden Namen in sein Gegenteil, indem er an dieser Stelle zugunsten seines Sohnes gegen seine Frau Rahel entscheidet. «Bin-Jamin» heißt «Sohn der Rechten». Weil die rechte Seite die glückhafte Seite ist, bedeutet der Name «Sohn des Glücks». Benjamin ist der einzige der Söhne Jakobs, dem der Vater den Namen gegeben hat, wie er der einzige seiner Söhne ist, der im Lande der Verheißung geboren wurde. Letzteres wird in der priesterschriftlichen Liste der Söhne Jakobs nicht beachtet, vgl. V. 26b.

Die Erzählung von der Geburt Benjamins ist, verglichen mit den Mitteilungen über die Geburt der übrigen elf Söhne Jakobs, 29,31–30,24, sehr viel konkreter, nicht zuletzt durch die genaue Lokalisierung. So konnte die Vermutung geäußert werden (Soggin), daß traditionsgeschichtlich gesehen hier die ältere Überlieferung vorliegt.

Der Ort der Geburt Benjamins ist aber nicht als solcher, sondern als Ort des Rahelgrabes lange bekannt geblieben, vgl. 1. Sam. 10,2; Jer. 31,15. **V. 19–20** berichten, daß Jakob nach Rahels Tod und Begräbnis auf ihrem Grab einen Malstein errichtet hat. Der Bericht ist außerordentlich nüchtern und läßt für Gefühlsäußerungen Jakobs keinen Raum. In 48,7, wo Jakob im Rückblick noch einmal vom Tod Rahels spricht, ist das anders.

In **V. 21–22a** wird unvermittelt statt «Jakob» der Name «Israel» gebraucht. Es ist das erste Mal, daß das geschieht, seit in 32,29 die Namensumbenennung erzählt war. Erst innerhalb der Josephsgeschichte wird der Name Israel dann häufiger verwendet. Eine Erklärung für diesen abrupten Namenswechsel gibt es nicht. Für die Annahme von Quellenscheidung reicht dieser Umstand jedenfalls nicht aus. V. 21 gehört als Wegenotiz in den jahwistischen Zusammenhang. Der Vers nennt eine weitere Station auf dem Rückweg Jakobs. Der Ort Migdal-Eder wird im Alten Testament nur an dieser Stelle genannt. Der Name bedeutet «Herdenturm». Der Ort könnte überall gesucht werden, wo es Herden gibt. Im Sinne der in Kap. 35 genannten Stationen Jakobs liegt Migdal-Eder zwischen dem Rahelgrab und Hebron, V. 27. Dies und der Umstand, daß nach Mi. 4,8 eine Örtlichkeit in Jerusalem diesen Namen führt, haben zu der oft geäußerten Vermutung geführt, daß die Ortsbezeichnung den Bereich von Jerusalem anspricht, was sachlich gut paßt.

V. 22a berichtet von einem sexuellen Vergehen Rubens. Er hat mit der Nebenfrau seines Vaters verkehrt. Es handelt sich um eine auffallend kurze und möglicherweise auch nicht vollständig überlieferte Tradition. Von Ruben ist innerhalb der Jakobsgeschichte noch in einem anderen Zusammenhang die Rede, vgl. 30,14–16. Auch dabei handelt es sich um eine im weiteren Sinne den sexuellen Bereich tangierende Begebenheit. Aber es ist sicher zu spekulativ, V. 22a und 30,14–16 sachlich irgendwie miteinander zu verbinden. Dagegen steht V. 22a eindeutig in Verbindung mit 49,3–4. Im ersten Spruch des «Jakobsegens» wird dem erstgeborenen Sohn Ruben wegen seines in V. 22a geschilderten Vergehens das Erstgeburtsrecht aberkannt. Wenn man beide Texte miteinander liest, könnte man sagen, daß in 49,3–4 die in V. 22a fehlende väterliche Bestrafung nachgeholt wird. Aber das gilt nur im Zusammenhang einer Gesamtsicht des 1. Mosebuches und besagt nichts über eine mögliche Bestrafung Rubens durch den Vater im Anschluß an sein Vergehen. Es handelt sich um ein Vergehen, das in alttestamentlichen Rechtssätzen mehrfach erwähnt wird, vgl. 3. Mose 18,8; 5. Mose 23,1 (Zürcher Bibel 22,30); 27,20. Diese Rechtssätze regeln das Zusammenleben innerhalb einer Großfamilie, in der sexuelles Durcheinander den sozialen Frieden stören würde. Das hat Ruben getan.

Am Abschluß des Kapitels kommt noch einmal die Priesterschrift zu Wort. Es wird keinerlei Verbindung zu dem, was vorher berichtet war, hergestellt. Völlig unvermittelt setzt der priesterschriftliche Text mit einer Liste der Söhne Jakobs ein; Dina kommt darin nicht vor, **V. 22b–26**. Während die jahwistische Geburtsgeschichte die Söhne Jakobs in einer Erzählung nach ihrem Alter vorstellt, vgl. 29,31–30,24, ordnet P die Namen systematisch nach dem Rang der Mütter. Es gibt im Alten Testament an verschiedenen Stellen Aufzählungen der Söhne Jakobs, die zugleich auch die Namen der zwölf Stämme Israels sind. Diese Listen stimmen weitgehend sachlich überein, weisen aber auch charakteristische Unterschiede auf, worauf hier nicht näher einzugehen ist. Unter diesen Aufzählungen kommt 2. Mose 1,2–4 der Liste von V. 22b–26 am nächsten, obwohl dort die Mütter nicht genannt sind. Das systematische Interesse von P zeigt sich auch daran, daß Benjamins Geburt zusammen mit den anderen nach Paddan-Aram verlegt wird. Die geschlossene Systematik ist für P wichtig, nicht ein historisches Detail.

V. 27 enthält den priesterschriftlichen Bericht von der Heimkehr Jakobs. Für P ist es die Rückkehr zum Vater, der Jakob nach Paddan-Aram geschickt hatte, um sich von dort aus der Verwandtschaft eine Frau zu holen, 28,1–5. Vom Erfolg der Reise wird direkt nichts gesagt, aber das ist durch die vorgeschaltete Liste der Frauen und Söhne Jakobs bereits geschehen. Es fällt auf, daß von Rebekka nichts verlautet, die auch nach der priesterschriftlichen Version die Reise letztlich initiiert hat, vgl. 27,46. Offensichtlich wird vorausgesetzt, daß sie inzwischen gestorben ist. Das ist für P nicht erwähnenswert. Entscheidend für P ist, daß Jakob an den Ort Abrahams und Isaaks zurückkehrt und daß er damit in die Reihe der Verheißungsträger eingefügt ist. In V. 27 werden drei Ortsnamen genannt. Kirjat-Arba («Stadt der Vier») ist der ältere Name der Stadt Hebron. Es ist unsicher, was mit «vier» in dem Städtenamen ursprünglich gemeint ist. Mamre liegt etwa drei Kilometer nördlich von Hebron, vgl. im einzelnen Zimmerli zu 13,18. Mamre gilt in den Vätererzählungen als der eigentliche Aufenthaltsort Abrahams. Ihm ist hier Isaak zugeordnet, der ansonsten nach Beerseba gehört.

Die abschließenden **V. 28–29** berichten vom Tod und Begräbnis Isaaks. P hat für alle drei Erzväter die erreichten Lebensalter mitgeteilt. Das gehört zu den Besonderheiten dieser Quellenschrift: Abraham wurde 175 Jahre, 25,7, Isaak wurde 180 Jahre, und Jakob wurde 147 Jahre, 47,28. Diese Zahlen der Lebensalter haben zu mancherlei Spekulationen Anlaß gegeben. So kann man die Zahlen einem bestimmten mathematischen Muster zuordnen: $175 = 7 \times 5 \times 5$; $180 = 5 \times 6 \times 6$; $147 = 3 \times 7 \times 7$ (vgl. Gevirtz). Dabei ergibt die Summe der Multiplikatoren jeweils die Zahl 17. Es ist nicht zu entscheiden, ob das ein mathematischer Zufall ist oder nicht. Allzu große Bedeutung sollte man dieser Überlegung aber nicht beimessen.

Die Angaben des **V. 29** sind weitgehend formelhaft und finden sich mehr oder weniger vollständig auch bei anderen Todesnachrichten der Vätererzählungen, vgl. 25,7–9 (Abraham), 25,17 (Ismael), 49,33 (Jakob). Der Ausdruck «er wurde zu seinen Stammesgenossen versammelt» ist verschieden gedeutet worden. Sicher ist, daß damit nicht der Glaube an ein Fortleben im Jenseits ausgesprochen wird, den das Alte Testament nicht kennt. Die wahrscheinlichste Erklärung besagt, daß der Ausdruck die Beisetzung im Familiengrab meint. Für das alttestamentliche Verständnis von Leben und Tod ist aber vor allem die Aussage «alt und lebenssatt», wörtlich «alt und satt an Tagen», wichtig und charakteristisch. Sie kommt auch außerhalb des 1. Mosebuches vor, vgl. Hi 42,17; 1. Chron. 23,1, ähnlich 1. Chron. 29,28; 2. Chron. 24,15. Der Ausdruck besagt nicht, daß ein Mensch das Leben satt gehabt hätte, d. h. des Lebens überdrüssig geworden wäre; er besagt, daß ein Leben zu Ende gegangen ist, das erfüllt war, dessen Möglichkeiten ausgeschöpft worden sind. Menschliches Leben ist nach alttestamentlichem Verständnis immer und grundsätzlich etwas Begrenztes. Der Tod am Ende eines erfüllten Lebens ist ein guter Tod. Isaak ist solch einen guten Tod gestorben.

Das unterstreicht auch der letzte Satz. Wie Abraham von Isaak und Ismael so wird auch Isaak von seinen beiden Söhnen begraben. Offenbar geschieht das in ungestörter Harmonie. Die Söhne werden dabei in der durch ihre Geburt gegebenen Reihenfolge genannt: Esau – Jakob. P hat von der Auseinandersetzung zwischen den beiden Brüdern nichts berichtet. Auch scheint Esau nach

dieser Darstellung beim Vater geblieben zu sein. Erst in 36,6 wird von seinem
Aufbruch in das Land Seir erzählt. Auch das hat der jahwistische Erzähler anders dargestellt, vgl. 32,4; Zürcher Bibel 32,3.

36,1–37,1   Edomiterlisten

**1 Das ist die Familiengeschichte Esaus – das ist Edom. 2 Esau hatte seine
Frauen von den Töchtern Kanaans genommen: Ada, die Tochter des Hethiters Elon, und Oholibama, die Tochter Anas, des <Sohnes> des <Horiters>
Zibon, 3 und Basmath, die Tochter Ismaels, die Schwester Nebajoths. 4 Ada
gebar Esau den Eliphas, Basmath gebar den Reguel, 5 Oholibama gebar den
Jeusch, den Jalam und den Korach. Das sind die Söhne Esaus, die ihm im
Lande Kanaan geboren wurden. 6 Und Esau nahm seine Frauen, seine Söhne
und Töchter und alle Angehörigen seiner Familie, auch seine Habe und all
sein Vieh und all seinen Besitz, den er im Lande Kanaan erworben hatte, und
zog von seinem Bruder Jakob weg in das Land <Seir>[23]; 7 denn ihr Besitz
war zu groß, als daß sie zusammen bleiben konnten, das Land ihrer Fremdlingschaft vermochte sie wegen ihrer Herden nicht zu tragen. 8 So ließ sich Esau
im Gebirge Seir nieder. Esau, das ist Edom.**

**9 Das ist die Geschlechterfolge Esaus, des Stammvaters der Edomiter auf
dem Gebirge Seir. 10 Das sind die Namen der Söhne Esaus: Eliphas, der
Sohn Adas, der Frau Esaus; Reguel, der Sohn Basmaths, der Frau Esaus. 11
Die Söhne des Eliphas sind: Theman, Omar, Zepho, Gatam und Kenas. 12
Thima war eine Nebenfrau des Eliphas, des Sohnes Esaus; sie gebar dem Eliphas den Amalek. Das sind die Nachkommen Adas, der Frau Esaus. 13 Und
das sind die Söhne Reguels: Nahath, Serach, Schamma und Missa. Das sind
die Nachkommen Basmaths, der Frau Esaus. 14 Und das sind die Söhne Oholibamas, der Tochter Anas, des <Sohnes> Zibons, der Frau Esaus; sie gebar
dem Esau den Jeusch, den Jalam und den Korach.
15 Das sind die Stammeshäuptlinge der Söhne Esaus: die Söhne des Eliphas,
des Erstgeborenen Esaus: der Stammeshäuptling Theman, der Stammeshäuptling Omar, der Stammeshäuptling Zepho, der Stammeshäuptling Kenas, 16 der Stammeshäuptling Korach, der Stammeshäuptling Gatam, der
Stammeshäuptling Amalek. Das sind die Stammeshäuptlinge des Eliphas im
Lande Edom, das sind die Söhne Adas. 17 Und das sind die Söhne Reguels,
des Sohnes Esaus: der Stammeshäuptling Nahath, der Stammeshäuptling Serach, der Stammeshäuptling Schamma, der Stammeshäuptling Missa. Das
sind die Stammeshäuptlinge des Reguel im Lande Edom, das sind die Söhne
Basmaths, der Frau Esaus. 18 Das sind die Söhne Oholibamas, der Frau
Esaus: der Stammeshäuptling Jeusch, der Stammeshäuptling Jalam, der
Stammeshäuptling Korach. Das sind die Stammeshäuptlinge der Oholibama,
der Tochter Anas, der Frau Esaus. 19 Das sind die Söhne Esaus, und das sind
ihre Stammeshäuptlinge – das ist Edom.**

---

[23] Im hebräischen Text steht das Wort «Seir» an dieser Stelle nicht. Es spricht viel dafür, es einzufü-
gen; so auch die Zürcher Bibel und zahlreiche andere Übersetzungen.

20 Das sind die Söhne Seirs, die Horiter, die Bewohner des Landes: Lotan, Schobal, Zibon, Ana, 21 Dischon, Ezer und Dischan. Das sind die Stammeshäuptlinge der Horiter, die Söhne Seirs im Lande Edom. 22 Die Söhne Lotans sind: Hori und Hemam; Lotans Schwester aber war Thimna. 23 Das sind die Söhne Schobals: Alwan, Manachath, Ebal, Schepho und Onam. 24 Das sind die Söhne Zibons: Aja und Ana. Das ist der Ana, der die heißen Quellen (?) in der Wüste fand, als er die Esel seines Vaters Zibon hütete. 25 Das sind die Kinder Anas: Dischon und Oholibama, die Tochter Anas. 26 Das sind die Söhne <Dischons>: Hemdan, Eschban, Jithran und Keran. 27 Das sind die Söhne Ezers: Bilhan, Saawan und Akan. 28 Das sind die Söhne Dischans: Uz und Aran.

29 Das sind die Stammeshäuptlinge der Horiter: der Stammeshäuptling Lotan, der Stammeshäuptling Schobal, der Stammeshäuptling Zibon, der Stammeshäuptling Ana, 30 der Stammeshäuptling Dischon, der Stammeshäuptling Ezer und der Stammeshäuptling Dischan. Das sind die Stammeshäuptlinge der Horiter nach ihren <Stämmen> im Lande Seir.

31 Und das sind die Könige, die im Lande Edom regiert haben, bevor ein König bei den Israeliten regierte: 32 Bela, der Sohn Beors, wurde König in Edom; seine Stadt hieß Dinhaba. 33 Als Bela starb, wurde Jobab, der Sohn Serachs aus Bozra, an seiner Stelle König. 34 Als Jobab starb, wurde Huscham aus dem Land der Themaniter an seiner Stelle König. 35 Als Huscham starb, wurde Hadad, der Sohn Bedads, an seiner Stelle König, der die Midianiter im Gefilde Moabs schlug; seine Stadt hieß Awith. 36 Als Hadad starb, wurde Samla aus Masreka an seiner Stelle König. 37 Als Samla starb, wurde Saul aus Rehoboth am Fluß an seiner Stelle König. 38 Als Saul starb, wurde Baal-Hanan, der Sohn Achbors, an seiner Stelle König. 39 Als Baal-Hanan, der Sohn Achbors, starb, wurde Hadad[24] an seiner Stelle König; seine Stadt hieß Pahu, und seine Frau hieß Mehetabel, die Tochter Matreds <aus> Mesahab[25].

40 Das sind die Namen der Stammeshäuptlinge Esaus nach ihren Geschlechtern, ihren Orten, ihren Namen: der Stammeshäuptling Thimna, der Stammeshäuptling Alwa, der Stammeshäuptling Jetheth, 41 der Stammeshäuptling Oholibama, der Stammeshäuptling Ela, der Stammeshäuptling Pinon, 42 der Stammeshäuptling Kenas, der Stammeshäuptling Theman, der Stammeshäuptling Mibzar, 43 der Stammeshäuptling Magdiel und der Stammeshäuptling Iram. Das sind die Stammeshäuptlinge von Edom nach ihren Wohnsitzen in dem Land ihres Besitzes – das ist Esau, der Vater Edoms.
37,1 Jakob aber wohnte im Land der Fremdlingschaft seines Vaters, im Land Kanaan.

---

[24] Im hebräischen Text heißt der Name «Hadar», jedoch ist mit der Parallelüberlieferung im 1. Chronikbuch, 1. Chron. 1,50, und einem Teil der Textüberlieferung «Hadad» zu lesen. Damit enthält die edomitische Königsliste zwei Könige mit dem Namen «Hadad».

[25] Der überlieferte hebräische Text ist an dieser Stelle zu übersetzen: «... die Tochter Matred, der Tochter Mesahabs». Es empfiehlt sich aber eine Änderung des hebräischen Textes, so daß sich die oben dargebotene Übersetzung ergibt.

Kap. 36 besteht aus einer Vielzahl von Listen über die Einwohner des Landes Edom. Die Abgrenzung der einzelnen Abschnitte dieses an Namen so überreichen Kapitels ergibt sich im wesentlichen aus dem Text selbst. Das Kapitel ist weitgehend der Priesterschrift zuzuschreiben, wobei damit zu rechnen ist, daß einige Teile erst nachträglich dem priesterschriftlichen Text hinzugefügt worden sind; Noth spricht von «sukzessiv zugewachsenen Anhängen», die aber für sich durchaus älter sein können. In der voranstehenden Übersetzung ist 37,1 mit zu Kap. 36 hinzugenommen worden, wie es auch die Zürcher Bibel tut. Diese Textanordnung weicht nicht nur von der üblichen Kapiteleinteilung, sondern auch von der Gliederung des hebräischen Textes ab. Es ist aber anzunehmen, daß die Toledotformel («Das ist die Familiengeschichte Jakobs») in 37,2 einen neuen Zusammenhang einleitet, wie das im 1. Mosebuch, abgesehen von 2,4, wo die Formel als Abschlußformel gebraucht wird, an allen anderen Belegstellen der Fall ist. Niemals geht der Formel eine irgendwie geartete Hinführung voraus. 37,1 kann also nicht Einleitungssatz des Folgenden sein, sondern muß als Schlußsatz des Vorhergehenden verstanden werden. Nach den ausführlichen Darlegungen über Esau und seine Nachkommen lenkt P noch einmal kurz zu Jakob zurück. Dabei werden nicht die Personen, sondern ihr jeweiliger Wohnbereich gegenübergestellt: Esau und seine Nachkommen wohnen in Edom, Jakob wohnt im Land Kanaan. 37,1 schließt sachlich an V. 6 an.

Der einleitende Abschnitt **(V. 1–8)** ist anders als alles, was darauf folgt, durch einen erzählenden Stil geprägt. Dieser erste Abschnitt besteht aus zwei voneinander unterschiedenen Teilen. V. 2–5 berichten von Esaus Frauen und den Söhnen dieser Frauen, V. 6–8 erzählen von der Übersiedlung Esaus und seiner Familie nach Seir.
Nach 25,19 taucht in V. 1 wieder die für P charakteristische Toledotformel auf. Es ist die Frage, ob dieser Vers das Gesamtkapitel oder seinen ersten Abschnitt einleitet. Das könnte Auswirkungen auf die Übersetzung des hebräischen Wortes *toledot* haben. Zu berücksichtigen ist, daß die Toledotformel in V. 9 noch einmal vorkommt. Wie immer man die Herkunft dieses Verses beurteilen mag, in der letztlich vorliegenden Gestaltung des Kapitels bildet die Toledotformel des V. 9 die Überschrift über die folgenden Listen, was die Übersetzung «Geschlechterfolge» nahelegt. Dann aber ist V. 1 sozusagen frei als Überschrift über den Abschnitt V. 2–8, und es würde sich an dieser Stelle wie in 25,19 die Übersetzung «Familiengeschichte» empfehlen. Die Glosse am Ende des Verses – «das ist Edom», vgl. V. 8 und 25,30 – stellt klar, daß es sich bei den Nachkommen Esaus um die Edomiter handelt.
V. 2–5 erzählen von den drei Frauen Esaus und den Söhnen, die diese Frauen geboren haben. Es wird ausdrücklich gesagt, daß er die Frauen von den «Töchtern Kanaans» genommen hat. Hier wird aufgegriffen, wovon in 26,34 und 28,9 innerhalb von P bereits berichtet war. Das große Problem besteht darin, daß die Namen der Frauen Esaus an beiden Belegstellen nicht übereinstimmen. Ist in 26,34 von Judith und Basmath und in 28,9 von Mahalath die Rede, so heißen die Frauen Esaus hier Ada, Oholibama und Basmath. Nur der Name Basmath ist identisch, aber ihr Vater heißt jeweils anders, so daß auch in

diesem Fall keine Identität gegeben ist. Es handelt sich also um einen Widerspruch, der noch dadurch verstärkt wird, daß in V. 3 gesagt wird, daß die drei Frauen von den Kanaanäern stammen, was für die in 28,9 genannte Mahalath gerade nicht gilt. «Es ist der anscheinend flagranteste Widerspruch der Genesis», stellt der jüdische Ausleger B. Jacob fest. Er nimmt an, daß die Frauen Esaus nach der Heirat andere Namen bekommen haben. Die mit großem Scharfsinn durchgeführte Argumentation Jacobs dürfte aber kaum zutreffen. Unter den vielfältig vorgeschlagenen Lösungsmöglichkeiten ist im Grunde nur eine diskutabel: Es handelt sich um verschiedene Traditionen über die Frauen Esaus, die in die Priesterschrift Eingang gefunden haben. Das ist für uns ein schwer nachvollziehbarer Vorgang. Hätte ein Redaktor nicht ausgleichend wirken können und müssen? Das ist aber nicht geschehen, und es dürfte seine Erklärung in dem Gewicht überkommener Traditionen finden, die man weitertradierte, auch wenn dabei ein sachlicher Widerspruch in Kauf zu nehmen war. Abgesehen von den Frauen und ihren Vätern werden ihre jeweiligen Söhne genannt. Es sind insgesamt fünf. Töchter kommen nicht vor, was sich daher erklärt, daß die Söhne jeweils auch als Namengeber von Stämmen bzw. Volksgruppen fungieren. Dazu waren Frauennamen nicht geeignet. Daß Esau jedoch auch Töchter hatte, geht aus V. 6 hervor. Es wird ausdrücklich festgestellt, daß alle Söhne Esaus noch in Kanaan geboren worden sind, V. 5.

In **V. 6–8** ist der erzählerische Charakter noch ausgeprägter als vorher. Es wird vom Wegzug Esaus und seiner Familie in das Land Seir berichtet. Seir ist das Kerngebiet des edomitischen Bereichs. Es ist ein Gebirgsland. An fast allen alttestamentlichen Belegstellen wird deshalb vom «Gebirge Seir» gesprochen. Es handelt sich um das Gebirge, das östlich der sog. Araba liegt, des Grabenbruchs, der sich vom Toten Meer zum Golf von Akaba erstreckt. Die Wortbedeutung von Seir ist «haarig» oder «bewaldet». In alter Zeit war das Gebirge Seir offenbar stark bewaldet. Anders als für J – vgl. 32,4 (Zürcher Bibel 32,3) und 33,16 – erfolgt der Weggang Esaus aus Kanaan in der priesterschriftlichen Darstellung erst nach dem Tode des Vaters Isaak. Sonst würde an dieser Stelle der Vater genannt werden, und es würde nicht heißen, daß Esau «von seinem Bruder Jakob wegzog». Damit wird aber von P zugleich noch etwas anderes zum Ausdruck gebracht. Jakob bleibt im verheißenen Land, das nach priesterschriftlicher Terminologie für die Erzväter noch das «Land der Fremdlingschaft» ist, aber später das Land Israels werden wird, während Esau das Land verläßt. Die Verheißung ruht auf Jakob.

Die Trennung der Brüder geschieht nicht in Unfrieden oder Streit. Im Gegenteil! In **V. 7** wird eine höchst plausible Erklärung für den Weggang Esaus gegeben. Es ist eine Erklärung, die fast wörtlich in 13,6 vorkommt als Begründung für die Trennung von Abraham und Lot. Hier scheint eine Abhängigkeit vorzuliegen. Kap. 13 schildert das großzügige Verhalten Abrahams, durch das Streit zwischen Verwandten verhindert wurde. Wenn man beide Texte aufeinander beziehen kann, dann erscheint Esau hier in einem sehr positiven Licht, denn er nimmt die Unbilden der Trennung von den heimatlichen Gefilden auf sich, damit beide mit ihrem reichen Viehbesitz ausreichend Lebensraum haben.

Die nächste Einheit umfaßt nach der eingeschalteten Überschrift V. 9 die
V. 10–14. Die Überschrift «das sind die Namen der Söhne Esaus» weist die Liste als geschlossene Größe aus. Wir haben hier inhaltlich teilweise eine Wiederholung dessen vor uns, was bereits in V. 2–5 berichtet ist. In Form einer ge-
nealogischen Liste werden noch einmal die Namen der Frauen Esaus und deren Söhne genannt. Die Namen stimmen an beiden Stellen überein. In V. 2–5
liegt allerdings eine andere Reihenfolge der Frauen vor als in V. 10–14. Hinzu
kommen die Namen der Enkel Esaus, um die es hier hauptsächlich geht. Einer
hebt sich aus den übrigen heraus. Das ist der in V. 12 genannte Amalek, denn
er ist der Sohn Thimnas, einer Nebenfrau des Eliphas. Nach V. 22 war Thimna
eine Horiterin. Die besondere Bemerkung über Amalek bringt zum Ausdruck,
daß Amalek, der Stammvater der in der späteren Geschichte Israels so wichtig werdenden Amalekiter, vgl. 2. Mose 17,8–16; 1. Sam. 15,1–8; 30,1–20;
2. Sam. 8,12, einer Nebenlinie angehört. In den anderen Fällen werden die
Frauen der Söhne Esaus namentlich nicht genannt. Abgesehen von Amalek
nennt die Liste zwölf Enkel Esaus. Diese Zahl, die zweifellos nicht zufällig ist
und die vielfältige Parallelen hat, besonders die Parallele der zwölf Stämme Israels, symbolisiert eine Ganzheit, die Ganzheit der Stämme der Edomiter. Ge-
gliedert wird diese Ganzheit in drei Gruppen nach den Frauen Esaus, so wie
die Söhne Jakobs nach seinen Frauen eingeteilt werden, vgl. 35,22b–26. Es ist
anzunehmen, daß in V. 10–14 eine ältere Tradition vorliegt, die für den erzählerisch ausgestalteten Text V. 2–5 das Namenmaterial geliefert hat.
In **V. 15–19** werden noch einmal die gleichen Namen genannt, die bereits im
vorhergehenden Abschnitt zu finden sind. Aber sie stehen jetzt unter einer
anderen Bezeichnung. Es ist die Bezeichnung «Stammeshäuptling», andere
Übersetzungen sagen «Stammesfürst». Dieser Titel wird im Alten Testament
nur bei Edomitern und Horitern (vgl. V. 21.29f.) gebraucht, vgl. auch 2. Mose
15,15. Das hebräische Wort hängt mit dem Zahlwort Tausend zusammen. Es
geht um den Häuptling einer «Tausendergruppe», wobei es sich aber um einen
technischen Ausdruck handelt, der sicher häufig eine Gruppe bezeichnet, die
kleiner als tausend ist. In dieser Liste erscheint Amalek als gleichberechtigter
Stamm neben den anderen, von Thimna ist nicht die Rede, V. 16. Die andere
sachliche Abweichung von den Angaben der Liste V. 10–14 besteht darin, daß
Korach zweimal vorkommt, in V. 16 und V. 18. Die zweite Erwähnung entspricht der Nennung Korachs in V. 14. In V. 16 dürfte Korach aus welchen
Gründen auch immer hinzugefügt sein. Ohne den ersten Korach enthält die
Liste dreizehn Namen von edomitischen Stammeshäuptlingen. Welcher der
beiden Listen (V. 10–14 oder V. 15–19) kommt die Priorität zu? Es ist wohl so,
daß V. 10–14 die ältere Tradition bewahrt, von der V. 15–19 abgeleitet worden
ist. Die Söhne Esaus werden hier als «Stammeshäuptlinge» edomitischer
Stämme qualifiziert. **V. 19** ist eine Unterschrift, die beide Listen zusammenfaßt
und noch einmal festhält, daß alle diese Namen edomitische Gruppierungen
bezeichnen. Es handelt sich um altes, überliefertes Namenmaterial, das sicher
nicht von P erfunden, sondern aufgenommen und weitertradiert worden ist.

In **V. 20–29** sind zwei Listen angefügt, die in ihrer Struktur im wesentlichen
den beiden vorangehenden Listen entsprechen. Die Namen der in V. 20–28

genannten Söhne werden in V. 29–30 aufgegriffen und jetzt als «Stammes-
häuptlinge» bezeichnet. Diese Liste stellt allerdings nur einen Auszug aus der
Liste V. 20–28 dar. Aufgenommen sind lediglich die sieben Namen, die in
V. 20–21 als «Söhne Seirs» aufgezählt sind. Im Vorgriff auf V. 29–30 werden
sie in V. 21 bereits als «Stammeshäuptlinge» bezeichnet. Seir ist anders als
Edom kein Personenname, sondern ein Landschaftsname, was in V. 20 durch
den Zusatz «die Bewohner des Landes» verdeutlicht wird. Die Formulierung
«Söhne Seirs» nennt also nicht den Vaternamen, wie es üblich ist, sondern bezeichnet die Genannten als «Söhne einer Landschaft» (Weippert). Das genealogische Gefüge wird aber auch in dieser Liste beibehalten, die «Söhne» haben
wieder «Söhne». So wie die beiden Listen jetzt vorliegen – ob es die ursprüngliche Gestaltung der Listen ist oder eine bereits veränderte Form, muß hier offenbleiben –, bestehen die Horiter aus sieben Stämmen und neunzehn Unter-
stämmen. Dabei sind die einzelnen Stämme verschieden groß dargestellt, was
sich aus der unterschiedlichen Zahl der «Söhne» ergibt.

Innerhalb der Liste **V. 20–28** sind noch einige Auffälligkeiten zu beachten. Es
werden in ihr zwei Frauen genannt, Thimna in V. 22 und Oholibama in V. 25.
Beide Frauen kommen auch in den voranstehenden Listen der Nachkommen
Esaus vor, Thimna als Nebenfrau des Eliphas (V. 12) und Oholibama als Frau
Esaus, V. 2.5.14.18. Damit wird wenigstens partiell ein Konnubium zwischen
den Nachkommen Esaus und den Horitern angedeutet.

V. 24 enthält die zweite Auffälligkeit. Es wird von einem Erlebnis des Ana berichtet. So etwas ist innerhalb aller Listen des Kapitels singulär. Was genau
von Ana erzählt wird, ist allerdings nicht mit letzter Sicherheit zu sagen. Das
entscheidende hebräische Wort kommt innerhalb des Alten Testaments nur
an dieser Stelle vor und ist verschieden gedeutet worden. Die jüdischen mittel-
alterlichen Kommentare denken an «Maultiere», alte Übersetzungen an «heiße Quellen», andere Ausleger lediglich an normale Wasserquellen, was ja
auch ein durchaus bemerkenswertes Ereignis wäre, vgl. 26,32. Am wahrscheinlichsten ist die Deutung «heiße Quellen».

Die «Söhne Seirs» werden in den beiden Listen als Horiter bezeichnet. Die
Horiter sind nach den Angaben des Alten Testaments die Ureinwohner des
Landes Seir. Sachlich zutreffend wird deshalb von einigen Übersetzungen in
V. 20 der oben erwähnte Zusatz mit «die Ureinwohner des Landes» wiedergegeben, z. B. von der Zürcher Bibel. In 5. Mose 2,12.22 wird davon berichtet,
daß die «Söhne Esaus» die Horiter mit Jahwes Hilfe vertrieben hätten und daß
sie anstelle der vertriebenen oder vernichteten Horiter das Land eingenom-
men hätten. Dabei wird die Vertilgung der Urbewohner entsprechend dem
Vorgang beschrieben, wie er sich nach der deuteronomistischen Theorie im
Lande Kanaan zwischen den Israeliten und den Kanaanäern abgespielt hat. In
beiden Fällen handelt es sich um eine spätere Theorie, die mit der historischen
Wirklichkeit nicht übereinstimmt. Nicht zu zweifeln aber ist daran, daß die
Horiter die Urbewohner des Landes Seir waren, die die Nachkommen Esaus,
die späteren Edomiter, dort angetroffen haben. Beide Bevölkerungsteile werden miteinander im Lande gelebt haben. Das legen auch die oben angesprochenen Hinweise auf familiäre Verbindungen nahe. Auch die Horiterlisten

dürften reale Bevölkerungsverhältnisse in Edom widerspiegeln, als spätes priesterschriftliches Konstrukt wären sie mißverstanden.

In **V. 31–39** folgt die edomitische Königsliste, die verständlicherweise in besonderem Maße das Interesse der Exegeten gefunden hat. Die mcisten Ausleger sind der Ansicht, daß hier ein historisch äußerst wertvoller Text vorliegt; Westermann urteilt: «das einzige in strengem Sinn historische Dokument der Genesis».

V. 31 bildet die Überschrift der Liste. Sie nennt nicht «die Könige Edoms», sondern sie redet von «Königen, die im Lande Edom regiert haben». Daß diese Formulierung bewußt gewählt ist, zeigt der Inhalt der Liste. **V. 31b** ist verschieden gedeutet worden. Die oben gewählte Übersetzung versteht den Temporalsatz so, daß es in Edom Könige gab, bevor die Israeliten einen König hatten. Dem steht ein anderes Verständnis gegenüber. Danach ist der Temporalsatz folgendermaßen zu interpretieren: «Bevor ein israelitischer König (über Edom) regierte». Damit würde auf Davids Unterwerfung Edoms angespielt, vgl. 2. Sam. 8,13–14. Die sprachliche Gestaltung von V. 31b läßt aber nur die erstgenannte Möglichkeit zu.

Die Liste, die einige auffallende Gemeinsamkeiten mit der Liste der sog. Kleinen Richter (Ri. 10,1–5; 12,7–15) aufweist, nennt die Namen von insgesamt acht Königen. Diese Könige stehen nicht in einer dynastischen Erbfolge, obwohl in allen Fällen die Bemerkung gemacht wird, daß der jeweilige Nachfolger an Stelle des Vorgängers König wurde, vgl. V. 33 und alle folgenden Verse. Durch diese Bemerkung entsteht der Eindruck einer lückenlosen Thronfolge. Dem widersprechen aber die übrigen Angaben der Liste. Hier dürfte ein der Liste nachträglich hinzugefügtes Element vorliegen. Keiner der Könige ist der Sohn des vorher genannten Königs. Auf den Namen des Königs, der an einigen Stellen durch den Vaternamen präzisiert ist, folgt eine Herkunftsangabe, die lediglich in V. 38 fehlt. Genannt wird in den meisten Fällen ein Ortsname. Vermutlich ist der genannte Ort gleichzeitig der Residenzort des Königs gewesen, wie es auch bei Saul und seiner Stadt Gibea war, vgl. 1. Sam. 10,26; 15,34; 22,6. Die genannten Orte sind nur zum Teil lokalisierbar. Nur einmal wird die Frau des Königs namentlich erwähnt, V. 39. Es fällt auf, daß über die Regierungszeiten der Könige nichts verlautet. In sonstigen Königslisten ist gerade das ein wichtiges und fast unverzichtbares Element. Das Fehlen dieser an sich so wichtigen Information kann neben anderem einen Hinweis auf die Art der hier aufgezählten edomitischen Könige geben. Es dürfte sich bei ihnen noch nicht um Könige des zentral organisierten Staates Edom handeln, sondern um Könige, die im edomitischen Gebiet an verschiedenen Stellen an die Macht gekommen sind. Es ist damit zu rechnen, «daß es sich um kleinere Lokalherren handelt, die eventuell auch nebeneinander regiert haben können» (Weippert). Auch bei diesem Verständnis vermittelt die Liste wichtige historische Informationen. Der Vergleich mit Sauls Königtum legt sich über die genannte Parallelität hinaus nahe. Auch Sauls Königtum war zunächst ein kleinräumiges Königtum. In Israel hat die politische Situation aber rasch dazu geführt, daß das Königtum in größere Dimensionen hineinwuchs. Daß auch unter den edomitischen Königen einer den Namen Saul führte, ist ein eigenartiger Zufall, vgl. V. 37f.

Nur von einem der Könige wird in der Liste ein besonderes Ereignis seiner Regierungszeit berichtet. In **V. 35** wird erzählt, daß Hadad die Midianiter im Gefilde Moabs geschlagen hat. Die Midianiter sind die ältesten uns bekannten Kamelnomaden. Sie waren im ostjordanischen Steppengebiet zu Hause und haben während der sog. Richterzeit durch Kriegs- und Beutezüge die israelitischen Stämme im mittelpalästinischen Raum immer wieder in Bedrängnis gebracht, vgl. Ri. 6,3–5.33. Die Midianiter haben ihre Beutezüge offensichtlich auch in südlicher Richtung bis in das edomitische Gebiet durchgeführt. Wenn Hadad sie auf moabitischem Gebiet geschlagen hat, so ist er ihnen außerhalb des eigenen Herrschaftsgebiets offensiv entgegengetreten, ein Vorgang, den man nicht vergessen hat.

Die letzte Liste des Kapitels, **V. 40–43**, ist ein eigenartiges Gebilde. Es werden elf Namen aufgezählt, die wiederum jeweils mit dem Titel «Stammeshäuptling» versehen sind. Von den genannten Namen kommen sechs bereits in den voranstehenden Listen vor, und zwar auffälligerweise sowohl in den Listen der Nachkommen Esaus wie in den Horiterlisten. Es handelt sich um Thimna, Alwa (dürfte identisch sein mit Alwan, V. 23), Jetheth (sachlich identisch mit Jithran, V. 26), Oholibama, Kenas und Theman. Besonders auffallend ist, daß die Namen Thimna und Oholibama in den voranstehenden Listen Namen von Frauen sind, hier aber Männer bezeichnen. Drei der vorher noch nicht genannten Namen sind zudem Ortsnamen, nämlich Pinon, Mibzar und möglicherweise Ela, das in der Regel mit dem am Nordende des Golfes von Akaba gelegenen Elath gleichgesetzt wird. Die Liste dürfte ein recht spätes Erzeugnis sein, ihre historische Relevanz ist schwer zu beurteilen, höchstwahrscheinlich ist sie gering.

Kap. 36 ist auf der einen Seite ein Edomiterkapitel, auf der anderen Seite aber auch ein Esaukapitel. Als Esaukapitel beschließt es im priesterschriftlichen Text die vergleichsweise knappen Berichte über die Brüder Jakob und Esau. P erzählt am Schluß seiner Darstellung davon, daß beide mit Söhnen reich gesegnet wurden; beide sind die Stammväter von Völkern geworden. P hat von dem schweren Konflikt zwischen den Brüdern nichts erzählt. Die insgesamt sehr verhalten geäußerte Kritik an Esau entzündet sich an den fremden Frauen Esaus, vgl. 26,34f., ein Faktum, das auch in V. 2 noch einmal betont wird. So deutet sich durch die Wahl der Frauen bereits sein Weg in die Fremde an, der hier abschließend geschildert wird.

Das Kapitel ist aber auch ein Edomiterkapitel. Israels Verhältnis zu dem südlichen Nachbarvolk ist durch die Geschichte hin sehr zwiespältig gewesen. Auf der einen Seite wird das Verhältnis Israels zu den Edomitern im Alten Testament viel kritischer und feindlicher dargestellt als zu irgendeinem anderen Nachbarvolk. Auch ist die Geschichte der beiden Völker von dunklen Kapiteln belastet. Da ist einerseits die blutige Unterdrückung der Edomiter durch David zu nennen (vgl. 2. Sam. 8,13–14) und andererseits das Verhalten der Edomiter bei der Zerstörung Jerusalems, vgl. Ps. 137,7; Ez. 25,12–14; Ob. 10–12 u. ö. So wird Edom geradezu zum «Erbfeind» Israels. Aber es gibt auch das andere: Keinem anderen Volk fühlte sich Israel herkunftsmäßig so verbunden wie den Edomitern, die an zahlreichen alttestamentlichen Stellen als «Brudervolk» bezeichnet werden, vgl. 5. Mose 2,4f. und vor allem 5. Mose 23,8f. (Zürcher Bibel 23,7f.) u. ö. In dieser Terminologie spiegelt sich die Tradition von den Brüdern Esau und Jakob wider. Kap. 36 ist in dieser Linie zu sehen, die im Alten Testament nie aufgegeben worden ist. Kap. 36 zeigt das bleibende Interesse der israelitischen Tradenten an den Edomitern und belegt auch, daß man in Israel über gewichtige Traditionen der Geschichte dieses Volkes verfügte.

Literaturverzeichnis

1. Kommentare

H. Gunkel, Genesis: HK I/1,[5] 1922

P. Heinisch, Das Buch Genesis: HSAT I, 1930

H. Holzinger, Genesis: KHC I, 1898

B. Jacob, Das erste Buch der Tora. Genesis, 1934

O. Procksch, Die Genesis: KAT I,[2f]1924

G. v. Rad, Das erste Buch Mose. Genesis: ATD 2–4,[11] 1981

J. Scharbert, Genesis 12–50: NEB Lfg. 16, 1986

J. Skinner, A Critical and Exegetical Commentary on Genesis: ICC,[2] 1930

E. A. Speiser, Genesis: AncB, 1964

C. Westermann, Genesis 2. Genesis 12–36: BK.AT I/2, 1981

W. Zimmerli, 1. Mose 12–25. Abraham: ZBK.AT 1.2, 1976

2. Monographien und Aufsätze zu den Vätererzählungen

A. Alt, Der Gott der Väter (1929) = ders., Grundfragen der Geschichte des Volkes Israel, 1970, 21–98

K. Berge, Die Zeit des Jahwisten. Ein Beitrag zur Datierung jahwistischer Vätertexte: BZAW 186, 1990

E. Blum, Die Komposition der Vätergeschichte: WMANT 57, 1984

H. Eising, Formgeschichtliche Untersuchung zur Jakobserzählung der Genesis, 1940

K. Engelken, Frauen im Alten Testament. Eine begriffsgeschichtliche und sozialrechtliche Studie zur Stellung der Frau im Alten Testament: BWANT 130, 1990

W. Groß, Jakob, Der Mann des Segens. Zur Traditionsgeschichte und Theologie der priesterschriftlichen Jakobsüberlieferungen: Bibl. 49 (1968) 321–344

A. H. J. Gunneweg, Anmerkungen und Anfragen zur neueren Pentateuchforschung: ThR 48 (1983) 227–253; 50 (1985) 107–131

K. Koch, P – kein Redaktor! Erinnerung an zwei Eckdaten der Quellenscheidung: VT 37 (1987) 446–467

M. Köckert, Vätergott und Väterverheißungen. Eine Auseinandersetzung mit A. Alt und seinen Erben: FRLANT 142, 1988

M. Noth, Überlieferungsgeschichte des Pentateuch, 1948

E. Otto, Jakob in Sichem. Überlieferungsgeschichtliche, archäologische und territorialgeschichtliche Studien zur Entstehungsgeschichte Israels: BWANT 110, 1979

A. de Pury, Promesse divine et légende cultuelle dans le cycle de Jacob. Genèse 28 et les traditions patriarcales, 1975

R. Rendtorff, Das überlieferungsgeschichtliche Problem des Pentateuch: BZAW 147, 1977

W. Richter, Das Gelübde als theologische Rahmung der Jakobsüberlieferungen: BZ 11 (1967) 21–52

H. Schmid, Die Gestalt des Isaak: EdF 274, 1991

H. H. Schmid, Der sogenannte Jahwist. Beobachtungen und Fragen zur Pentateuchforschung, 1976

W. H. Schmidt, Plädoyer für die Quellenscheidung: BZ 32 (1988) 1–14

W. H. Schmidt, Pentateuch und Prophetie. Eine Skizze zu Verschiedenartigkeit und Einheit alttestamentlicher Theologie, in: FS O. Kaiser: BZAW 185, 1989, 181–195

H. Seebaß, Der Erzvater Israel und die Einführung der Jahweverehrung in Kanaan: BZAW 98, 1966

W. Thiel, Die soziale Entwicklung Israels in vorstaatlicher Zeit, [2]1985

R. de Vaux, Die hebräischen Patriarchen und die modernen Entdeckungen (franz. 1946/48/49), 1961

P. Volz, Grundsätzliches zur elohistischen Frage. Untersuchung von Genesis 15–36, in: P. Volz/W. Rudolph, Der Elohist als Erzähler. Ein Irrweg der Pentateuchkritik?: BZAW 63, 1933

G. Wallis, Die Tradition von den drei Ahnvätern: ZAW 81 (1969) 18–40

P. Weimar, Aufbau und Struktur der priesterschriftlichen Jakobsgeschichte: ZAW 86 (1974) 174–203

P. Weimar, Untersuchungen zur Redaktionsgeschichte des Pentateuch: BZAW 146, 1977

C. Westermann, Die Verheißungen an die Väter: FRLANT 116, 1976

3. Literatur zu einzelnen Textabschnitten

Zu 25,12–18

E. A. Knauf, Ismael. Untersuchungen zur Geschichte Palästinas und Nordarabiens im 1. Jahrtausend v. Chr.: ADPV 9, 1985

Zu 25,29–34

V. Maag, Jakob – Esau – Edom (1957) = ders., Kultur, Kulturkontakt und Religion. Gesammelte Studien zur allgemeinen und alttestamentlichen Religionsgeschichte (1980) 99–110

Zu 26,1–35

H. Donner, Der «Freund des Königs»: ZAW 73 (1961) 269–277

G. Schmitt, Zu Gen. 26,1–14: ZAW 85 (1973) 143–156

S. Nomoto, Entstehung und Entwicklung der Erzählung von der Gefährdung der Ahnfrau: Annual of the Japanese Biblical Institute 2 (1976) 3–27

M. Görg, Die Begleitung des Abimelech von Gerar (Gen. 26,26): BN 35 (1986) 21–25

R. Martin-Achard, Remarques sur Genèse 26: ZAW 100 (1988) Suppl. 22–46

Zu 27,1–45

K. H. Keukens, Der irreguläre Sterbesegen Isaaks. Bemerkungen zur Interpretation von Gen. 27,1–45: BN 19 (1982) 43–56

L. Schmidt, Jakob erschleicht sich den väterlichen Segen. Literarkritik und Redaktion von Gen. 27,1–45: ZAW 100 (1988) 159–183

H.-J. Fabry, Erst die Erstgeburt, dann der Segen. Eine Nachfrage zu Gen. 27,1–45, in: F.-L. Hossfeld (Hrsg.), Vom Sinai zum Horeb (1989) 51–72

Zu 28,10–22

E. Otto, Jakob in Bethel. Ein Beitrag zur Geschichte der Jakob-Überlieferung: ZAW 88 (1976) 165–190

R. Rendtorff, Jakob in Bethel. Beobachtungen zum Aufbau und zur Quellenfrage in Gen. 28,10–22: ZAW 94 (1982) 511–523

Zu 29,31–30,24

S. Lehming, Zur Erzählung von der Geburt der Jakobsöhne: VT 13 (1963) 74–81

Zu 31,1–32,1

H. J. Boecker, Redeformen des Rechtslebens im Alten Testament: WM 14 (2. Aufl. 1970) bes. 41–47

C. Mabee, Jacob and Laban. The Structure of Judical Proceedings (Genesis XXXI 25–42): VT 30 (1980) 192–207

K. Koch, pahad jishag – eine Gottesbezeichnung?, in: FS C. Westermann (1980) 107–115

H. P. Müller, Gott und die Götter in den Anfängen der biblischen Religion. Zur Vorgeschichte des Monotheismus, in: O. Keel (Hrsg.), Monotheismus im Alten Israel und seiner Umwelt: Biblische Beiträge 14 (1980) 99–142

Zu 32,2–22

C. Houtman, Jacob at Mahanaim: VT 28 (1978) 37–44

J. Schreiner, Das Gebet Jakobs (Gen. 32,10–13), in: M. Görg (Hrsg.), Die Väter Israels (1989) 287–303

Zu 32,23–33

K. Elliger, Der Jakobskampf am Jabbok (1951) = TB 32 (1966) 141–173

O. Eißfeldt, Non dimittam te, nisi benedixeris mihi (1957) = O. Eißfeldt, Kleine Schriften III (1966) 412–416

H.-J. Hermisson, Jakobs Kampf am Jabbok (Gen. 32,23–33): ZThK 71 (1974) 239–261

G. Hentschel, Jakobs Kampf am Jabbok – eine genuin israelitische Tradition?: Erfurter ThSt 37 (1977) 13–37

L. Schmidt, Der Kampf Jakobs am Jabbok: ThViat 14 (1979) 125–143

E. Blum, Die Komplexität der Überlieferung. Zur diachronen und synchronen Auslegung von Gen. 32,23–33: DBAT 15 (1980) 2–55

J. Kühlewein, Gotteserfahrung und Reifungsgeschichte in der Jakob-Esau-Erzählung. Ein Beitrag zum Gespräch zwischen Theologie und Tiefenpsychologie, in: FS Westermann (1980) 116–130

W. Thiel, Pnuël im Alten Testament: FS S. Herrmann, 1991, 398–414.

Zu 33,1–20

L. Wächter, Salem bei Sichem: ZDPV 84 (1968) 63–72

Zu 34,1–31

S. Lehming, Zur Überlieferungsgeschichte von Gen. 34: ZAW 70 (1958) 228–250

G. Schmitt, Der Ursprung des Levitentums: ZAW 94 (1982) 575–599

Zu 35,1–29

A. Alt, Die Wallfahrt von Sichem nach Bethel (1938) = A. Alt, Kleine Schriften zur Geschichte des Volkes Israel, Band I (1953) 79–88

S. Gevirtz, The Life Spans of Joseph and Enoch and the Parallelism: JBL 96 (1977) 570–571

O. Keel, Das Vergraben der «fremden Götter» in Genesis XXXV 4b: VT 23 (1973) 305–336

E. Vogt, Benjamin geboren «eine Meile» von Ephrata: Bib. 56 (1975) 30–36

J. A. Soggin, Zwei umstrittene Stellen aus dem Überlieferungskreis um Schechem: ZAW 73 (1961) 78–87

J. A. Soggin, Die Geburt Benjamins, Genesis XXXV 16–20 (21): VT 11 (1961) 432–440

Zu 36,1–37,1

M. Weippert, Edom. Studien und Materialien zur Geschichte der Edomiter auf Grund schriftlicher und archäologischer Quellen: Diss./Hab.-schr. Tübingen 1971

E. A. Knauf, Alter und Herkunft der edomitischen Königsliste Gen. 36,31–39: ZAW 97 (1985) 245–253

Stellenregister

(Stellenangaben innerhalb derjenigen Auslegungsabschnitte, zu denen sie gehören, sind nicht berücksichtigt.)

1. Mose

Stelle	Seite	Stelle	Seite	Stelle	Seite
1–25	9	21,22–34	27.39	27,20	130
1,28	127	21,22	39	27,36	102
2,4	134	21,25	36	27,43	54.66
2,11	15	21,31	36.40	27,45	58.126
2,23	68	22,4	88	27,46	131
4,2	20	22,16–18	35	27,46–28,9	41.127
5,1	14	22,18	25.35	28	122
10,1	14	23	54f.78.110	28,1–5	131
10,32	14	23,6	115	28,1	45
11	14	23,15	110	28,2–4	127
11,10	14	24	55.69.87	28,6	45
11,27	13	24,2ff.	117	28,9	15.134f.
12	14	24,15ff.	66	28,10–22	10.86.95.111.123f.
12,1–3	39	24,17	107		
12,1	86	24,35	81	28,10	66
12,3	25.49.80	24,53	117	28,11f.	37
12,6	35–38.60.110f.	24,59	126	28,12	121
12,10–20	30–33.35	24,60	45	28,13–15	85
12,10	32	25,7–11	13	28,13	38
12,13	33	25,7	15.131	28,14f.	98
12,16	81	25,9	15	28,18	111.128
12,18	33	25,12	16	28,19	127f.
13	135	25,16	115	28,20–22	122
13,14–17	63	25,17	131	28,21	110
13,18	111.131	25,19	13f.134	28,22	111.122
14,18	109	25,20	54	29–31	65.92
16,1a.3.15.16	14	25,21	27	29–30	84
16,2	74	25,23	25.49.51	29	78
16,12	15	25,25–26	73	29,1	87
17,1	54.127f.	25,25	22.96	29,11	107
17,5	102	25,26	22.42.102	29,13	107
17,8	54	25,19–34	27.45	29,15–30	80.117
17,10–14	118	25,27–28	23.46	29,15	79
17,10	117	25,28	45.47	29,25	33
17,12	117f.	25,29–34	20f.45.50	29,30	73
17,15	102	25,30	19f.134	29,31–30,24	68.129f.
17,16	14	25,34	45.52	29,33–34	118
17,20	14.115	26	17.45	30,1–2	17
17,22	128	26,2–5	58.85	30,14–16	130
17,23	117	26,2	60	30,21	101.113.118
18,2	107	26,4	63	30,24	129
18,10	46	26,23ff.	58	30,25–43	84.86
19,1	107	26,24	59f.62	30,27	108
20–22	11	26,25	111	30,30	108
20,1–18	30–32	26,32	137	30,35	85
20,2	32	26,34–35	47.53f.127.134.139	30,36	88
20,3ff.	37.89	26,46	74	30,43	87.96f.
20,13	121	27,1–45	19ff.23ff.27f.41.53.55.69.75.102.106	31	66
21,18–31a	40	27,18	102	31,3	98
				31,10–13	123
				31,13	61.98
				31,19	124

Stichwortregister